21世纪大学俄语系列教材

"十二五"普通高等教育本科国家级规划教材

本套教材荣获第二届中国大学出版社图书奖优秀教材一等奖

 黑龙江大学俄语学院 编

总主编 邓军 赵为

Русский язык

俄语 4

（第2版）

主 编 荣洁 赵为

编 者 荣洁 赵为 赵洁 吴立坤

北京大学出版社

PEKING UNIVERSITY PRESS

图书在版编目(CIP)数据

俄语.4 / 荣洁,赵为主编. —2版. —北京:北京大学出版社,2022.1
21世纪大学俄语系列教材
ISBN 978-7-301-32786-9

Ⅰ.①俄… Ⅱ.①荣… ②赵… Ⅲ.①俄语 – 高等学校 – 教材 Ⅳ.① H359.39

中国版本图书馆CIP数据核字(2021)第273674号

书　　　名	俄语4（第2版）
	EYU SI (DI-ER BAN)
著作责任者	荣　洁　赵　为　主编
责任编辑	李　哲
标准书号	ISBN 978-7-301-32786-9
出版发行	北京大学出版社
地　　　址	北京市海淀区成府路205号　100871
网　　　址	http://www.pup.cn　新浪微博:@北京大学出版社
电子信箱	pup_russian@163.com
电　　　话	邮购部 010-62752015　发行部 010-62750672　编辑部 010-62759634
印　刷　者	三河市北燕印装有限公司
经　销　者	新华书店
	787毫米×1092毫米　16开本　17.25印张　420千字
	2010年3月第1版
	2022年1月第2版　2024年5月第2次印刷
定　　　价	78.00元

未经许可,不得以任何方式复制或抄袭本书之部分或全部内容。
版权所有,侵权必究
举报电话:010-62752024　电子信箱:fd@pup.pku.edu.cn
图书如有印装质量问题,请与出版部联系,电话:010-62756370

总　序

　　黑龙江大学俄语学院在长达七十余年的俄语教学传承中，形成了一套以语法为纲、突出交际、兼顾俄罗斯国情的经典教学方法。几代教师秉承这一教学理念，先后编写出版了数套俄语教材，供国内众多高校俄语专业的师生使用，为国家培养俄语高级人才奉献了自己的经验与才智。

　　2007年，黑龙江大学俄语学院集全院经验丰富的一线教师之力，开始编写普通高等教育"十一五"国家级规划教材《俄语》（全新版），自2008年起各册先后出版。2012年，根据教学实际的需要，编者对本套教材开展了第一次全面的修订工作。

　　《俄语》（第2版）延续了《俄语》（全新版）的编写原则和理念，在总结数年的教学经验基础上，依旧面向低起点的学生，秉承语法为纲这一教学理念，从语音导论开始，至篇章研习结束，根据教学需要引入不同题材、体裁的课文，突出俄罗斯当代国情。每课结合语法选配内容，培养学习者的言语与交际技能。基础阶段以教学语法为基础，提高阶段以功能语法为纲。本套教材力求符合《高等学校俄语专业教学大纲》规定的各项要求，兼顾俄语教师和学生对理想教材的需要。教材选材的难度进阶标准既考虑现行全国俄语专业四、八级考试所要求的词汇量和语法内容的难度，又在总体上顾及当代大学生对知识、主题内容的认知水准，以及未来四、八级考试改革的方向和具体要求的变化。

　　为此，本次修订中，教材的编者在保障常用词汇、句型、结构的基础上，精简了教学内容和部分词汇，压缩了课后练习的总量。

　　本套教材为教育部批准的普通高等教育"十二五"国家级规划教材，其编写和修订过程中得到了众多专家的大力支持，教材使用者为我们提供了宝贵的反馈意见和建议，在此一并深表感谢！

邓　军　赵　为

2014年8月

前 言

《俄语》（第2版）适用于是俄语专业零起点大学生，也适用于自考生和俄语爱好者。

《俄语4》（第2版）供基础阶段第四学期使用。全书共12课，每课包括语法、范句、问答、对话、课文、生词表、练习等部分。语法部分力求简明扼要地介绍语法规则、用法等；范句旨在加强对语法内容的训练，括号中所给的替换词和词组用来巩固和拓展交际能力；问答部分既用于语法、词汇训练，也用于对话能力的训练；对话和课文围绕同一个交际主题展开，旨在训练学生对话和独白能力。每课配有两组对话和一篇课文，对话为学习者提供日常交际中常见的、典型的会话语句。课文部分进一步扩大交际情景、句型和词语的范围，培养学生的连贯话语能力；练习部分是针对语法、词汇、句型等的系统训练。

《俄语4》（第2版）调整了对话与课文的篇幅，减少了生词总量；增加了针对部分语法点的练习。每四课为一个单元，每个单元后附有模拟俄语专业四级考试的习题。全部习题均供学生课下独立完成。

本册主编荣洁、赵为，编者荣洁、赵为、赵洁、吴立坤。全书经Т.А. Севастьянова，Р.В. Фастовщук审阅。

编 者

2021年10月

目 录

УРОК 1 ... 1
ГРАММАТИКА ... 1
Ⅰ. 带-ся 动词（2） ... 1
Ⅱ. 不定式句 ... 3
Ⅲ. 疏状从属句（2）——时间从属句（1） ... 3
Ⅳ. 构词知识（3） ... 4
РЕЧЕВЫЕ ОБРАЗЦЫ ... 5
ДИАЛОГИ ... 6
ТЕКСТ ... 7
Немно́го о ру́сском языке́ ... 7

УРОК 2 ... 21
ГРАММАТИКА ... 21
Ⅰ. 副动词 ... 21
Ⅱ. 动名词 ... 24
Ⅲ. 疏状从属句（2）——时间从属句（2） ... 24
Ⅳ. 构词知识（4） ... 25
РЕЧЕВЫЕ ОБРАЗЦЫ ... 26
ДИАЛОГИ ... 27
ТЕКСТ ... 28
Дру́жеское обще́ние ... 28

УРОК 3 ... 41
ГРАММАТИКА ... 41
Ⅰ. 形动词的概念 ... 41
Ⅱ. 主动形动词 ... 42
РЕЧЕВЫЕ ОБРАЗЦЫ ... 43
ДИАЛОГИ ... 44
ТЕКСТ ... 45
Хлеб — всему́ голова́ ... 45

УРОК 4 ... 57
ГРАММАТИКА ... 57
Ⅰ. 同位语 ... 57
Ⅱ. 比较短语 ... 59
Ⅲ. 比较从属句 ... 59
РЕЧЕВЫЕ ОБРАЗЦЫ ... 60
ДИАЛОГИ ... 61
ТЕКСТ ... 62
Я ро́дом из де́тства... ... 62

ПОВТОРЕНИЕ 1 ... 75

УРОК 5 ... 87
ГРАММАТИКА ... 87
Ⅰ. 被动形动词 ... 87
Ⅱ. 疏状从属句（3）原因从属句、目的从属句 ... 90
РЕЧЕВЫЕ ОБРАЗЦЫ ... 91
ДИАЛОГИ ... 92
ТЕКСТ ... 93
Люби́мые кни́ги ... 93

УРОК 6 ... 105
ГРАММАТИКА ... 105
Ⅰ. 被动形动词短尾 ... 105
Ⅱ. 动词的被动态 ... 107
Ⅲ. 说明从属句（3） ... 107
РЕЧЕВЫЕ ОБРАЗЦЫ ... 108
ДИАЛОГИ ... 109
ТЕКСТ ... 110
Анна Ахма́това о себе́ ... 110

УРОК 7 ... 122
ГРАММАТИКА ... 122
Ⅰ. 谓语的类型（2）复合谓语 ... 122
Ⅱ. 疏状从属句（4）让步从属句 ... 123

РЕЧЕВЫЕ ОБРАЗЦЫ ·········· 125
ДИАЛОГИ ·········· 126
ТЕКСТ ·········· 127
Зачем государству нужна символика? ·········· 127

УРОК 8 ·········· 138

ГРАММАТИКА ·········· 138
Ⅰ. 疏状从属句（5）程度、行为方法从属句 ·········· 138
Ⅱ. 疏状从属句（6）结果从属句 ·········· 140
РЕЧЕВЫЕ ОБРАЗЦЫ ·········· 140
ДИАЛОГИ ·········· 141
ТЕКСТ ·········· 142
В России надо жить долго ... ·········· 142

ПОВТОРЕНИЕ 2 ·········· 154

УРОК 9 ·········· 164

ГРАММАТИКА ·········· 164
Ⅰ. 数词1000~十亿 ·········· 164
Ⅱ. 构词知识（5）运动动词的前缀 ·········· 166
Ⅲ. 接续从属句 ·········· 168
РЕЧЕВЫЕ ОБРАЗЦЫ ·········· 168
ДИАЛОГИ ·········· 169
ТЕКСТ ·········· 170
Деда заказывали? ·········· 170

УРОК 10 ·········· 184

ГРАММАТИКА ·········· 184
Ⅰ. 集合数词 ·········· 184
Ⅱ. 成语性复合句（1）·········· 186
РЕЧЕВЫЕ ОБРАЗЦЫ ·········· 188
ДИАЛОГИ ·········· 189
ТЕКСТ ·········· 190
Студенческие суеверия ·········· 190

УРОК 11 ... 203
ГРАММАТИКА ... 203
Ⅰ. 成语性复合句（2）... 203
Ⅱ. 同等成分 ... 204
Ⅲ. 总括词 ... 206
РЕЧЕВЫЕ ОБРАЗЦЫ ... 207
ДИАЛОГИ ... 208
ТЕКСТ ... 210
Иску́сство де́лать комплиме́нты ... 210

УРОК 12 ... 224
ГРАММАТИКА ... 224
Ⅰ. 呼语和插入语 ... 224
Ⅱ. 无连接词复合句 ... 225
РЕЧЕВЫЕ ОБРАЗЦЫ ... 227
ДИАЛОГИ ... 227
ТЕКСТ ... 229
О чудеса́х те́хники ... 229

ПОВТОРЕНИЕ 3 ... 245

生词表 ... 256

УРОК 1

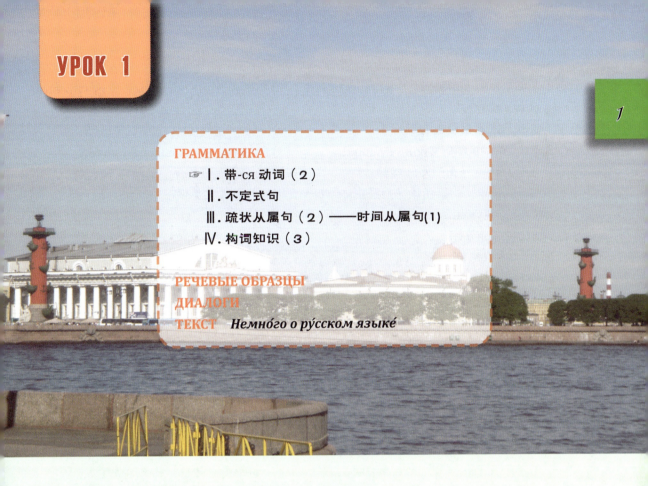

ГРАММАТИКА
- Ⅰ. 带-ся 动词（2）
- Ⅱ. 不定式句
- Ⅲ. 疏状从属句（2）——时间从属句(1)
- Ⅳ. 构词知识（3）

РЕЧЕВЫЕ ОБРАЗЦЫ
ДИАЛОГИ
ТЕКСТ Немно́го о ру́сском языке́

Ⅰ. 带-ся 动词 (2)
Глаго́лы с по́стфиксом -ся

俄语中的带-ся 动词，有相当一部分是由及物动词加-ся构成的。加-ся之后，该动词不再是及物动词，其意义也发生变化：

1. 增加сам的意义。表示行为局限于主体本身，不再涉及客体，例如：

начина́ть — начина́ться
продолжа́ть — продолжа́ться
поднима́ть — поднима́ться
возвраща́ть — возвраща́ться
останови́ть — останови́ться
ко́нчить — ко́нчиться

试比较：

1) Ре́ктор уже́ на́чал свой докла́д.
校长已经开始做报告了。

1) Докла́д уже́ начался́.
报告已经开始了。

2) Уча́стники конфере́нции продолжа́ют обсужде́ние.
会议代表在继续进行讨论。

2) Обсужде́ние продолжа́ется уже́ 3 часа́.
讨论已经（持续）进行3个小时了。

3) Па́па останови́л маши́ну у воро́т.
爸爸把汽车停在了大门口。

3) Маши́на останови́лась у воро́т.
汽车在大门口停下了。

2. 增加 себя 的意义。表示动作反及主体本身，此时行为主体多为做出该动作的人，例如：

умыва́ть — умыва́ться
брить — бри́ться
одева́ть — одева́ться
обува́ть — обува́ться
купа́ть — купа́ться
мыть — мы́ться

试比较：

1) Ма́ма умыва́ет до́чку.
妈妈给女儿洗脸。

1) До́чка умыва́ется.
女儿在洗脸。

2) Парикма́хер бре́ет клие́нта.
理发师在给顾客刮脸。

2) Са́ша бре́ется пе́ред зе́ркалом.
萨沙正对着镜子刮脸。

3) Па́па обу́л сы́на и повёл его́ в шко́лу.
爸爸给儿子穿好鞋，就送他去学校了。

3) Ко́ля обу́лся и пошёл в шко́лу.
柯利亚穿好鞋，就上学去了。

3. 增加相互反身意义。一部分动词加 -ся 后，表示动作双方互为主、客体，动作及于双方，例如：

встреча́ть — встреча́ться
целова́ть — целова́ться
познако́мить — познако́миться
уви́деть — уви́деться

试比较：

1) Сейча́с он на вокза́ле встреча́ет Ве́ру.
现在他正在火车站接维拉。

1) Они́ с Ве́рой встре́тились на вокза́ле.
他和维拉在火车站相遇了。

2) На проща́ние па́па поцелова́л дочь и уе́хал в командиро́вку.
临行前，爸爸亲了亲女儿就动身出差了。

2) На проща́ние супру́ги поцелова́лись.
夫妻吻别。

3) Я познако́мил Са́шу с Ма́шей.
是我介绍萨沙和玛莎认识的。

3) Са́ша и Ма́ша познако́мились в университе́те.
萨沙和玛莎是在大学里相识的。

4. 加 -ся 后，人称动词变为无人称动词。表示不以人的意愿为转移的行为或状态。动词的现在时形式只用第三人称单数，过去时用中性，行为或状态的主体用第三格表示，例如：

1) Но́чью Па́влу не спало́сь.
夜里帕维尔睡不着。

2) Сего́дня Ире почему́-то не сиди́тся.
   今天，伊拉不知为什么坐不住。
3) Мне нездоро́вится.
   我不舒服。

II. 不定式句
Инфинити́вное предложе́ние

句子主要成分用动词不定式表示的单部句，叫做不定式句。句中的行为主体用第三格表示。不定式句主要表示以下几种意义：

1. 表示必然性或不可能性：
   Вам здесь не пройти́.
   您从这里是过不去的。
   Слы́шишь, воро́на раска́ркалась, быть беде́!
   你听，乌鸦叫起来了，这可是不祥之兆！

2. 表示需要、应该、可能要做的动作：
   Чем мне удержа́ть его́, спасти́?
   我怎么才能阻止他，挽救他？
   К кому́ мне обрати́ться?
   我应该找谁（办此事）？

3. 表示语气强烈的命令、指示等：
   Стоя́ть! 不许动！
   Встать! 起立！

4. 表示愿望、劝告、建议等。句中常加语气词 бы 与不定式一起做主要成分：
   Вам бы посове́товаться с врачо́м.
   您应该咨询一下医生。
   Не опозда́ть бы нам на уро́к.
   但愿我们上课不会迟到。

III. 疏状从属句（2）——时间从属句（1）
Прида́точные предложе́ния вре́мени

时间从属句表达主句行为、状态发生或出现的时间，回答 когда́（什么时候），с каки́х пор（从什么时候起），до каки́х пор（到什么时候）等问题。

时间从属句可以位于主句之前、之后，或位于主句中间，借助时间连接词与主句连接，并表达各种不同的时间关系。

从属句与主句的行为同时发生，常使用连接词 когда́, пока́ 等。

1) 用连接词 когда́ 时，从句中的动词谓语常用未完成体，但有时也会用完成体。主句中可以出现指示副词 тогда́ 与连接词 когда́ 相呼应，例如：

УРОК 1

① Что мы вспоминаем, когда думаем о Родине?
    当我们思念祖国的时候，我们会回想起什么？
② На работе я обедаю, когда нет посетителей.
    工作时没有顾客的时候，我才吃午饭。
③ Когда мы ехали домой, пошёл дождь.
    我们回家的路上，天下起了雨。

2) 用连接词 пока 时，表示主句行为在从属句的时间范围内发生，从属句谓语通常使用未完成体动词，例如：

① Кто-нибудь звонил мне, пока я был на работе?
    我上班时，有人给我打电话吗？
② Оставайтесь на месте, пока я вас не найду.
    在我没有找到你们之前，不要离开现在的位置（留在原处别动）。
③ Пока шёл дождь, мы сидели в кафе и пили кофе.
    我们坐在咖啡店里喝咖啡，等待雨停下来。

Ⅳ. 构词知识（3）
Словообразование

形容词经常添加各种前缀和后缀构成新的形容词。常见的前缀和后缀有：

常见的前缀　　　　　　　　　　　例　词

анти-	антинародный（反人民的），антифашистский（反法西斯的）
вне-	внепартийный（党外的），внеклассный（课外的）
до-	дореволюционный（革命前的），довоенный（战前的）
над-	надводный（水上的），надземный（地面之上的）
пере-	перетёртый（反复揉搓过的），перепроверенный（反复检查过的）
под-	подкожный（皮下的），подводный（水下的）
пре-	пребогатый（极富有的），предобрый（极善良的）
при-	приволжский（伏尔加河沿岸的），придорожный（路边的）
противо-	противопожарный（防火的），противоракетный（反导弹的）
супер-	суперсовременный（超级现代化的），супермодный（超级时尚的）
ультра-	ультразвуковой（超声波的），ультрафиолетовый（紫外线的）
экстра-	экстраординарный（极特殊的），экстралингвистический（超语言学的）

常见的后缀　　　　　　　　　　　例　词

-ав-, -яв-	кровавый（血腥的），дырявый（窟窿多的），костлявый（骨头多的）
-ат-	бородатый（大胡子的），горбатый（背驼的）
-н-	сильный（有力量的），важный（重要的）
-енн-	промышленный（工业的），государственный（国家的）
-онн-	революционный（革命的），телевизионный（电视的）
-ск-	институтский（研究所的），городской（市立的）

-ческ-, -ическ- студе́нческий（大学生的）, социалисти́ческий（社会主义的）
-оват-, -еват- желтова́тый（发黄的）, синева́тый（发蓝的）
-чив- забы́вчивый（健忘的）, оби́дчивый（爱计较的）

РЕЧЕВЫЕ ОБРАЗЦЫ

1. Семина́р | начался́ / ко́нчился / продолжа́ется |.

(зако́нчиться, прекрати́ться; заседа́ние, спор)

2. Что вас так | беспоко́ит / волну́ет |?

Как мне не | беспоко́иться / волнова́ться |?! Уже́ неде́ля, как Са́ша не звони́т.

(трево́жить-трево́житься, серди́ть-серди́ться)

3. Утром Ле́ну | одева́ет / умыва́ет | ма́ма, а ста́ршие де́ти са́ми | одева́ются / умыва́ются |.

(собира́ть-собира́ться, причёсывать - причёсываться, обува́ть-обува́ться)

4. Юра и Ле́на | встре́тились / познако́мились | в Эрмита́же.

(уви́деться, расста́ться, поссо́риться, помири́ться; институ́т, до́ма)

5. Игорю вчера́ почему́-то не | спало́сь / сиде́лось |.

(Мари́на; нездоро́виться, рабо́таться, чита́ться)

6. Тако́й дли́нный расска́з за час мне не | прочита́ть / перевести́ |.

(тяжёлый чемода́н; подня́ть, унести́)

7. Чем вы занима́лись, | пока́ / когда́ | оте́ц | мыл / ремонти́ровал | маши́ну?

(чини́ть, ста́вить в гара́ж, ходи́ть за; автомоби́ль)

УРОК 1

ДИАЛОГИ

1. —Давайте поговорим на тему «Как изучать иностранный язык?» Почему одним легко даётся язык, а другие с трудом изучают его?
   —Языком надо заниматься регулярно, желательно ежедневно! Если у вас нет времени, то не надо начинать учить язык. Если начали дело, то доведите его до конца. Недоучить язык — хуже, чем не браться за дело совсем.
   —А если мне надоело заниматься языком?
   —Советую почитать книги, посмотреть фильмы о той стране, язык которой вы изучаете. Тогда начнёте понимать психологию, философию народа, красоту его языка.
   —Самая большая трудность у меня — говорить. Читать тексты и выполнять упражнения — всё это не так сложно. А вот когда надо что-то сказать, то язык перестаёт слушаться меня. Что мне делать?
   —Самое главное — верьте в себя! Нет людей, не способных к языку. Вы ведь говорите на родном языке?! Главное — не бояться!
   —Иностранный язык — это крепость, которую надо брать с разных сторон: читать газеты, смотреть телевизор, беседовать с носителями языка.
   —Я не люблю грамматику! Можно обойтись без неё?
   —Нет, без грамматики русский язык не понять. Грамматика нужна всем, кто учит этот язык.
   —Вы мне дали очень хорошие советы, спасибо вам. Попробую применить их на практике.

2. —Вы заметили, что русский язык на наших глазах пополняется словами из английского языка? Просто ужас!
   —Лингвисты утверждают, что этот процесс не страшен, русский язык всегда был открыт для заимствований, от этого он становился только богаче.
   —А я считаю, что нужно бороться с заимствованиями из иностранных языков, нужно бороться за чистоту родного языка
   —Это пустая трата времени, русский язык пережил не один период мощной экспансии иностранной культуры. Он сам решает, от чего нужно отказаться и что нужно принять.
   —Он будет и дальше так развиваться?
   —Вот слова немецкого писателя XIX века: "Русский язык способен к прогрессивному развитию, границ которого ещё нельзя предвидеть".

Немного о русском языке

Откройте учебник русского языка и вы попадёте в мир, полный тайн и загадок, интересных находок и неожиданных открытий. Он показывает свои богатства не каждому. Только тех, кто по-настоящему любит русский язык, напоит из родника народной мудрости и наградит чудесным даром — свободным владением живой русской речью.

Мир русского языка настолько большой, что узнать о нём всё сразу невозможно. Наука, которая изучает его, называется языкознанием, иначе — лингвистикой. Занимаются этим разные учёные. Они изучают словообразование, морфологию, синтаксис, пунктуацию, лексикологию, стилистику и так далее.

Русский язык — один из самых богатых и развитых языков мира. В мире он занимает 6-ое место по числу свободно владеющих им, 8-ое место по количеству людей, для которых этот язык является родным, и 9-ое место по популярности в Интернете. На нём создалась великая литература, которая тесно связана с именами гениев — Александр Пушкин, Николай Гоголь, Иван Тургенев, Фёдор Достоевский, Лев Толстой, Антон Чехов и многие другие. К месту вспомнить и о Нобелевской премии по литературе, которая в XX веке 5 раз присуждалась русскоязычным писателям — Ивану Бунину, Борису Пастернаку, Михаилу Шолохову, Александру Солженицыну, Иосифу Бродскому[1].

Русский язык — один из 6 официальных языков ООН. Им пользуется около 260 миллионов человек в СНГ, США, Канаде, Израиле, Германии, Польше и других странах; примерно 150 миллионов из них считают русский язык родным. В России на нём говорят свыше 130 миллионов человек, как минимум для 110 миллионов россиян он родной.

Пополняется русский язык на наших глазах многими словами из английского языка. Но лингвисты утверждают, что этот процесс не страшен, русский язык всегда был открыт для заимствований, от этого он становился только богаче. Например, кто сегодня вспомнит о том, что такие слова, как газета и макароны — итальянские заимствования? Многие языковеды считают, что бороться с иностранными словами — это пустая трата времени, так как язык сам решает: отказаться или принять.

Русский язык пережил не один период мощной экспансии иностранной культуры. В эпоху Петра I и Екатерины Великой в моде были немецкий и французский языки. Высший свет практически забыл родную речь, она звучала в основном в бедных домах и

УРОК 1

в крестья́нских и́збах. "Она́ по-ру́сски пло́хо зна́ла", — писа́л Пу́шкин о Татья́не Ла́риной, герои́не рома́на «Евге́ний Оне́гин». Именно Пу́шкин сде́лал всё для того́, что́бы ру́сский язы́к показа́л все свои́ досто́инства, приобрёл уваже́ние в ми́ре.

Ру́сский язы́к явля́ется не то́лько тво́рчеством ру́сского наро́да, но и всех наро́дов Росси́и. По бога́тству слов ру́сский превосхо́дит рома́нские, по бога́тству форм — герма́нские — в э́том убеди́лся неме́цкий писа́тель XIX ве́ка Варнга́ген фон Энзе[2], когда́ овладе́л ру́сским языко́м в 52 го́да и стал переводи́ть вели́кого ру́сского поэ́та Пу́шкина. И ещё его́ слова́: "Ру́сский язы́к спосо́бен к прогресси́вному разви́тию, грани́ц кото́рого ещё нельзя́ предви́деть".

КОММЕНТАРИИ

① И. Бу́нин — 布宁（1870~1953），1933年获得诺贝尔文学奖。Б. Пастерна́к — 帕斯捷尔纳克（1890~1960），1958年获得诺贝尔文学奖。М. Шо́лохов — 肖洛霍夫（1905~1984），1965年获得诺贝尔文学奖。А. Солжени́цын — 索尔仁尼琴（1918~2008），1970年获得诺贝尔文学奖。И. Бро́дский — 布罗茨基（1940~1996），1987年获得诺贝尔文学奖。
② Варнга́ген фон Энзе — 法恩哈根·封·恩泽 (1785~1858)，德国作家。

НОВЫЕ СЛОВА И СЛОВОСОЧЕТАНИЯ

семина́р, -а; -ы （高等院校中的）课堂讨论；讲座，研讨会

расстава́ться（未）-таю́сь, -таёшься; с кем-чем 离别；分手，抛弃

расста́ться（完）-а́нусь, -а́нешься; ~ с родны́м село́м; Со щенко́м придётся расста́ться: не́где его́ держа́ть.

причёсывать（未）-аю, -аешь; кого-что 给……梳头，梳好，梳平整

причеса́ть（完）-ешу́, -е́шешь; ~ во́лосы, ~ ребёнка

причёсываться（未）-аюсь, -аешься;（自己）梳头

причеса́ться（完）-ешу́сь, -е́шешься

обува́ть（未）-а́ю, -а́ешь; кого-что 给……穿鞋；穿鞋

обу́ть（完）-у́ю, -у́ешь; ~ сапоги́; ~ больно́го

обува́ться（未）-а́юсь, -а́ешься（自己）穿鞋

обу́ться（完）-у́юсь, -у́ешься; Ребёнок обу́лся и побежа́л во двор.

нездоро́виться（无人称, 未）-ится; кому́ 不太舒服，身体欠佳
Мне нездоро́вится.

регуля́рно 有规律地，定期地，按时

бра́ться（未）беру́сь, берёшься; бра́лся, брала́сь; за кого-что 开始做，着手做

взя́ться（完）возьму́сь,

возьмёшься; взя́лся, взяла́сь, взяло́сь, взяли́сь; ~ за рабо́ту; ~ за ребёнка
филосо́фия, -ии 哲学，哲理
слу́шаться（未）-аюсь, -аешься; кого́-чего́ 听话，服从
послу́шаться（完）-аюсь, -аешься; ~ роди́телей
носи́тель (ру́сского) языка́ (俄语为)母语者
применя́ть（未）-я́ю, -я́ешь; что к кому́-чему́ 应用，运用，采取
примени́ть（完）-еню́, -е́нишь; ~ но́вый ме́тод; ~ стро́гие ме́ры
бога́тство, -а 财富，资源，富足
та́йный 秘密的，隐蔽的；神秘的；无记名的 ~ое голосова́ние, ~ая мечта́
тропи́нка, -и 小路，小道
пои́ть（未）пою́, пои́шь; кого́-что 给……水喝，喂水喝
напои́ть（完）-ою́, -о́ишь; ~ребёнка; ~ и накорми́ть семью́
родни́к, -а́; -и́ 泉，泉水；源泉；го́рный ~, ~ зна́ний
му́дрость, -и（阴）英明，贤明，智慧，才智 наро́дная ~
награжда́ть（未）-а́ю, -а́ешь; кого́-что чем 奖赏，奖励
награди́ть（完）-ажу́, -ади́шь; ~ о́рденом, ~

кого́-н. улы́бкой
чуде́сный 奇迹的，奇异的；非常好的，绝佳的 ~ го́лос; ~ день
дар, -а; -ы́ 礼品，恩赐；天赋，才能 ~ы́ мо́ря; литерату́рный ~; ~ ре́чи
владе́ние, -ия 掌握；不动产，领地 ~ языко́м; ча́стное ~
невозмо́жно 不可能
языкозна́ние, -ия 语言学
лингви́стика, -и 语言学
словообразова́ние, -ия 构词；构词法
морфоло́гия, -ии 形态学；词法学
си́нтаксис, -а 句法学
пунктуа́ция, -ии 标点法
лексиколо́гия, -ии 词汇学
стили́стика, -и 修辞学
ра́звитый 发达的
владе́ющий 掌握了……的；统治……的
коли́чество, -а 数量
популя́рность, -и（阴）声望；受欢迎，流行
Но́белевская пре́мия 诺贝尔奖
присужда́ться（未）（第一、二人称不用）-а́ется; кому́ 授予；判给
Ты́сяча рубле́й присужда́ется истцу́.
ООН 联合国
СНГ 独联体
Кана́да, -ы 加拿大
Изра́иль, -я （阳）以色列
Герма́ния, -ии 德国

По́льша, -и 波兰
ми́нимум, -а 最低限度，基础知识 Что́бы вы́полнить э́ту рабо́ту, ми́нимум ну́жно 4 дня.
пополня́ться（第一、二人称不用）（未）-я́ется; кем-чем 得到补充，得到充实
попо́лниться（完）-ится Наш факульте́т попо́лнился но́выми преподава́телями.
лингви́ст, -а; -ы 语言学家；攻读语言学专业的大学生
проце́сс, -а; -ы 过程；程序 ~ разви́тия; уче́бный ~; ~ лече́ния
заи́мствование, -ия; -ия 外来借词；借用 иноязы́чные ~ия
языкове́д, -а; -ы 语言学家
тра́та, -ы; -ы 花费，费用；больши́е ~ы
пережива́ть（未）-а́ю, -а́ешь; что 活过（一段时间）；比……活得长；挺住，熬过
пережи́ть（完）-иву́, -ивёшь; пе́режил, пережила́, пе́режило; ~всех друзе́й Не мог пережи́ть го́лод.
пери́од, -а; -ы 时期；周期 в ~ ле́тних дожде́й
мо́щный 强壮的；强大的；大功率的 ~ая а́рмия; ~ дви́гатель
экспа́нсия, -ии 扩张，蔓延 империалисти́ческая ~

эпо́ха, -и; -и 时代；时期 ~ вы́сший свет 上流社会
звуча́ть（未）-чи́т（第一、二人称不用）发出声音；（声音中）含有，带有
Стру́ны звуча́т глу́хо. Го́лос звучи́т гро́мко.
крестья́нская изба́ 农舍
герои́ня, -и; -и 女主角；女主人公；女英雄
досто́инство, -а; -а 长处，优点；尊严 ~ на́ции, досто́инства и недоста́тки

обрета́ть（未）-а́ю, -а́ешь; кого́-что 获得，得到；找到；
обрести́（完）-рету́, -рете́шь; -ре́л, -рела́; ~ ве́рных друзе́й; ~ поко́й
тво́рчество, -а; -а 创造；创造力；作品 ~ Пу́шкина
превосходи́ть（未）-ожу́, -о́дишь; кого́-что 超过，胜过；优越于
превзойти́（完）-йду́, -йдёшь; ~ пре́жний у́ровень разви́тия; ~ всех остроу́мием
рома́нский 罗曼语（族）的
герма́нский 日耳曼语（族）的
прогресси́вный 进步的；递进的 ~ые иде́и
разви́тие, -ия 发展；发展水平 ~ эконо́мики, ~ страны́
предви́деть（未）-и́жу, -и́дишь; что 预见，预料 ~ ход собы́тий
Что́бы руководи́ть, на́до уме́ть предви́деть.

ВНЕАУДИТОРНЫЕ УПРАЖНЕНИЯ
课下自主练习

1. 选择动词填空。（Вы́берите подходя́щие глаго́лы.）

1) На у́лице _____ дождь. (начина́ется — начина́ет)
2) Уча́стники фо́рума _____ обсужде́ние. (продолжа́ют — продолжа́ются)
3) На доро́ге был гололёд, и маши́на не могла́ _____. (останови́ть — останови́ться)
4) Этот вопро́с не _____ на вчера́шнем заседа́нии. (поднима́л — поднима́лся)
5) Я не ве́рю, что така́я проста́я мазь _____ мо́лодость ко́же. (возвраща́ет — возвраща́ется)
6) Глаз _____ огро́мное коли́чество дере́вьев и цвето́в вокру́г до́ма. (ра́дует — ра́дуется)
7) Ма́ленький Са́ша уже́ сам _____ и _____. (умыва́ет — умыва́ется; одева́ет — одева́ется)
8) Ка́ждое у́тро ма́ма принима́ет душ, па́па _____, ба́бушка гото́вит за́втрак. (бре́ет — бре́ется)
9) Ма́ма меня́ оде́ла, _____, завяза́ла шнурки́, намота́ла шарф и повела́ в са́дик. (обу́ла — обу́лась)
10) Ве́чером Ли́да гото́вила у́жин, стира́ла бельё, _____ ребёнка. (купа́ла — купа́лась)
11) Мужчи́на _____ под ду́шем, поскользну́лся, упа́л и потеря́л созна́ние. (мыл — мы́лся)
12) В сре́ду мэр _____ с гру́ппой молоды́х росси́йских программи́стов. (встре́тил — встре́тился)

13) Выйдя из самолёта, старик первым делом _____ родную землю. (поцеловал — поцеловался)

14) Меня _____ с симпатичной молодой девушкой. (познакомили — познакомились)

15) Теперь мы уже можем _____ с родственниками, друзьями в Интернете. (увидеть — увидеться)

2. 对比下列句子，指出不同之处。（Сопоставьте следующие предложения, укажите разницу.）

1) Вчера ночью мне не спалось.

2) Вчера ночью я не спал.

3) Сегодня Максиму почему-то не работается.

4) В воскресенье Максим не работал, а отдыхал.

5) Маше сегодня нездоровится.

6) Маша сегодня прекрасно себя чувствует.

7) Игорю сегодня как-то не читается.

8) Игорь с интересом прочитал рассказ В. Токаревой.

9) Мне не хочется ехать с ними в Польшу.

10) Я хочу поехать в Белорусь к моему дяде.

11) Я не могу понять, почему Саша не женился на ней.

12) Этого тебе действительно не понять!

13) Зенит обыграл соперника, но не прошёл в 1/4 финала Кубка.

14) Здесь дороги нет, и нам тут не пройти.

15) Не опоздать бы нам на поезд.

16) Я отправился из дома за час до начала спектакля, чтобы не опоздать.

17) Если радуга (彩虹) появится утром — быть дождю.

18) Не быть войне!

19) Такую маленькую рубашку тебе не надеть.

20) Маша, помоги мне надеть рюкзак (背囊).

3. 续写句子。(Закончите предложения.)

1) Давайте поговорим на тему ...

2) Почему одним легко ... , а другие с трудом... ?

3) ... , желательно ежедневно!

4) Если не можете ... , не начинайте...

5) Нет людей, не способных...

6) Можно обойтись как-нибудь без... ?

7) Сначала, я думаю, нам надо разобраться, ...

8) Только те, кто по-настоящему любит русский язык, ...

УРОК 1

9) Мир наш настолько велик, что...

10) Наука, которая изучает..., называется...

11) На китайском языке создалась великая литература, которая...

12) Специалисты утверждают, что...

13) Родители сделают всё для того, чтобы...

14) ... и вы попадаете в мир, полный...

15) В данном случае к месту вспомнить и ...

4. 写出下列缩写词表示的俄语全称。(Расшифруйте аббревиатуру.)

ООН	ЮНЕСКО	ВТО	СССР	РФ	АН	МИД	МЧС
МВД	ФСБ	ОМОН	СНГ	КНР	ЦК	КПК	ГЭС
ТЭС	АЭС	БАМ	ВВП	ГОСТ	МГУ	МХАТ	ФБ
ВВЦ	СМИ	КАМАЗ	БМВ	НИИ	ГБДД	ЦБ	

5. 翻译括号中的词语。(Переведите слова, данные в скобках.)

1) Дорогие участники форума, после обеда мы (继续) наш семинар.

2) В такой (时限) нам никак не уложиться!

3) Сегодня у нас будут занятия по (实践修辞学).

4) Такое выражение не соответствует (标准) современного русского языка.

5) Только в этих районах ещё можно увидеть (农舍).

6) В XX веке (诺贝尔文学奖) присуждалась русскоязычным писателям 5 раз.

7) Компании срочно требуется переводчик, желательно (母语为法语者).

8) Цвет эмблемы, по словам автора, будут менять (取决于) ситуации.

9) Природа наградила певицу (神奇的天赋) — прекрасным голосом.

10) Новогодние костюмы шьём сами, чтобы было (最大限度) веселья, (最小限度) траты.

6. 选择下列动词的适当形式填空。(Выберите глагол и вставьте в нужной форме.)

обойти — обойтись

1) Мы как-нибудь да _____ без него.

2) Ковид-19 не _____ стороной и Африку.

совершенствовать — совершенствоваться

1) Эту модель НИИ завода разрабатывал и _____ многие годы.

2) Петровского знали как человека образованного, который постоянно _____.

разобрать — разобраться

1) Сейчас самое время серьёзно поговорить обо всём этом и _____, в чём тут дело.

2) Мастер _____ на части четыре старых автомобиля и собрал из них новый.

излага́ть — излага́ться

1) Во вчера́шней газе́те была́ опублико́вана статья́, в кото́рой _____ интере́сный взгляд на бу́дущее моби́льной рекла́мы.

2) В Дре́вней Индии не при́нято было, чтобы мысли́тель _____ уче́ние от своего́ и́мени.

награжда́ть — награжда́ться

1) Сего́дня ГИБДД бу́дет _____ ве́жливых води́телей, сообщи́ло РИА Но́вости.

2) Сего́дня многоде́тные ма́тери в Росто́вской о́бласти бу́дут _____ почётными дипло́мами и пре́миями.

присужда́ть — присужда́ться

1) Пре́мию таки́м рабо́тникам не _____!

2) МИД КНР: Но́белевская пре́мия ми́ра должна́ _____ досто́йному её челове́ку.

попо́лнить — попо́лниться

1) Как сформирова́ть и _____ ба́зу да́нных?

2) Моско́вский зоопа́рк _____ 4 слона́ми.

отверга́ть — отверга́ться

1) Вы мо́жете _____ на́шу по́мощь, но я сове́тую вам поду́мать.

2) Курс президе́нта и его́ кома́нды мо́жет кому́-то нра́виться, а ке́м-то _____.

предви́деть — предви́деться

1) Он мо́жет _____ исхо́д (结局) де́ла и во́время приня́ть необходи́мые ме́ры.

2) В стране́ энергети́ческого кри́зиса нет, и не _____.

7. 写出相同前缀的形容词，每组5个。(Напиши́те 5 прилага́тельных с той же приста́вкой.)

1) суперсовреме́нный —
2) противопожа́рный —
3) приво́лжский —
4) предо́брый —
5) подко́жный —
6) перепрове́ренный —
7) надво́дный —
8) дореволюцио́нный —
9) внекла́ссный —
10) антифаши́стский —

8. 列出课文中язы́к一词的限定成分。(Вы́пишите из те́кста все определе́ния к существи́тельному язы́к.)

9. 查阅词典，辨析下列词汇的区别。(При помощи словаря укажите разницу в значении следующих слов.)

а) регуля́рно — постоя́нно; гра́фик — расписа́ние; ста́ртовый — нача́льный; пыл — энтузиа́зм; бра́ться — приступи́ть; примени́ть — испо́льзовать; уме́ние — спосо́бность; чу́дный — чуде́сный; излага́ть — выража́ть; тропи́нка — доро́жка; пери́од — эпо́ха; мо́щный — си́льный; лингви́ст — языкове́д

б) жить, вы́жить, дожи́ть, зажи́ть, ожи́ть, отжи́ть, пережи́ть, пожи́ть, прожи́ть

10. 解释下列划线部分文字。(Объясни́те значе́ние подчёркнутых мест.)

1) Ру́сский язы́к доверя́ет свои́ бога́тства не ка́ждому. То́лько тех, кто по-настоя́щему лю́бит ру́сский язы́к, проведёт он свои́ми та́йными тропи́нками, <u>напои́т из родника́ му́дрости наро́дной и награди́т чуде́сным да́ром</u> — свобо́дным владе́нием живо́й ру́сской ре́чью.

2) Ру́сский язы́к — оди́н из са́мых бога́тых и ра́звитых языко́в ми́ра. На нём со́здана вели́кая литерату́ра, кото́рая <u>те́сно свя́зана с имена́ми ге́ниев.</u>

3) Ру́сский язы́к — оди́н из 6 официа́льных языко́в ООН. Им по́льзуется о́коло 260 миллио́нов челове́к в СНГ, США, Кана́де, Изра́иле, Герма́нии, По́льше и други́х стра́нах, <u>приме́рно 150 миллио́нов из них счита́ют ру́сский язы́к родны́м.</u>

4) Пополня́ется ру́сский язы́к на на́ших глаза́х мно́гими слова́ми из англи́йского языка́. Но лингви́сты утвержда́ют, что э́тот проце́сс не стра́шен, <u>ру́сский язы́к всегда́ был откры́т для заи́мствований.</u>

5) Мно́гие языкове́ды счита́ют, что боро́ться с иностра́нными слова́ми — <u>э́то пуста́я тра́та вре́мени.</u>

6) Ру́сский язы́к пережи́л не оди́н пери́од <u>мо́щной экспа́нсии иностра́нной культу́ры.</u>

7) Ру́сская речь звуча́ла в бе́дных дома́х да крестья́нских и́збах.

8) И́менно Пу́шкин сде́лал всё для того́, <u>что́бы ру́сский язы́к показа́л все свои́ досто́инства, обрёл уваже́ние в ми́ре.</u>

9) Ру́сский язы́к <u>спосо́бен к прогресси́вному разви́тию,</u> грани́ц кото́рого ещё нельзя́ предви́деть.

11. 按对话、课文内容回答问题。(Отве́тьте на вопро́сы по диало́гам и те́ксту.)

1) Каки́е сове́ты по изуче́нию иностра́нного языка́ здесь даны́?
2) Како́й из сове́тов показа́лся вам наибо́лее актуа́льным? Почему́?
3) Что зна́чит свобо́дно владе́ть ру́сским языко́м?
4) Мо́жете ли вы о себе́ сказа́ть, что вы свобо́дно владе́ете ру́сским языко́м? Чего́ вам не хвата́ет?
5) Что означа́ют слова́ "Ру́сский язы́к пережи́л не оди́н пери́од мо́щной экспа́нсии иностра́нной культу́ры?"

6) Кому́ открыва́ет ру́сский язы́к своё бога́тство?

7) Каки́м да́ром мо́жет награди́ть ру́сский язы́к студе́нта?

8) Объясни́те значе́ние словосочета́ний: та́йные тропи́нки, родни́к наро́дной му́дрости, жива́я ру́сская речь.

9) Чем занима́ются лингви́сты? Что они́ изуча́ют?

10) Како́е ме́сто занима́ет ру́сский язы́к в ми́ре?

11) Ско́лько раз присужда́лась ру́сским писа́телям Но́белевская пре́мия? Назови́те их имена́.

12) Каки́е официа́льные (рабо́чие) языки́ ООН вы зна́ете?

13) В каки́х стра́нах Евро́пы и Се́верной Аме́рики по́льзуются ру́сским языко́м?

14) Меня́ется ли совреме́нный ру́сский язы́к?

15) Как вы ду́маете, иноязы́чные заи́мствования прино́сят бо́льше вреда́ и́ли по́льзы?

16) Почему́ лингви́сты счита́ют, что не сто́ит боро́ться с заи́мствованиями?

17) Како́й вклад (贡献) внёс Пу́шкин в разви́тие ру́сского литерату́рного языка́?

12. 阅读下列译文，说出对应的汉语原文。(**Прочита́йте перево́д, назови́те оригина́л.**)

1) Тот, кто, повторя́я ста́рое, узнаёт но́вое, мо́жет быть наста́вником люде́й.

2) Не беспоко́йся, что лю́ди тебя́ не зна́ют, а беспоко́йся о своём несоверше́нстве.

3) Учи́ться и не размышля́ть — напра́сно теря́ть вре́мя, размышля́ть и не учи́ться — губи́тельно.

4) Зна́ющие что́-либо уступа́ют тем, кто лю́бит что́-либо; лю́бящие что́-либо уступа́ют тем, кто наслажда́ется че́м-либо.

5) Всё прохо́дит подо́бно э́тому тече́нию, не остана́вливающемуся ни днём, ни но́чью.

6) Е́сли я иду́ с двумя́ людьми́, то у них обяза́тельно есть чему́ поучи́ться. На́до взять то хоро́шее, что есть у них, и сле́довать ему́. От нехоро́шего же на́до изба́виться.

7) Пра́вильное отноше́ние к зна́нию — э́то когда́ зна́я что́-либо, счита́ешь, что зна́ешь; не зна́я, счита́ешь, что не зна́ешь, — э́то и есть пра́вильное отноше́ние к зна́нию.

（译文取自波波夫、别列洛莫夫等人的译本）

13. 参照下列提纲用俄语介绍一下汉语。(**Соста́вьте текст о кита́йском языке́ по да́нному пла́ну.**)

1) Разнообра́зие и бога́тство кита́йского языка́.

2) Лингвисти́ческие разде́лы, кото́рые включа́ет в себя́ кита́йский язы́к.

3) Ме́сто кита́йского языка́ в ми́ре.

4) Кита́йский язы́к как официа́льный язы́к ООН.

5) Заи́мствования в кита́йском языке́.

6) Совреме́нное состоя́ние кита́йского языка́.

14. 选择合适的词语填空。(Вста́вьте подходя́щий вариа́нт.)

1) Лу́чшего сва́дебного пла́тья вам в го́роде не _____.
   A) найти́   B) находи́ть   C) найдёшь   D) нахо́дишь

2) Брю́ки мо́дные, и цвет то́же подхо́дит, но тебе́ их не _____.
   A) надева́ть   B) наде́ть   C) одева́ть   D) оде́ть

3) Две́ри шка́фа невозмо́жно _____. В нём сли́шком мно́го веще́й.
   A) закрыва́ть   B) закрыва́ться   C) закры́ть   D) закры́ться

4) Ребя́та, е́сли у вас нет уважи́тельной причи́ны, то нельзя́ _____ заня́тия.
   A) опуска́ть   B) опусти́ть   C) пропусти́ть   D) пропуска́ть

5) Запо́мни, ни в ко́ем слу́чае нельзя́ _____ дове́рия к лю́дям.
   A) лиши́ть   B) лиша́ть   C) лиши́ться   D) лиша́ться

6) Это явле́ние невозмо́жно _____ с нау́чной то́чки зре́ния.
   A) объясня́ть   B) объясня́ться   C) объясни́ть   D) объясни́ться

7) Хоти́те послу́шать интере́сные исто́рии? Хорошо́. То́лько что же мне вам _____?
   A) пересказа́ть   B) подсказа́ть   C) вы́сказать   D) рассказа́ть

8) За оди́н день про́сто невозмо́жно _____ все за́лы Эрмита́жа.
   A) осмотре́ть   B) рассмотре́ть   C) смотре́ть   D) досмотре́ть

9) Подошло́ вре́мя, _____ оста́лось то́лько взять чемода́н и пое́хать на вокза́л.
   A) на́ми   B) нам   C) нас   D) с на́ми

10) Если отца́ положи́ли в больни́цу, почему́ _____ не прие́хать из Москвы́?
    A) сы́ну   B) до́чку   C) сы́на   D) до́чки

15. 翻译下列句子。(Переведи́те на ру́сский язы́к.)

1) 高血压患者应该经常量血压，最好是每天都量。
2) 既然你开始做这件事情了，那就应该做到底。
3) 这样做手术比不做手术还要糟糕。
4) 只有通过学习外语才能了解一个民族的心理。
5) 我一讲英语舌头就不听使唤，变得像木头一样。
6) 你不要担心，最重要的是自己要相信自己。
7) 你们应当尝试一下在实践中应用这项技术。
8) 翻开这部小说，你会进入一个充满神秘、魔幻、惊喜的世界。
9) 老猎人带我们沿着只有他知道的神秘小路来到泉眼边，让我们痛饮甘甜的泉水。
10) 中国是个大国，要想一下子就介绍完是不可能的。
11) 就人口数量而言，中国在世界上排名第一，而按领土面积计算，中国排名第三。
12) 近年来，汉语中也出现了一些英语借词。
13) 康熙（Канси）、雍正（Юнчжэн）年间，这种瓷器和服装开始流行。
14) 唐代诗人李白（Ли Бо）为中国诗歌的发扬光大做出了巨大贡献。他在国内外享有崇高的声誉。

16. 将对话译成汉语。(Переведите диалог при помощи словаря на китайский язык.)

—Мы уже достаточно долго изучаем русский язык, узнали много о жизни страны, пришло время совершенствовать наши умения в выборе языковой формы в зависимости от ситуации общения.

—Да, это очень важно. Сначала, я думаю, нам надо разобраться, из чего складывается социальная роль человека.

—Это, конечно, пол, возраст, уровень образования, профессия, должность и т. д.

—Я заметил, что часто к незнакомым людям в магазине, метро и других общественных местах обращаются: Мужчина! Женщина! То есть по признаку пола. Это что, норма?

—К сожалению, это стало распространённым обращением в последнее время, но назвать это нормой нельзя. И вряд ли это когда-нибудь станет нормой.

—Ну а как же обращаться к людям?

—Если хотите обратиться к незнакомому человеку, то просто начинайте фразу: Скажите, пожалуйста… и далее излагайте просьбу или вопрос. Правда, в официальной обстановке всё чаще слышится обращение: господин, господа.

17. 选择适当的词语填空。(Вставьте подходящий вариант.)

1) Когда я _____ из дома, всегда выключаю свет.
   A) ухожу   B) ушёл   C) уходил   D) уйду

2) Всякий раз, когда Паша и Олег _____ , между ними всегда возникала ссора.
   A) встретили   B) встретились   C) встречались   D) встречали

3) Старость к человеку приходит только тогда, когда он _____ учиться.
   A) перестаёт   B) перестань   C) перестало   D) будет переставать

4) Учитель написал на доске формулу, когда _____ нам теорему по геометрии.
   A) объяснял   B) объяснил   C) объяснялся   D) объяснился

5) Вчера вечером, я _____ Ирину Петровну, когда возвращался с работы домой.
   A) встретил   B) встречал   C) встречаю   D) встречу

6) Мы с женой познакомились в самолёте, когда _____ из Москвы в Пекин.
   A) летаем   B) летали   C) летим   D) летели

7) Я никогда не забуду тот случай, _____ брат выручил меня из большой беды.
   A) когда   B) который   C) как   D) что

8) Когда дети _____ со стадиона домой, их застала гроза.
   A) возвращаются   B) вернулись   C) возвращались   D) вернутся

9) Когда посмотрел Коля с крыши дома во двор, у него чуть не _____ в глазах.
   A) потемнел   B) потемнела   C) потемнело   D) потемнели

10) Сергей Иванович не любит, _____ звонят ему с работы.
   A) как   B) чтобы   C) когда   D) если

18. 将短文译成汉语。(Переведите текст при помощи словаря на китайский язык.)

В наше время каждую секунду произносятся, пишут в Интернете, передаются в эфир миллиарды слов. Произнесённая кем-то фраза может буквально в считанные часы стать известной всему миру. И не важно, на каком языке она прозвучала. Но давайте представим себе на минуту, что в мире исчез язык. Нет, не конкретно русский, китайский, английский, а язык вообще. Как главное средство человеческого общения. Исчезли книги, газеты, почта, телефон... Как смогут люди понять друг друга? Чем воспользуются для этого? Жестами? Языком музыки, искусства? Да, конечно, богатейшая палитра звуков и красок, выразительная мимика могут вполне понятно рассказать о боли и радости, о любви и ненависти. Но всё это лишь область чувств и эмоций. Точностью же выражения человеческой мысли обладает только язык. Ему одному подвластны холодная логика рассуждений и порывы горячего сердца. Он может вознести человека на крыльях счастья, а может убить одним словом. Именно язык объединяет нас в единое человеческое сообщество.

19. 选择适当的词语形式填空。(Вставьте подходящий вариант.)

1) Папа привык утром _____ холодной водой.
   A) умываться   B) умывать   C) умыться   D) умыть
2) Прежде чем подать заявление, предлагаю тебе _____ с родителями.
   A) советовать   B) советоваться C) посоветовать   D) посоветоваться
3) Мне ещё не раз приходилось _____ с ним на работе.
   A) встречать   B) встретить   C) встретиться   D) встречаться
4) Редко _____ мне люди, которые не уважают своих родителей.
   A) встречались   B) встречали   C) встретились   D) встретили
5) Летние каникулы у студентов _____ девять недель.
   A) продолжает   B) продолжается C) продолжают   D) продолжаются
6) В этом году праздник Весны _____ на 12 февраля.
   A) приходит   B) приходится   C) проходит   D) проходится
7) Совещание _____ уже два часа, и никто не может сказать, когда оно кончится.
   A) продолжает   B) продолжается C) продолжит   D) продолжится
8) Звучат песни, исполняются танцы, _____ глаз разнообразие узоров на костюмах.
   A) радует   B) радуется   C) радуют   D) радуются
9) Мальчик _____ на минуту, как вдруг чьи-то лёгкие шаги вывели его из дремоты.
   A) забывал   B) забывался   C) забыл   D) забылся

10) Мне ка́жется, челове́ка мо́жно счита́ть взро́слым то́лько тогда́, когда́ его́ _____ приглаша́ть на ве́чер.

   A) начина́ют   B) начина́лись   C) на́чал   D) начали́сь

 20. 将划线词变成适当形式。(Поста́вьте подчёркнутые слова́ в ну́жной фо́рме.)

1) Когда́ ру́сские **уходи́ть**, они́ **до́лжен** попроща́ться со все́ми и́ли хотя́ бы с хозя́евами до́ма.

2) Впервы́е я **посети́ть** Кита́й в а́вгусте 2008 го́да, когда́ **прие́хать** на Пеки́нскую Олимпиа́ду.

3) Да́же с са́мым бли́зким дру́гом францу́з не **стать** «излива́ть ду́шу», когда́ он **говори́ть** о себе́ само́м.

4) Когда́ ма́ма **рассказа́ть** об э́том, её лицо́ **стать** ра́достным.

5) Когда́ я **учи́ться** в шко́ле, у меня́ по исто́рии **быть** одни́ пятёрки.

6) Мужчи́на в любо́м разгово́ре **отвеча́ть** да́же тогда́, когда́ его́ не **спра́шивать**, он **стреми́ться** дать отве́т, да́же е́сли не **понима́ть**.

7) Ка́шу, макаро́ны, хлеб и други́е углево́дные проду́кты лу́чше всего́ **употребля́ть** с утра́, когда́ органи́зму **ну́жен** заря́д эне́ргии на це́лый день, и́ли в обе́д.

8) Когда́ мы **ду́мать** о свое́й Ро́дине, мы **представля́ть** не то́лько её исто́рию, культу́ру, но и приро́ду.

9) Когда́ мне **быть** 10 лет, отца́ **отпра́вить** рабо́тать во Фра́нцию.

10) Челове́к **мочь** прекра́сно рабо́тать то́лько тогда́, когда́ он **люби́ть** свою́ рабо́ту.

 21. 以 Как я изуча́ю ру́сский язы́к 为题写一篇作文，使用то́чность выраже́ния, свобо́дное владе́ние, по уче́бникам; занима́ться грамма́тикой, пополня́ться 等词和词组。（Напиши́те сочине́ние на те́му «Как я изуча́ю ру́сский язы́к», испо́льзуя да́нные слова́ и выраже́ния.）

 22. 记住下列术语。(Запо́мните да́нные те́рмины.)

лингви́стика 语言学   языкозна́ние 语言学
фоне́тика 语音学   лексиколо́гия 词汇学
стили́стика 修辞学   рито́рика 演讲学
семасиоло́гия 语义学   прагма́тика 语用学
семио́тика 符号学   морфоло́гия 词法
си́нтаксис 句法   пунктуа́ция 标点法
орфогра́фия 正字法   словообразова́ние 构词法
ко́рень 词根   осно́ва 词干

приста́вка 前缀　　　　　су́ффикс 后缀
оконча́ние 词尾　　　　по́стфикс 尾后缀

 23. 阅读名人名言并背诵。(Прочита́йте афори́змы. Вы́учите оди́н из них.)

Ру́сский язы́к в уме́лых рука́х и в о́пытных уста́х — краси́в, певу́ч, вырази́телен, ги́бок, послу́шен, ло́вок и вмести́телен.

А. И. Купри́н

Диви́шься драгоце́нности на́шего языка́: что ни звук, то и пода́рок: всё зерни́сто, кру́пно, как сам же́мчуг, и пра́во, ино́е назва́нье ещё драгоце́нней само́й ве́щи.

Н. В. Го́голь

Ру́сский язы́к открыва́ется до конца́ в свои́х пои́стине волше́бных сво́йствах и бога́тстве лишь тому́, кто кро́вно лю́бит и зна́ет до ко́сточки свой наро́д и чу́вствует сокрове́нную пре́лесть на́шей земли́.

К. Г. Паусто́вский

Ру́сский язы́к неисчерпа́емо бога́т и всё обогаща́ется с быстрото́й поража́ющей.

М. Го́рький

（练习12参考答案）
1）温故而知新，可以为师矣。
2）不患人之不己知，患不知人也。
3）学而不思则罔，思而不学则殆。
4）知之者不如好之者，好之者不如乐之者。
5）逝者如斯夫！不舍昼夜。
6）三人行，必有我师焉，择其善者而从之，其不善者而改之。
7）知之为知之，不知为不知，是知也。

УРОК 2

ГРАММАТИКА
☞ Ⅰ. 副动词
　Ⅱ. 动名词
　Ⅲ. 疏状从属句（2）——时间从属句（2）
　Ⅳ. 构词知识（4）

РЕЧЕВЫЕ ОБРАЗЦЫ
ДИАЛОГИ
ТЕКСТ　*Дру́жеское обще́ние*

ГРАММАТИКА

Ⅰ. 副动词
Деепричáстие

副动词是动词的一种不变化形式，它既有动词的特征，也有副词的特征。副动词通过其表述的行为或状态来说明动词谓语，例如：

① Экскурсовóд говори́л, улыбáясь. 导游微笑着讲述。

② Друзья́ гуля́ли по пáрку, фотографи́руя друг дрýга. 朋友们边逛公园，边相互拍照。

1. 副动词的构成

副动词分为未完成体副动词和完成体副动词两种。

未完成体副动词由未完成体动词现在时复数第三人称去掉人称词尾，加上后缀-я 或-а构成。后缀-а加在 ж, ч, щ, ш之后，后缀-я加在其他辅音和元音之后。带-ся动词构成副动词时，将-ся改为-сь。

以 -авать 结尾的未完成体动词，去掉不定式中的 -ть, 加后缀 -я 构成副动词，例如：
дава́ть — дава́я, встава́ть — встава́я, узнава́ть — узнава́я, создава́ть — создава́я

变位时重音移动的未完成体动词，构成副动词时，其重音大多在词尾上，例如：
смотре́ть — смо́трят — смотря́, иска́ть — и́щут — ища́, находи́ться — нахо́дится — находя́сь

变位时重音不移动的动词，其副动词重音大多与现在时复数第三人称形式相同，例如：
обсужда́ть — обсужда́ют — обсужда́я, уделя́ть — уделя́ют — уделя́я

部分未完成体动词不能构成副动词，例如：
пить, шить, петь, бить, ждать, есть, бежа́ть, писа́ть, мочь, хоте́ть, е́хать, каза́ться 等。

完成体动词过去时形式去掉 -л, 加后缀 -в (旧形式为 -вши) 或 -ши 构成副动词。词干以元音结尾时，加 -в, 以辅音结尾时，加 -ши, 例如：
прочита́ть — прочита́л — прочита́в, сде́лать — сде́лал — сде́лав
потеря́ть — потеря́л — потеря́в, отдохну́ть — отдохну́л — отдохну́в
спасти́ — спас — спа́сши, принести́ — принёс — принёсши
помо́чь — помо́г — помо́гши, запере́ть — за́пер — за́перши

带 -ся 的完成体动词构成副动词时，后缀为 -вшись 或 -шись, 例如：
заволнова́ться — заволнова́вшись, приня́ться — приня́вшись

注2:

某些完成体动词有两种副动词形式，例如：
войти́ — воше́дши, войдя́
прийти́ — прише́дши, придя́
принести́ — принёсши, принеся́
уви́деть — уви́дев, уви́дя
услы́шать — услы́шав, услы́ша

2. 副动词的用法

副动词和谓语动词所表示的动作必须由同一主体发出。副动词本身没有时间意义。在句子中，未完成体副动词通常表示伴随主要动作的次要动作；完成体副动词主要表示发生主要动作之前或之后的动作。副动词可以单独使用，也可以构成副动词短语。副动词短语可以位于句首、句中或句末，通常要用逗号与句中其他成分隔开，例如：

Маша, выполнив домашние задания, легла спать.
玛莎写完家庭作业后，躺下睡觉了。
Расставаясь, они договорились в следующем году вместе поехать на Кавказ.
分别时，他们约定明年一起去高加索。
Закончив опыты, они пошли в столовую.
做完试验，他们去食堂了。
Услышав шум во дворе, мать выбежала из дома.
听到院子里的喧闹声，母亲从家中跑了出来。
Слушая лекцию, я записывал объяснение преподавателя.
我边听课边记老师的讲解。
Увидев маму, мальчик быстро побежал к ней.
看到妈妈，男孩快步向她跑去。
Выполнив эту работу, мы будем отдыхать.
干完这项工作，我们就休息。

注3:

少数情况下，在带有 нужно, нельзя 等谓语副词的无人称句中，也可以见到使用副动词的情况，例如：Нужно смело идти вперёд, не боясь ничего. 要勇敢地前进，什么都不要怕。另外，一些副动词已经转化为副词，不再做副动词用，例如：Максим читал лёжа на диване. 马克西姆躺在沙发上看书。

副动词短语在句中经常表示主要动作发生的时间、方法、原因、目的、条件等意义。回答 когда, как, каким образом, почему, для чего, при каких условиях 等问题，例如：
Вера поздоровалась со мной, улыбаясь.
维拉笑着和我打了个招呼。（Как?）
Позавтракав, папа уехал на работу.
吃完早饭，爸爸就上班去了。（Когда?）
Торопясь домой, Игорь быстро ехал на машине.
由于急着回家，伊戈尔车开得很快。（Почему?）
Только овладев наукой и техникой, наша страна станет быстро развиваться.
只有掌握了科学技术，我们国家才会快速发展。（При каких условиях?）
Он долго говорил со мной, пытаясь убедить меня.
他和我谈了很长时间，力图说服我。（С какой целью?）
带有副动词短语的句子可以用一些从属句替换，例如：
Мама пошла в магазин, выстирав бельё.
Мама пошла в магазин, когда выстирала бельё.

Ⅱ. 动名词
Отглагóльное существи́тельное

俄语中的一些动词可以派生出动名词。动名词与普通名词一样具有性、数、格的语法特征。派生出的动名词在意义上与相应动词对应，例如：

чита́ть — чте́ние 阅读

прочита́ть — прочте́ние 通读

собра́ть — собра́ние 会议、文集、汇编

изуча́ть — изуче́ние 研究、研习

посеща́ть — посеще́ние 访问

разви́ть — разви́тие 发展

某些动词可派生2个动名词，但意义会有些区别，例如：

служи́ть — слу́жба (服役), служе́ние (服务)

поддержа́ть — подде́ржка (支持), поддержа́ние (保持、维护)

由及物动词构成的动名词，其补语改用二格表示，由不及物动词构成的动名词，其支配关系通常不变，例如：

чита́ть кни́гу — чте́ние кни́ги

защища́ть мир — защи́та ми́ра

овладе́ть ру́сским языко́м — овладе́ние ру́сским языко́м

помо́чь това́рищам — по́мощь това́рищам

Ⅲ. 疏状从属句(2)——时间从属句(2)
Прида́точные предложе́ния вре́мени

从属句中的动作发生在主句动作之前时，常使用连接词 когда́, по́сле того́ как, с тех пор как 等。这类从属句中的谓语动词通常选用完成体动词，例如：

1. Когда́ я верну́лся с рабо́ты, ма́ма уже́ пригото́вила у́жин.

   我下班回到家时，妈妈已经做好了晚饭。

2. Когда́ бале́т ко́нчился, мы пое́хали домо́й.

   芭蕾舞剧结束后，我们坐车回了家。

3. В дере́вне мы пошли́ в ба́ню, по́сле того́ как верну́лись из ле́су.

   从森林回到村子里之后，我们去澡堂洗了澡。

4. По́сле того́ как мы познако́мились, прошло́ мно́го лет.

   自我们相识后，已经过去了很多年。

5. С тех пор как я прочла́ э́тот рома́н, мно́гое измени́лось в моём мировоззре́нии.

   自从我读完这本书后，我的世界观发生了很大的变化。

6. Я ещё не ви́дела свои́х роди́телей, с тех пор как я перее́хала в э́тот го́род.

   自从搬到这座城市后，我还没有见过我的父母。

从属句中的动作发生在主句动作之后时，常用连接词 до того́ как, пре́жде чем, пе́ред тем как, до тех пор, пока не 等。

由до того как, прежде чем, перед тем как 连接的从句，从句和主句的主体一致时，从句谓语可以用不定式；不一致时，用人称形式，例如：

1. Осталась всего неделя, до того как наступит моя очередь на ночные дежурства.
   离我值夜班剩下一周时间了。（还有一周就该我值夜班了。）
2. Перед тем как встретиться с К.Паустовским, я перечитал все его рассказы.
   在与帕乌斯托夫斯基会面之前，我拜读了他写的所有短篇小说。
3. Прежде чем говорить, надо подумать.
   开口讲话之前，要先过过脑子呀。（想好再说。）

连接词пока не表示主句中的动作一直延续到从句的动作开始为止。主句中可以使用до тех пор与从句中的пока не相呼应，例如：

1. Они работали в поле, пока не солнце село.
   他们一直在田里干农活，直到太阳落山才收工。
2. Я буду ждать его до тех пор, пока он не вернётся.
   我要等他回来。
3. Ребёнок не успокоится, пока не добьётся своей цели.
   不达到自己的目的，这孩子不会罢休。

IV. 构词知识（4）
Словообразование

俄语中经常通过以下方式构成副词，例如：

1. 由前置词演化而成的前缀 в -加形容词阴性四格形式构成副词，例如：
   вручную=в+ручную
   вслепую=в+слепую
   впустую=в+пустую

2. 由前置词演化而成的前缀加名词、代词等构成副词，例如：
   сначала=с+начала
   откуда=от+куда
   зачем=за+чем
   отроду=от+роду
   наутро=на+утро
   поскольку=по+скольку

3. 由副动词转化为副词，例如：
   сидя, стоя, молча, лёжа, нехотя 等。

РЕЧЕВЫЕ ОБРАЗЦЫ

1. Серёжа, сидя у окна / стоя на остановке / лёжа на кровати, читал книгу.

(думать над каждым словом, рассказывать об экскурсии, вспоминать каждую деталь)

2. Идя в общежитие / Гуляя по университету / Возвращаясь с прогулки, студенты спорили о теории перевода.

(находиться в аудитории, выполнять домашние задания, обсуждать доклад)

3. Окончив университет / Выполнив контракт / Поменяв работу, Иванов уехал в Красноярск.

(проститься с другом, продать дом, купить билет, не сказать ничего, взять с собой только деньги и паспорт)

4. Только будучи специалистом / став мастером своего дела, мы сможем справиться с новой работой.

(приобрести новые знания, быть здоровыми, овладеть новыми знаниями)

5. Овладение знаниями / Охрана природы — обязанность каждого из нас.

(забота о родителях, посещение занятий, оказание помощи слабым)

6. После того как назначат срок защиты / закончатся каникулы, я сразу поеду в университет, не задерживаясь.

(освободиться от этого дела, выписать из больницы; я)

7. Коля почти не изменился с тех пор, как окончил университет / уехал в Сочи.

(стать, расстаться; директор, с нами)

8. До того как / Перед тем как / Прежде чем   начать рисовать, художник изучает объект своей будущей работы.

(проводить медицинское обследование, лететь в космос; молодые люди, космонавты)

9. Я сидел и переводил, пока не   стало темно / проголодался / заболели глаза.

(устать, вернуться с работы; отец)

ДИАЛОГИ

1. —Ребята, я предлагаю вам сегодня поговорить о светлых и добрых чувствах, которые дано испытать человеку. Вы понимаете, что такое дружба? Скажите, есть ли у вас близкий друг?
—Что за вопросы! Конечно.
—По-моему, человек в жизни много бы потерял, если бы он никогда и ни с кем не дружил.
—Человек, у которого нет верных друзей, несчастный человек.
—В таком случае кто из вас может объяснить русскую пословицу "Друг познаётся в беде"?
—Это значит, если другу плохо, ты должен сделать всё, чтобы ему помочь. Чтобы быть рядом в трудную минуту. Французский писатель Ромен Роллан[1] писал: "Друзья на то и существуют, чтобы помогать друг другу".
—А может быть, лучше сказать, что друг познаётся в счастье.
—По-моему, разделить счастье другого — это более серьёзная проверка дружбы. На такое способны люди с большим сердцем и чистой душой.
—Я с тобой согласен. Примером для нас может быть А.С. Пушкин. Читая о нём, я узнал, что у него было много друзей. И знаете, почему? Потому что он был добрым, открытым человеком, ему незнакомо было чувство зависти. Он ничего не жалел для друзей, ценя дружбу превыше всего.
—Думаю, что сегодня мы начали очень интересный и важный разговор. Цените каждую минуту общения с друзьями, берегите друг друга!

2. —Мне кажется, жизнь современного человека невозможно представить без сотового телефона.
—Абсолютно с вами согласен. Такую ситуацию даже представить трудно. Большинство проблем сегодня решается именно при помощи сотовой

связи.

—Но чтобы он всегда был нашим другом, надо помнить о правилах общения по телефону. Раньше я не задумывался о том, что существуют такие правила, лишь начав работать в фирме, понял их важность.

—Так что же это за правила?

—На мой взгляд, надо заранее продумать весь разговор. Люди всегда могут отвлечься, растеряться. А любая ошибка в телефонном разговоре может стоить очень дорого. Заканчивая телефонный разговор, человек обязательно должен подвести краткий итог.

—Первая фраза как бы задаёт стиль всего последующего разговора. Середина разговора может быть энергичной. Кончая разговор, лучше тепло и мягко поблагодарить за звонок.

听录音请扫二维码

Дружеское общение

Дружеское общение, теплота человеческих отношений, сочувствие и готовность прийти на помощь друг другу — это те сферы, где человечество, безусловно, достигло очень высокого уровня развития.

Ещё с времён Конфуция в Китае известна тяга человека к дружбе. Цитату "Не приятно ли встретиться с другом, приехавшим издалека?" знают от мала до велика. Нередко беседа, особенно людей среднего и старшего возраста, через короткое время переходит на тему о судьбах Родины, обсуждаются вопросы истории, этики, культуры.

В современной России пик неформального общения пришёлся на 60~70-е годы двадцатого века, когда сложилась традиция разговоров на кухне. В малогабаритных квартирах это было единственное место, где можно было просидеть всю ночь за интересным разговором, не рискуя разбудить детей или помешать другим членам семьи. На кухнях читали или обсуждали самиздат[2], пели под гитару песни Высоцкого[3], говорили о свободе и демократии. Этот период в России получил название "эпоха шестидесятников" и связывается с понятиями высокой культуры общения, преданности друзьям, широкой образованности.

Если русские друзья будут принимать вас на кухне, следует воспринимать это не как недостаток уважения, а напротив, как признак того, что вас считают своим.

Надо признать, что русские очень любят говорить о политике. Такие беседы характе́рны для всех слоёв о́бщества, от профессоро́в до слесаре́й, причём наибо́лее полити́чески акти́вны и информи́рованы пенсионе́ры. Стиль неформа́льного обще́ния о́чень эмоциона́льный, лю́ди ча́сто, перебива́я друг дру́га, перехо́дят на повы́шенные то́ны. Всё э́то не мо́жет не удивля́ть сде́ржанных иностра́нцев.

Так же непривы́чен для жи́телей Евро́пы и у́ровень бесе́д на ли́чные те́мы — дом, отноше́ния с детьми́ и супру́гой, пробле́мы на рабо́те. Сте́пень открове́нности таки́х бесе́д иногда́ шоки́рует.

О взаимовы́ручке в Росси́и разгово́р осо́бый. Здесь насто́лько при́нято обраща́ться за по́мощью к друзья́м (поско́льку идти́ бо́льше не́куда), что в поря́дке веще́й позвони́ть но́чью дру́гу, разбуди́ть его́, пожа́ловаться на свои́ неприя́тности. Мо́жно попроси́ть де́нег в долг и́ли оста́вить на неде́лю своего́ ребёнка. Интере́сно, что челове́к при э́том не то́лько не бу́дет раздоса́дован, но, напро́тив, бу́дет рад, что и́менно к нему́ обрати́лись за по́мощью. Ведь в сле́дующий раз по́мощь мо́жет понадо́биться и ему́. И́стинным дру́гом в Росси́и счита́ется тот, кто после́днюю руба́шку гото́в с себя́ снять, что́бы помо́чь това́рищу.

О́чень ва́жную роль в поддержа́нии дру́жеских отноше́ний игра́ет телефо́н. Телефо́нное обще́ние, кото́рое мо́жет дли́ться часа́ми, характе́рно то́лько для Росси́и, где до сих пор не введена́ повреме́нная опла́та перегово́ров. При́нято регуля́рно звони́ть друзья́м про́сто так, без осо́бого де́ла. Звони́ть друзья́м мо́жно до по́здней но́чи, в то вре́мя как этике́том разреша́ется звони́ть то́лько до 10 часо́в ве́чера.

КОММЕНТАРИИ

① Роме́н Ролла́н — 罗曼·罗兰（1866~1944），法国作家、音乐评论家。著有《约翰·克利斯朵夫》等作品。
② самизда́т — 手抄本，地下出版物。
③ В.С. Высо́цкий — 维索茨基（1938~1980），俄罗斯演员、诗人、原创歌曲演唱歌手。

 НОВЫЕ СЛОВА И СЛОВОСОЧЕТАНИЯ

волнова́ться (未) -ну́юсь, -ну́ешься 不安；紧张，激动
заволнова́ться (完) -ну́юсь, -ну́ешься

справля́ться (未) -я́юсь, -я́ешься; с кем-чем 能胜任；战胜，克服
спра́виться (完) -влюсь, -вишься; ~ с рабо́той; ~ с боле́знью

приобрета́ть (未) -а́ю, -а́ешь; кого́-что 获得，买到
приобрести́ (完) -рету́,

-ретёшь; приобрёл, -рела;
~ но́вую кни́гу
Сло́во приобрело́ но́вое значе́ние.

обя́занность, -и; -и（阴）职责，职务；义务
права́ и ~и гра́ждан

оказа́ние, -ия 予以，给予

охра́на, -ы 保护；保安，警卫队
~ лесо́в, вооружённая ~

чу́вство, -а; -а 感觉；感情
~ бо́ли; ра́достное ~

дружи́ть（未）дружу́, дру́жишь; с кем 与……交好

несча́стный 不幸的，悲惨的；不吉利的 ~ая любо́вь;
~ день

познава́ться（未）（第一、二人称不用）-ётся 认识清楚，深入了解
Друзья́ познаю́тся в беде́.

серьёзный 严肃的，认真的；重要的；严重的
~ое отноше́ние,
~ разгово́р, ~ая боле́знь

прове́рка, -и 检查；测验

абсолю́тно 绝对地；完全地

за́висть, -и（阴）羡慕，嫉妒；嫉妒心
~ к её красоте́ и мо́лодости

цени́ть（未）ценю́, це́нишь; кого́-что 或 кого́-чего́ 珍视，珍惜，器重；〈口〉定价
до́рого ~ вещь; ~ хоро́шего рабо́тника

превы́ше всего́ 高于一切

бере́чь（未）-егу́, -ежёшь, -егу́т; -ёг, -егла́; кого́-что 珍惜，爱惜；保护
~ ка́ждую мину́ту;
~ здоро́вье

со́товый телефо́н 手机

большинство́, -а́ 大部分，大多数 в ~е́ слу́чаев; ~ люде́й

заду́мываться（未）-аюсь, -аешься; над чем, о чём (或接不定式，常与否定词连用); 思考，考虑；犹豫，迟疑

заду́маться（完）-аюсь, -аешься
~ над вопро́сом; ~ о бу́дущем; не ~ сде́лать что

проду́мывать（未）-аю, -аешь; что 通盘考虑，详细思考；思考（若干时间）

проду́мать（完）-аю, -аешь; ~ план рабо́ты

отвлека́ться（未）-а́юсь, -а́ешься; от чего́ 分心；思想开小差，丢下（工作、念头等）

отвле́чься（完）-еку́сь, -ечёшься, -ёкся, -екла́сь; ~ от рабо́ты

расте́риваться（未）-аюсь, -аешься 不知所措，惘然若失，慌张

растеря́ться（完）-я́юсь, -я́ешься; ~ от неожи́данности

подводи́ть（未）-ожу́, -о́дишь; кого́-что 总结，归纳；引到跟前，带到

подвести́（完）-еду́,
-едёшь; -ёл, -ела́
~ к вы́ходу; ~ ито́ги;
~ бала́нс

ито́г, -а 总结，结局；总计，总数 ~ рабо́ты

безусло́вно 毫无疑问地；当然

формирова́ть（未）-ру́ю, -ру́ешь; что 形成；组织，建立

сформирова́ть（完）
-ру́ю, -ру́ешь; ~ мне́ние,
~ хара́ктер

теплота́, -ы́ 热（能），热量；温暖，热情，亲切

едини́ца -ы; -ы 个位数；数量；少数人
Е́сли тут уда́стся найти́ францу́зов, то лишь едини́цы.

сочу́вствие 同情，怜悯

сфе́ра, -ы; -ы 范围，领域；社会环境，界
~ де́ятельности; в нау́чной ~е

достига́ть（未）-а́ю, -а́ешь; чего́ 到达；取得；达到某程度

дости́гнуть 或 дости́чь（完）-гну, -гнешь;
дости́г 或 дости́гнул, дости́гла 或 дости́гнула
~ле́са; ~ успе́ха; Пшени́ца дости́гла челове́ческого ро́ста.

тя́га, -и; к кому́-чему́ 吸引力；渴望 ~ к литерату́ре и иску́сству; ~ к чте́нию

цита́та, -ы; -ы 引文

вы́писать ~ у
издалека́（副）从远处，从遥远的地方
те́ма, -ы; -ы 题目，题材；话题，主题
~ сочине́ния
обсужда́ться（未）-а́ется,（被）商讨；（被）讨论
э́тика, -и 道德，道德标准；伦理学
пик, -а 顶峰，山峰；高峰，顶点 го́рный ~; час пик
неформа́льный 非正式的
скла́дываться（未）-ается 建立，形成
сложи́ться（完）-о́жится; Обстоя́тельства сложи́лись благоприя́тно.
малогабари́тный 面积、体积不大的
проси́живать（未）-а́ю, -аешь 坐一段时间；久坐
проси́деть（完）-ижу́, -иди́шь
~ весь день за кни́гами; ~ в гостя́х до ве́чера
рискова́ть（未）-ку́ю, -ку́ешь; кем-чем 冒险；拿……去冒险
рискну́ть（完）-ну́, -нёшь; Не могу́ рискова́ть детьми́.
член, -а; -ы 成员 ~ семьи́; ~ коми́ссии
демокра́тия, -ии 民主；民主制
развива́ть ~ию
шестидеся́тник, -а; -и（本文）20世纪60年代苏联的激情青年
свя́зываться（未）-аюсь, -аешься; с кем-чем 联络，联系
связа́ться（完）свяжу́сь, свя́жешься; ~ по телефо́ну
пре́данность, -и（阴）忠诚，忠心
образо́ванность, -и（阴）学问，教养；受教育程度
заси́живаться（未）-аюсь, -аешься 坐得过久；做客时间过久
засиде́ться（完）-ижу́сь, -иди́шься; ~ в гостя́х, ~ за рабо́той
гражда́нский 公民的；民事的 ~ долг, ~ ко́декс
па́фос, -а 热情洋溢；激情 ~ статьи́; ~ тво́рческого труда́
па́фосный 有激情的；给人以深刻印象的
сле́довать（未）-дую, -дуешь; за кем-чем 或（无人称；接不定式）跟随；随着发生；应该，应当
после́довать（完）-дую, -дуешь
признава́ть（未）-наю́, -наёшь; кого́-что 认出；承认
призна́ть（完）-а́ю, -а́ешь ~ свои́ оши́бки
поли́тика, -и 政治；时事
характе́рный 特有的，有特色的；典型的，有代表性的 ~ая черта́; ~ для се́вера кли́мат
сле́сарь, -я; -и(-я́)（阳）钳工
причём（连）而且，再说
информи́ровать（完，未）-и́рую, -и́руешь; кого́(что) 通知，报道
пенсионе́р, -а; -ы 退休人员
эмоциона́льный 激动的；感情的；爱动感情的 ~ челове́к, ~ая речь
перебива́ть（未）-а́ю, -а́ешь; кого́-что 打断（讲话）；打死很多人；打碎很多东西
переби́ть（完）-бью́, -бьёшь; ~ враго́в; ~ все стака́ны; ~ чьи́-нибудь слова́
повы́шенный 提高了的；过高的
говори́ть ~ым го́лосом
удивля́ть（未）-я́ю, -я́ешь; кого́(что) 使……吃惊，使……惊奇
удиви́ть（完）-влю́, -ви́шь; ~ неожи́данным отве́том; Его́ ниче́м не удиви́шь.
непривы́чный 不习惯的，生疏的
супру́га, -и; -и 夫人，太太
открове́нность, -и（阴）坦白，真诚；坦率的话
шоки́ровать（未）-рую, -руешь; кого́-что〈书〉使……震惊；使气愤 ~ знако́мых свои́м поведе́нием
осо́бый 特别的；专门的 ~ые

обстоя́тельства, ~ прибо́р
поско́льку（连）既然，因为
поря́док, -дка, -дки；秩序，条理；程序，方法
держа́ть ве́щи в поря́дке；~ голосова́ния
долг, -а, -и；债，债务；职责，义务
наде́лать ~о́в, выполня́ть свой ~
раздоса́довать（完）-дую, -дуешь；кого́-что〈口〉使……非常烦恼，使……遗憾 Неуда́ча раздоса́довала всех.
пона́добиться（完）-блюсь, -бишься 需要，用得着
Кни́га не пона́добилась.
Не уходи́те, вы мне пона́добитесь.
и́стинный 真实的；真正的
~ая пра́вда；~ друг
поддержа́ние, -ия 支持，维持；支援
дли́ться（未）（第一、二人称不用）дли́тся 持续；延长，拖延
продли́ться（完）-ли́тся；Боле́знь дли́тся тре́тий ме́сяц.
вводи́ть（未）-ожу́, -о́дишь；кого́-что во что 领入，带入；（开始）使用；使陷入
ввести́（完）введу́, -дёшь；ввёл, ввела́
~ войска́ в го́род
повреме́нный 按时出版的；按时间计算的
~ые изда́ния, ~ая рабо́та
опла́та, -ы 支付；工资，报酬
~ по́шлины, при́нцип ~ы по труду́
разреша́ться（未）（第一、二人称不用）-а́ется（获得）解决；允许
разреши́ться（完）-и́тся

ВНЕАУДИТОРНЫЕ УПРАЖНЕНИЯ
课下自主练习

 1. 将下列动词变成副动词，并标上重音。(Образу́йте дееприча́стия, расста́вьте ударе́ния.)

1) присыла́ть, помога́ть, окружа́ть, дыша́ть, дава́ть, затра́гивать, знать, изобража́ть, испы́тывать, обува́ть, излага́ть, отверга́ть, бе́гать, вспомина́ть, встреча́ть, выпуска́ть, чита́ть, слу́шать, иска́ть, встава́ть, лежа́ть

2) говори́ть, привози́ть, разбуди́ть, приводи́ть, продо́лжить, вы́ступить, купи́ть, люби́ть, переводи́ть, положи́ть, проси́ть, роди́ть, спо́рить, учи́ть, проходи́ть, шути́ть, беспоко́ить, благодари́ть, бро́сить, ве́рить

3) извиня́ть, выполня́ть, заставля́ть, гуля́ть, взять, теря́ть, вставля́ть, закаля́ть, исполня́ть, меня́ть, повторя́ть, вни́кнуть, затро́нуть, кри́кнуть, уга́снуть, дости́гнуть, подки́нуть, засну́ть, окре́пнуть, отдохну́ть

4) чу́вствовать, фотографи́ровать, пра́здновать, приве́тствовать, путеше́ствовать, аплоди́ровать, бесе́довать, зави́довать, испо́льзовать, комменти́ровать, сове́товать, реаги́ровать, демонстри́ровать

5) спасти́, унести́, войти́, найти́, перевести́, превзойти́, обрести́, подвезти́, идти́, принести́, вы́расти, прийти́

6) улыба́ться, расстава́ться, присужда́ться, нужда́ться, дога́дываться, занима́ться, просну́ться, верну́ться

 2. 参照示例将下列带有副动词短语的句子变成从属句。(Замени́те прича́стные оборо́ты прида́точными предложе́ниями по образцу́.)

示例: Расстава́ясь, они́ договори́лись в сле́дующем году́ пое́хать на Кавка́з.
Они́ договори́лись в сле́дующем году́ пое́хать на Кавка́з, когда́ расстава́лись.

1) Зако́нчив о́пыты, преподава́тель и его́ ассисте́нты разошли́сь по дома́м.
2) То́лько бу́дучи специали́стом, мы смо́жем спра́виться с но́вой техноло́гией.
3) Слу́шая ле́кцию, Никола́й бы́стро запи́сывал объясне́ние преподава́теля.
4) Уви́дев нас, молодо́й сле́сарь бы́стро побежа́л к нам навстре́чу.
5) Зако́нчив рабо́ту, рабо́чие се́ли покури́ть.
6) Поза́втракав, я отпра́вился на ле́кцию.
7) Торопя́сь домо́й, И́горь бы́стро е́хал на свое́й маши́не.
8) То́лько овладе́в нау́кой и те́хникой, на́ша страна́ ста́нет бы́стро развива́ться.
9) Ивано́в до́лго говори́л со мной, пыта́ясь убеди́ть меня́ в свое́й правоте́.
10) Идя́ в общежи́тие, студе́нты спо́рили о тео́рии перево́да.

 3. 将下列句子变成带副动词短语的句子。(Замени́те прида́точные предложе́ния прича́стными оборо́тами.)

1) Студе́нты рассужда́ли о теорети́ческой фи́зике, когда́ гуля́ли по ка́мпусу университе́та.
2) Ма́ша подари́ла мне э́ту матрёшку, когда́ провожа́ла меня́ в аэропорту́.
3) Я уе́ду в Синьцзя́н-Уйгу́рский автоно́мный райо́н (新疆维吾尔自治区), когда́ око́нчу университе́т.
4) Сосно́вская уе́хала в Красноя́рск, когда́ вы́полнила контра́кт.
5) Мать заволнова́лась, когда́ узна́ла, что сын вдруг заболе́л кови́дом-19.
6) Са́ша обеща́л перезвони́ть мне, когда́ зако́нчит перево́д.
7) Я о́чень удиви́лся, когда́ узна́л, что Ко́ля в своём бло́ге (博客) пи́шет о любви́.
8) Ру́сские о́чень лю́бят говори́ть о поли́тике, когда́ бесе́дуют с друзья́ми.
9) Оле́г прости́лся с друзья́ми и пое́хал ко свои́м знако́мым.
10) Дире́ктор освободи́лся от всех дел и при́нял нас у себя́ в кабине́те.

 4. 写出相同构词模式词汇，每组不少于5个。(Напиши́те не ме́ньше 5 слов, образо́ванных аналоги́чным спо́собом.)

1) по-пре́жнему —
2) по-харби́нски —
3) вручну́ю —

4) си́дя —

5) отчего́ —

5. 选择合适的连接词填空。（Вста́вьте подходя́щий сою́з.）

1) _____ спусти́ться на таку́ю глубину́, водола́зы проходи́ли специа́льную подгото́вку.

   A) По́сле того́ как   B) До того́ как   C) В то вре́мя как   D) С тех пор как

2) На́до всё тща́тельно обду́мать, _____ приступа́ть к де́йствию.

   A) по́сле того́ как   B) пре́жде чем   C) по́сле того́ как   D) когда́

3) ____ вы́йти из по́езда, Ди́ма ещё раз прове́рил, не оста́вил ли свои́ ве́щи на по́лке.

   A) По́сле того́ как   B) Когда́   C) Пе́ред тем как   D) Пока́ не

4) Мы не остано́вимся, _____ дости́гнем свое́й це́ли.

   A) пока́ не   B) по́сле того́ как   C) пе́ред тем как   D) с тех пор как

5) Де́вочка реша́ла зада́чи до тех пор, _____ па́па не сказа́л, что пора́ спать.

   A) пока́   B) когда́   C) по́сле того́ как   D) пе́ред тем как

6) _____ акаде́мик прочита́л ле́кцию, студе́нты на́чали задава́ть ему́ вопро́сы.

   A) По́сле того́ как   B) Пе́ред тем как

   C) До того́ как   D) В то вре́мя как

7) _____ Менделе́ев разрабо́тал свою́ знамени́тую табли́цу, уже́ прошло́ бо́лее 150 лет.

   A) В то вре́мя как   B) Пе́ред тем как

   C) С тех пор как   D) По́сле того́ как

8) _____ вступи́ть в брак, Ма́ша написа́ла своему́ жениху́ дли́нное письмо́.

   A) В то вре́мя как   B) С тех пор как   C) По́сле того́ как   D) Пре́жде чем

9) _____ мы с отцо́м собира́лись на рыба́лку, Ко́ля с ма́терью ещё спа́ли.

   A) В то вре́мя как   B) Пе́ред тем как   C) По́сле того́ как   D) Пре́жде чем

10) _____ в го́роде лю́ди страда́ли от загрязнённого во́здуха, жи́тели дере́вни дыша́ли чи́стым во́здухом.

    A) По́сле того́ как   B) До того́ как

    C) Пе́ред тем как   D) В то вре́мя как

6. 写出下列动词派生的动名词，并给出搭配。(Образу́йте отглаго́льные существи́тельные, укажи́те их сочета́емость.)

示例：приобрести́ — приобрете́ние; приобрете́ние о́пыта, зна́ний, уваже́ния

посеща́ть, оказа́ть, овладе́ть, объясни́ть, подвести́, формирова́ть, ощуща́ть, заверша́ть, состраца́ть, обсужда́ть, уважа́ть, призна́ть, удивля́ть, ввести́, разреша́ть, примени́ть, уме́ть, излага́ть, награжда́ть

7. 用下列名词和动名词的适当形式填空。(Дополните предложения, используя слова для справок.)

(учреждение, желание, посещение, оказание, протяжение, развитие, умение, овладение, ощущение, мероприятие)

_____ приёмами _____ первой медицинской помощи — это важное _____, которое никогда не будет лишним в нашей жизни. Но тем не менее иногда нам приходится обращаться в медицинское _____ за квалифицированной помощью. Для многих из нас _____ больницы — _____ не из приятных и не из дешёвых. Но когда на _____ нескольких дней испытываешь неприятные _____, то возникает _____ пойти к врачу. Ведь главное — не запустить _____ болезни. А здоровье, как известно, за деньги не купишь.

8. 选择适当的词语填空。 (Вставьте подходящий вариант.)

1) _____ экзамены, студенты поехали на завод на практику.
    A) Сдав   B) Сдавая   C) Задав   D) Задавая

2) Николай шёл, _____ голову, стараясь ни на кого не смотреть.
    A) спустив   B) опустив   C) запустив   D) отпустив

3) _____ в командировку, я попросил сестру и её мужа почаще навещать папу.
    A) Уехав   B) Уезжая   C) Отправляя   D) Отправив

4) _____ о своих успехах, студенты не забывают выразить благодарность и преподавателям.
    A) Сказав   B) Рассказывали   C) Рассказывая   D) Сказали

5) _____ известным профессором, Иванов продолжал навещать своих бывших учителей.
    A) Быть   B) Будучи   C) Будь   D) Был

6) Хороший директор должен обладать _____ управлять всем процессом производства.
    A) умение   B) умения   C) умею   D) умением

7) Этот роман производит глубокое впечатление _____, кто его читает.
    A) каждому   B) для каждого   C) у каждого   D) на каждого

8) Увлечение _____ не только не мешает, наоборот, помогает в учёбе.
    A) чтения   B) по чтению   C) о чтении   D) чтением

9) Все студенты сказали, что не имеют никакого отношения _____.
    A) об этом деле   B) этого дела   C) на это дело   D) к этому делу

10) Учителя, как и родители, оказывают большое влияние _____.
    A) детям   B) на детей   C) к детям   D) для детей

9. 查阅词典，辨析下列词汇的区别。(Укажи́те смыслову́ю ра́зницу слов. Е́сли необходи́мо, обрати́тесь к словарю́.)

А) заволнова́ться — взволнова́ться, напра́виться — спра́виться, приобрести́ — изобрести́, овладе́ние — владе́ние, охра́на — защи́та, нужда́ться — тре́боваться, до́ля — часть, бере́чь — защища́ть, со́товый — моби́льный, подвести́ — подвезти́, чу́вство — ощуще́ние, вы́вод — ито́г, супру́га — жена́, осо́бый — осо́бенный

Б) вы́слушать, дослу́шать, заслу́шать, послу́шать, подслу́шать, прослу́шать; вы́думать, заду́мать, приду́мать, проду́мать, переду́мать, разду́мать

10. 选择下列形容词的适当形式填空。(Вста́вьте в предложе́ния прилага́тельные в ну́жной фо́рме.)

(повреме́нный, ую́тный, откры́тый, ва́жный, вся́кий, малогабари́тный, доброжела́тельный, споко́йный, после́дний, телефо́нный, еди́нственный, эмоциона́льный, неформа́льный)

1) Друг — тот, кто _____ раз, когда́ ты в нём нужда́ешься, об э́том дога́дывается.
2) Мой оте́ц был до́брым, _____ челове́ком, ему́ незнако́мо бы́ло чу́вство за́висти.
3) Мы наде́емся, что наш с ва́ми разгово́р войдёт в _____, _____ ру́сло.
4) Люба́я оши́бка в _____ разгово́ре мо́жет сто́ить о́чень до́рого.
5) Тща́тельно отрабо́тав го́лос, мо́жно уже́ пе́рвой фра́зой созда́ть _____ ощуще́ние.
6) В _____ кварти́рах ку́хня была́ _____ ме́стом, где мо́жно бы́ло просиде́ть всю ночь за интере́сным разгово́ром.
7) Стиль _____ обще́ния о́чень _____, лю́ди ча́сто, перебива́я друг дру́га, перехо́дят на повы́шенные то́ны.
8) И́стинным дру́гом в Росси́и счита́ется тот, кто «_____ руба́шку гото́в с себя́ снять», что́бы помо́чь това́рищу.
9) О́чень _____ роль в поддержа́нии дру́жеских отноше́ний игра́ет телефо́н.
10) В Росси́и до сих пор не введена́ _____ опла́та телефо́нных перегово́ров.

11. 续写句子。(Зако́нчите предложе́ния.)

1) Я предлага́ю сего́дня поговори́ть о до́брых чу́вствах, кото́рые ...
2) Макси́м в жи́зни мно́го бы потеря́л, е́сли бы не ...
3) Челове́к, у кото́рого нет ве́рных друзе́й, ...
4) Я убеждён: друг — тот, кто вся́кий раз, когда́ ...
5) Я ви́жу, что вы по́няли, что тако́е ...
6) Е́сли друг оказа́лся в беде́, ты до́лжен сде́лать всё, что́бы ...
7) Университе́ты на то и существу́ют, что́бы ...
8) Чита́я о Пу́шкине, я узна́л, что ...
9) Поду́майте, как хорошо́, что мы ...

10) Ра́ньше мы не заду́мывались о том, что …
11) Лишь поступи́в на факульте́т ру́сского языка́, я по́нял …
12) Зака́нчивая телефо́нный разгово́р, челове́к до́лжен …
13) Пе́рвый день, форми́руя пе́рвое впечатле́ние, как бы задаёт …
14) Врач на то и врач, что́бы…
15) Заверша́я телефо́нный разгово́р, лу́чше …
16) … — э́то те сфе́ры, где мы дости́гли успе́хов.
17) Цита́ту … в Кита́е зна́ют от ма́ла до велика́.
18) Э́то бы́ло еди́нственное ме́сто, где мо́жно бы́ло …
19) Е́сли друзья́ бу́дут … , сле́дует воспринима́ть э́то не как униже́ние, а, напро́тив, как …
20) Меня́ шоки́ровало то, что при э́том Серге́ев не то́лько не был раздоса́дован, а, напро́тив, был рад, что …

 12. 用句中的划线词造句。(**Соста́вьте предложе́ния с подчёркнутыми слова́ми.**)

1) <u>На протяже́нии веко́в</u> скла́дывалась культу́ра челове́ческого обще́ния.
2) Студе́нты давно́ <u>пришли́ к вы́воду</u>, что са́мое це́нное — э́то дру́жба.
3) Посло́вицу "Век живи́, век учи́сь!" зна́ют <u>от ма́ла до вели́ка</u>.
4) В Росси́и <u>пик</u> неформа́льного обще́ния <u>пришёлся</u> на 60-70-е го́ды двадца́того ве́ка.
5) Ещё с времён Конфу́ция <u>сложи́лась</u> така́я тради́ция.
6) Э́то <u>сле́дует воспринима́ть</u> не как недоста́ток уваже́ния, <u>а, напро́тив, как</u> почте́ние.
7) Серге́й при э́том <u>не то́лько не был</u> раздоса́дован, <u>напро́тив, был рад</u>.
8) В поря́дке веще́й позвони́ть но́чью дру́гу, разбуди́ть его́, и пожа́ловаться на свои́ неприя́тности.
9) Очень <u>ва́жную роль</u> в поддержа́нии дру́жеских отноше́ний <u>игра́ет</u> телефо́н.
10) Звони́ть ему́ мо́жно до ча́са но́чи, <u>в то вре́мя как</u> этике́том разреша́ется звони́ть то́лько до 10 часо́в ве́чера.

 13. 参照示例选择动词的适当形式填空。(**Вы́полните упражне́ние по образцу́. Вста́вьте глаго́лы в ну́жной фо́рме.**)

示例： дверь кварти́ры, пошли́ на спекта́кль. (запира́ть—запере́ть)
Запере́в дверь кварти́ры, мы пошли́ на спекта́кль.

1) _____ с Михаи́лом Петро́вичем, я сообщи́л ему́ о конфере́нции, кото́рая начнётся че́рез неде́лю. (свя́зываться—связа́ться)
2) Солда́ты спаса́ли люде́й из-под руи́н(废墟), _____ свое́й жи́знью. (рискова́ть—рискну́ть)
3) Колле́ги на́чали кача́ть мужчи́ну на рука́х, одна́ко, _____, пойма́ть его́ они́ не смогли́. (подки́дывать—подки́нуть)
4) _____, води́тель сли́шком по́здно уви́дел пешехо́да на доро́ге и сбил его́.

УРОК 2

(отвлека́ться—отвле́чься)

5) _____ о́блик ва́шей кварти́ры, необходи́мо уделя́ть внима́ние любо́й ме́лочи. (формирова́ть—сформирова́ть)

6) Одна́жды Алёша обвёл вокру́г па́льца самого́ преподава́теля, стра́шно _____ его́. (раздоса́довать—доса́довать)

7) Тща́тельно _____ го́лос, вы мо́жете уже́ пе́рвой фра́зой телефо́нного разгово́ра созда́ть ую́тное ощуще́ние. (отрабо́тать—отраба́тывать)

8) Городски́е телекана́лы, _____ телезри́телей о пого́де, ча́сто пока́зывают ра́зную температу́ру. (информи́ровать—проинформи́ровать)

9) В Хаба́ровске грузови́к вре́зался в столб, _____ все провода́. (обрыва́ть—оборва́ть)

10) _____ меня́ ча́ем и укры́в одея́лом, ма́ма уложи́ла меня́ спать. (пои́ть—напои́ть)

14. 阅读译文，说出原文。（Прочита́йте перево́д цита́т, назови́те оригина́л.）

1) Го́рная гряда́, сеть ручьёв — вро́де бы уже́ в тупике́, но ещё оди́н поворо́т и пе́ред глаза́ми вдруг открыва́ется селе́ние в окруже́нии ив и цвето́в.

2) Три́жды бы́ли по́рваны ремешки́ на доща́тых кни́гах.

3) Си́ла сплоче́ния бра́тьев спосо́бна слома́ть да́же мета́лл.

4) Когда́ осуществля́ются общепри́нятые но́рмы, Поднебе́сная стано́вится обще́ственным достоя́нием.

5) То́лько в гнило́й ве́щи заво́дятся че́рви.

6) Высоконра́вственный челове́к не одино́к, у него́ всегда́ найду́тся сора́тники.

7) Про́йдено девяно́сто ли, про́йденных из ста́ — счита́й за полови́ну пути́.

8) Меч не бу́дет остр, е́сли его́ не точи́ть, цветы́ сли́вы не бу́дут арома́тны, е́сли они́ не пережи́ли моро́зы.

9) Ра́ньше всех горева́ть над го́рем Поднебе́сной и по́сле всех ра́доваться её ра́достями.

10) Подража́ть до́брому — сло́вно кара́бкаться на скалу́, а сле́довать злу — что кати́ться вниз.

11) Учи́ться и вре́мя от вре́мени повторя́ть изу́ченное, ра́зве э́то не прия́тно?

12) С наступле́нием холо́дной зимы́ узна́ешь, что сосна́ и кипари́с после́дними теря́ют свой убо́р.

13) Благоро́дный муж помога́ет лю́дям сверша́ть благи́е дела́ и не помога́ет им сверша́ть зло. Ме́лкий челове́к поступа́ет противополо́жным о́бразом.

14) Е́сли ли́чное поведе́ние прави́телей пра́вильно, дела́ иду́т, хотя́ и не отдаю́т прика́зов. Е́сли же ли́чное поведе́ние их непра́вильно, то, хотя́ прика́зывают, наро́д не повину́ется.

15) Когда́ ви́дишь му́дрого челове́ка, поду́май о том, что́бы уподо́биться ему́. Когда́ ви́дишь челове́ка, кото́рый не облада́ет му́дростью, взвесь свои́ со́бственные посту́пки.

（译文取自俄罗斯汉学家的读本）

15. 阅读欣赏普希金的诗。（Прочитáйте отрывок из стихотворéния А.С. Пýшкина.）

<table>
<tr><td>

19 октября

...

Друзья́ мои́, прекра́сен наш сою́з!
Он как душа́ неразде́лим и ве́чен —
Неколеби́м, свобо́ден и беспе́чен,
Сраста́лся он под се́нью дру́жных муз.
Куда́ бы нас ни бро́сила судьби́на,
И сча́стие куда́ б ни повело́,
Всё те же мы: нам це́лый мир чужби́на;
Оте́чество нам Ца́рское Село́.

...

(1825 г.)

</td><td>

10月19日

……

我的挚友，我们的同盟多牢固！
它像灵魂一样完整、永恒—
它坚定、它自由、它无忧虑，
它在友情缪斯的庇护下结成。
无论命运将我们抛到哪里，
无论幸福将我们带往何方，
我们依旧是我们，整个世界均异国，
皇村才是我们永恒的故乡。

……

（1825年）

</td></tr>
</table>

(19 октября́ — день откры́тия лице́я, постоя́нно отмеча́ли лицеи́сты пе́рвого вы́пуска (к кото́рым принадлежа́л и А. С. Пу́шкин). С э́тим днём свя́заны встре́чи ста́рых друзе́й, разгово́ры и спо́ры, све́тлые и до́брые, а поро́й и гру́стные воспомина́ния. Стихи́, посвящённые лице́йским това́рищам, прони́кнуты са́мыми до́брыми и и́скренними чу́вствами, ве́рой в несокруши́мость дру́жеского сою́за.)

 16. 翻译下列句子。(Переведи́те на ру́сский язы́к.)

1) 人类在工业、电子、医疗等领域有了较大发展。
2) 遭遇困境时，向你伸出援手的往往是最亲近的人。
3) 早在孔子生活的时代之前，中国人就已经开始重视教育、重视友情、重视伦理了。
4) 在中国，这条谚语妇孺皆知。
5) 在我们这里，居民购买汽车的高峰期是每年的1~2月。
6) 这是哈尔滨唯一一个冬天能够游泳的露天游泳场。
7) 中国人新年吃饺子、放鞭炮的习俗保持至今。
8) 会上他们争论得很激烈，相互打断对方，不断提高嗓门。
9) 有时，他们两人谈话的坦率程度令人吃惊。
10) 你去求她，她不仅不会生气，反而会很高兴。
11) 他这个人为了朋友可以两肋插刀。
12) 在俄罗斯，在一些人看来，半夜给好朋友打电话是很正常的事情。

 17. 以"对友谊的思考"为题，写一篇150词的作文。（Напиши́те сочине́ние на те́му «Размышле́ния о дру́жбе», не ме́нее 150 слов.）

18. 记住下列词语。(Постара́йтесь запо́мнить.)

абоне́нт 用户

сим-ка́рта SIM卡

со́товый телефо́н (моби́льник) с двумя́ сим-ка́ртами 双卡手机

чехо́л для моби́льника 手机套

тари́ф 费用

батаре́йка (пита́ние) 电池

разряди́ться (сесть) （电）耗完了

заряди́ть 充电

заря́дное устро́йство (аккумуля́тор) 充电器

ежеме́сячная абоне́нтская пла́та 月租

ро́уминг 漫游

активизи́ровать ка́рточку（输入卡号）激活手机卡

SMS-сообще́ние (СМС) 短信

беспла́тный се́рвис 免费服务

смартфо́н 5G 5G 智能手机

би́знес-смартфо́н 商务智能手机

сенсо́рная пане́ль 触摸屏

зо́на обслу́живания 服务区

опера́тор со́товой свя́зи 运营商

（练习14答案）

1）山重水复疑无路，柳暗花明又一村。

2）韦编三绝。

3）兄弟同心，其利断金。

4）大道之行也，天下为公。

5）物必先腐，而后虫生。

6）德不孤，必有邻。

7）行百里者半九十。

8）宝剑锋从磨砺出，梅花香自苦寒来。

9）先天下之忧而忧，后天下之乐而乐。

10）从善如登，从恶如崩。

11）学而时习之，不亦乐乎？

12）岁寒，然后知松柏之后凋也。

13）君子成人之美，不成人之恶，小人反是。

14）其身正，不令而行；其身不正，虽令不从。

15）见贤思齐焉，见不贤而内自省也。

УРОК 3

ГРАММАТИКА
- Ⅰ. 形动词的概念
- Ⅱ. 主动形动词

РЕЧЕВЫЕ ОБРАЗЦЫ
ДИАЛОГИ
ТЕКСТ Хлеб — всему голова

ГРАММАТИКА

Ⅰ. 形动词的概念
Понятие о причастиях

形动词是动词的一种没有人称变化的特殊形式，它兼有动词和形容词的特征。形动词通过一定的动作或状态来说明人或事物的特征。

形动词和形容词一样，有性、数、格的变化，在句中说明名词，并与其在性、数、格上保持一致。形动词通常在句中做定语，例如：

Спящие дети не заметили, когда мама вернулась.

熟睡的孩子们没发现妈妈是什么时候回来的。

形动词和动词一样，表示事物的行为、状态，有时、体的范畴，有原动词的支配能力，例如：

Я не знакома с женщиной, сидящей около шофёра.

我不认识坐在司机旁边的那位女子。

Мы беседовали с иностранными специалистами, работавшими на этом заводе.

我们和那些曾在这座工厂工作的外国专家聊过。

形动词分为主动形动词和被动形动词两大类。主动形动词分为现在时主动形动词和过去时主动形动词；被动形动词分为现在时被动形动词和过去时被动形动词。

Ⅱ. 主动形动词
Действи́тельные прича́стия

1. 主动形动词的构成

现在时主动形动词由未完成体动词现在时词干去掉 -ут, (-ют), -ат (-ят), 加上后缀和词尾 -ущ-ий (-ющ-ий) 或 -ащ-ий (-ящ-ий) 构成, 例如:

жить — жив-у́т — жив-у́щий
изуча́ть — изуча́-ют — изуча́-ющий
молча́ть — молч-а́т — молч-а́щий
люби́ть — лю́б-ят — лю́б-ящий

过去时主动形动词由未完成体或完成体动词过去时形式去掉 -л, 加 -вш-ий 构成。以其他辅音结尾时, 加 -ш-ий, 例如:

прочита́ть — прочита́-л — прочита́-вший
разда́ть — разда́-л — разда́-вший
учи́ть — учи́-л — учи́-вший
принести́ — принёс — принёс-ший
увезти́ — увёз — увёз-ший
поги́бнуть — поги́б — поги́б-ший
умере́ть — у́мер — уме́р-ший

带 -ся 动词构成形动词时, -ся 移到词尾 -ий 后, 词尾发生变化时, -ся 不变化, 例如:

возвраща́ться — возвраща́ющийся — возвраща́вшийся
горди́ться — гордя́щийся — горди́вшийся

属第一变位法的动词, 构成现在时主动形动词时, 其重音通常与现在时复数第三人称的重音相同, 例如:

висе́ть — вися́т — вися́щий, мы́ться — мо́ются — мо́ющийся

属第二变位法的动词, 构成现在时主动形动词时, 其重音通常与不定式相同, 例如:

говори́ть — говоря́щий, проводи́ть — проводя́щий, заблуди́ться — заблуди́вшийся

идти́, вести́ 以及由其派生的动词的过去时主动形动词形式特殊, 需单独记忆, 例如:

идти́ — ше́дший, прийти́ — прише́дший, вести́ — ве́дший, привести́ — приве́дший

2. 主动形动词的意义和用法

主动形动词通过正在进行的行为（现在时主动形动词）或已经实施的行为（过去时主动形动词）来表示人或事物的特征, 其意义近似于"……的", 例如:

Прису́тствующие уча́стники конфере́нции бы́ли согла́сны с мне́нием председа́теля.
出席会议的代表都同意主席的意见。

Мы о́чень благода́рны преподава́телям, помо́гшим нам реши́ть э́ти пробле́мы.
我们非常感谢帮我们解决了这些问题的老师们。

形动词带有补语或状语时, 可以和它们一起组成形动词短语。该短语可以位于被限定词之前, 也可以位于被限定词之后, 例如:

Я знако́м с певи́цей, пою́щей на сце́не.
我认识台上正在演唱的女演员。

Лю́ди, занима́ющиеся спо́ртом, чу́вствуют себя́ о́чень хорошо́.
参加体育锻炼的人们都感觉健康状况很好。

Просмотре́вший спекта́кль Са́ша подели́лся впечатле́ниями со свои́ми друзья́ми.
看完剧后，萨沙和自己的朋友们交流了对该剧的印象。

3. 主动形动词短语与限定从属句的互换

主动形动词短语与限定从属句在意义上很相近，因此通常可以用带кото́рый的限定从属句替换。替换时，需保持形动词与动词变位形式的时、体、数一致，例如：

Во дворе́ шумя́т шко́льники, игра́ющие в мяч.

Во дворе́ шумя́т шко́льники, кото́рые игра́ют в мяч.
院子里玩球的学生们吵吵闹闹的。

当用形动词短语替换限定从属句时，应去掉连接词кото́рый, 并将从句中的动词变成与其时、体相同的形动词，并与被限定词保持性、数、格上的一致，例如：

Имена́ чемпио́нов, кото́рые победи́ли на Олимпиа́де, бу́дут жить в на́ших сердца́х.

Имена́ чемпио́нов, победи́вших на Олимпиа́де, бу́дут жить в на́ших сердца́х.
奥运冠军们的名字我们将铭记心中。

由于形动词没有将来时形式，因此带有将来时动词的限定从属句不能用形动词短语来替换。

РЕЧЕВЫЕ ОБРАЗЦЫ

1. Мой друг, {уча́щийся / рабо́тающий / живу́щий} в Шанха́е, перепи́сывается со мной по Интерне́ту.

(находи́ться, лечи́ться, занима́ться би́знесом, проводи́ть о́тпуск; моя́ подру́га)

2. Я име́л большу́ю честь познако́миться с (со) {заня́вшим пе́рвое ме́сто / успе́шно вы́ступившим / ста́вшим золоты́м призёром} пиани́стом на междунаро́дном ко́нкурсе.

(роди́ться в Харби́не, верну́ться из Фра́нции, блестя́ще испо́лнить Чайко́вского)

3. Любящие / Уважающие родителей дети всегда слушаются их советов.

(заботиться, жалеть, помогать, бояться)

4. Многие знают артистку, играющую / игравшую / поющую / певшую в опере «Пиковая дама».

(выйти замуж за известного режиссёра, сняться в фильме «Москва слезам не верит»)

5. Мне пришлось бежать за Колей, уже ушедшим / пошедшим в супермаркет.

(войти, зайти, дойти до)

6. Я сфотографировал директора школы, привёзшего / увёзшего детей в зоопарк.

(учитель; вести, привести)

ДИАЛОГИ

1. —Валентина Андреевна, что вы можете рассказать о русской кухне?
   —К сожалению, мои представления о русской кухне очень примитивны. Но скажу, что основная еда русских людей во все времена — капустные щи, каша, котлеты, пельмени... и, конечно, хлеб.
   —Ой, недавно я прочитала интересную статью о хлебе. Оказывается, сегодня кроме обычного хлеба выпекается особый хлеб для балерин, полярников, геологов, не говоря уже о космонавтах.
   —Хлеб для балерин освобождён от ряда компонентов, и он становится полезным тем, кто не хочет и не должен прибавлять вес.
   —А в чём особенность геологического и космического хлеба?
   —Геологический хлеб — особый сорт выпечки. Такой хлеб медленно черствеет.
   —А в чём же особенность космического хлеба?
   —Космический хлеб особенный. Он весит всего 4,5 грамма.
   —Так мало? А почему?
   —Именно столько в среднем откусывает человек. Такой хлеб не нужно резать.

—Тысячи лет существует на Земле хлеб, и всё это время не перестаёт удивлять людей.

2. —Начиная говорить о русской кухне, о каких блюдах и напитках вы вспоминаете прежде всего?

—Русская кухня у меня ассоциируется с водкой, икрой, винегретом и пирожками.

—Должен вам сказать, что из вашего списка только пирожки принадлежат к традиционной кухне русского народа.

—А остальное?

—Водка была завезена в Россию из Италии лишь на рубеже XIV-XV веков. Икра была да и остаётся блюдом скорее праздничным, чем повседневным, а винегреты и салаты вошли в русскую кулинарию только в XIX веке, будучи заимствованы из европейских стран.

—А какие блюда ещё были заимствованы из Европы? Знаете ли вы, с чем это связано?

—Очень много блюд заимствовано. Весь XVIII век был прямым заимствованием иностранных блюд: котлеты, сосиски, компоты, салаты и многие другие. Кстати, широкое использование картофеля, ставшего сегодня одним из главных элементов русского стола, приходится на вторую половину XIX века.

—И всё-таки хотелось бы узнать, какие блюда являются традиционно русскими?

—С давних времён немаловажное место в русском меню занимали жидкие блюда — супы. И сейчас русский обед, бедный или богатый, немыслим без супа. А любимые напитки: квас, сок, пиво и другие. Чай в России появился только во второй половине XVI века.

听录音请扫二维码

Хлеб — всему голова

По мнению историков и археологов, хлеб был открыт свыше 15 тысяч лет назад. В каменном веке люди ели зёрна в сыром виде. Позднее, они научились растирать их между камнями и полученную муку смешивали с водой. То есть, первый хлеб представлял собой жидкую кашу (кстати, такую кашу до сих пор употребляют в некоторых странах Азии и Африки). Когда древние люди научились добывать огонь, они стали печь лепёшки.

Считается, что имя хлебу дали древние греки. Они верили, что человек, принимающий пищу без хлеба, будет обязательно наказан богами. Это убеждение разделяли и в древней Индии. Люди были убеждены, что судьба человека, не употребляющего в пищу хлеб, будет несчастной. Даже преступников в этой стране наказывали тем, что запрещали им есть хлеб в течение определённого времени.

В средневековой Европе хлеб занимал не менее почётное место. Французский король Генрих IV[①], например, ко всем своим титулам даже прибавил ещё один титул — Король хлеба.

На Руси сначала пекли только белый хлеб. Ржаной появился лишь к XII веку, но полюбился русским людям чрезвычайно. К тому же он был и дешевле и сытнее. Выпечка ржаного хлеба считалась большим искусством. Секрет его приготовления держался в тайне и передавался из поколения в поколение. Пристрастие к тяжёлому кислому ржаному хлебу всегда оставалось загадкой для европейцев. "Худа, брат Пушкин, жизнь в Париже. Есть нечего. Чёрного хлеба не достать", — писал Пушкину граф Шереметев[②].

Труд пекаря на Руси ценился очень высоко. Его, например, никогда не звали Ванькой, Федькой, а всегда обращались уважительно — Иван, Фёдор.

В XIX веке по всей России славились хлебобулочные изделия московского пекаря Филиппова. Его хлеб, сайки и булочки не только отправляли к царскому двору в Петербург, но и в далёкую Сибирь.

Об исключительном уважении к хлебу говорит и тот факт, что у многих народов хлеб обозначался так же, как солнце и золото.

В старину хлеб, например, клали в колыбель к новорождённому, брали с собой, отправляясь в дальнюю дорогу, чтобы он охранял в пути, клали на место, где умер человек, чтобы изгнать смерть.

От того, как обращаться с хлебом и каждым его куском, каждой крошкой, считали тогда, зависело здоровье, сила, удача и судьба человека. Если сметёшь крошки хлеба со стола рукой, то этой же рукой придётся просить милостыню; давать во время еды собакам хлеб со стола — к бедности; хлеб, перевёрнутый вниз коркой — к неудаче; нельзя доедать хлеб за спиной другого человека — заберёшь его силу и счастье. А если молодой человек и девушка откусят от одной буханки, они непременно влюбятся друг в друга.

КОММЕНТАРИИ

① Ге́нрих IV — 亨利四世，法国国王（1553~1610）。
② граф Шереме́тев — 舍列梅捷夫伯爵，沙皇尼古拉一世的重臣。

НОВЫЕ СЛОВА И СЛОВОСОЧЕТАНИЯ

перепи́сываться (未) -аюсь, -аешься; с кем 通信，书信往来 ~ с друзья́ми

лечи́ться (未) лечу́сь, ле́чишься; от чего, чем 治病 ~ от просту́ды; ~ каки́ми-л. лека́рствами

би́знес, -а 生意；商业活动 при́быльный ~; ча́стный ~

призёр, -а; -ы 竞赛获奖者

блестя́ще 出色地，辉煌地；非常顺利地 Дела́ иду́т блестя́ще.

«Пи́ковая да́ма» 《黑桃皇后》

вы́йти за́муж; ~ за кого́ 嫁给……

представле́ние, -ия; -ия 概念；想象；演出 пе́рвое ~ но́вой пье́сы

примити́вный 原始的；简陋的；粗俗的 ~ая те́хника; ~ый спо́соб

капу́стные щи 卷心菜汤

выпека́ться (未) -а́ется 烤好，烤出

вы́печься (完) -екутся;
-екся, -екла́сь
Хлеб ещё не вы́пекся.

балери́на, -ы; -ы 女芭蕾舞演员，女芭蕾舞蹈家

поля́рник, -а; -и 极地勘察人员

освобождённый 去除掉……的；被解放的

ряд, -а; -ы́ 一系列；一些；行，列
в пе́рвых ~а́х; ~ вопро́сов

компоне́нт, -а; -ы 成分；元素；组件

прибавля́ть (未) -я́ю, -я́ешь; кого-что или чего 添加；补充；加快
приба́вить (完) -влю, -вишь; ~ са́хару в блю́до, ~ к ска́занному, ~ ша́гу

вес, -а (-у) 重量；体重

геологи́ческий 地质的；地质学的

косми́ческий 航天的；宇宙航行的；宇宙的
~ие лучи́; ~ая раке́та

вы́печка, -и 烤，烘烤；（集）用面粉烤制的食品
вку́сная ~

черстве́ть (未) -е́ю, -е́ешь 变得又干又硬；变得冷酷无情

почерстве́ть (完) -е́ю, -е́ешь; Хлеб черстве́ет. Душа́ черстве́ет.

грамм, -а 克

отку́сывать (未) -аю, -аешь; что или чего 咬下，咬掉；剪下
откуси́ть (完) -ушу́, -у́сишь; ~ кусо́к хле́ба, ~ коне́ц про́волоки

ре́зать (未) ре́жу, ре́жешь; кого-что 切，割断
отре́зать (完) -ре́жу, -ре́жешь; ~ сыр

почита́ть (未) -а́ю, -а́ешь; что 尊重，敬重，景仰 ~ ста́рших; ~ па́мять вели́ких люде́й

чу́до, -а; чудеса́ 奇迹，奇事；（用作谓语）非常好 ~ иску́сства; Пого́да сего́дня — про́сто чу́до.

бе́режный 关爱的；细心的，小心的

пре́жде всего́ 首先（是）；

最主要的（是）

спи́сок, -ска; -и 名单；清单
～ экспортных това́ров

завезённый 引入，运来的；（顺路）送到的
есте́ственный ～; ～ веко́в

обогаща́ть（未）-а́ю, -а́ешь; кого́-что 使富有，使丰富，使充实

обогати́ть（完）-ащу́, -ати́шь; ～ страну́; ～ свой жи́зненный о́пыт

заи́мствованный 引进的，外来的；借用的

котле́та, -ы; -ы 肉饼

компо́т, -а; -ы 糖渍水果，糖水煮水果

карто́фель, -я 土豆，马铃薯

немалова́жный 相当重要的
～ое значе́ние

жи́дкий 液态的；稀的
～ое мы́ло; ～ая ка́ша

бе́дный 贫穷的，可怜的；缺少……的
～ сирота́, ～ая водо́й ме́стность

немы́слимый 不可思议的，难以想象的
～ые це́ны; ～ые усло́вия для рабо́ты

архео́лог, -а; -и 考古学家

зерно́, -а́; зёрна 粮食，谷粒

сыро́й 潮湿的；多雨的；生的
～а́я пого́да; ～ы́е дрова́;
～о́е мя́со, в ～ом ви́де

растира́ть（未）-а́ю, -а́ешь; что 把……磨碎；碾碎

растере́ть（完）разотру́, разотрёшь; -тёр, -тёрла;
～ в порошо́к; ～ мазь на руке́

мука́, -и́ 面粉

сме́шивать（未）-аю, -аешь; что с чем, кого́ с кем 混合在一起；弄乱，混淆
～ песо́к с водо́й;
～ поня́тия; Близнецы́ так похо́жи, что мать их сме́шивает.

добыва́ть（未）-а́ю, -а́ешь; что 取得，获得；开采，开掘

добы́ть（完）-бу́ду, -бу́дешь; ～ ну́жный инструме́нт; ～ нефть

Азия, -и 亚洲

Африка, -и 非洲

нака́занный 受处罚的

бог, -а; -и 上帝

убежде́ние, -ия; -ия 见解；（复数）信仰；说服
полити́ческие ～ия

Индия, -и 印度

престу́пник, -а; и 罪犯

запреща́ть（未）-а́ю, -а́ешь; кому́ что 禁止，不许

запрети́ть（完）-ещу́, -ети́шь; ～ аза́ртные и́гры;
～ куре́ние

определённый 固定的；确定的，明确的
～ поря́док

средневеко́вой 中世纪的
～ое иску́сство

почётный 受人尊敬的，光荣的，名誉的 ～ гость

коро́ль, -я́; -и́ 国王，王

ти́тул, -а; -ы 封号，爵位，称号
～ гра́фа, ～ чемпио́на

Русь, -и́（阴）罗斯 на Руси́

ржано́й 黑麦的 ～ хлеб

полюби́ться（完）-юбится; кому́〈口〉令人喜爱，让人喜欢
Он мне полюби́лся за прямоту́.

чрезвыча́йно 非常，及其，特别

сы́тный 容易吃饱的，使人吃得饱的 ～ обе́д

выпека́ть（未）-а́ю, -а́ешь; что 烤好，烤出

вы́печь（完）-еку, -ечешь, -екут; -ек, -екла;
～ то́нну хле́ба

секре́т, -а; ы 秘密，秘诀，秘方
сказа́ть по ～у; ～ успе́ха

приготовле́ние, -ия; -ия 准备好

держа́ться（未）держу́сь, де́ржишься; за кого́-что, чего́〈口〉遵守，遵循；抓住，握住
～ стро́гих пра́вил; ～ своего́ мне́ния
Ребёнок де́ржится за мать.

передава́ться（未）（第一、二人称不用）-даётся 传播；传染

переда́ться（完）-а́стся, -аду́тся;
Боле́знь передала́сь ребёнку.

пристра́стие, -ия; к кому-чему 偏爱，酷爱 ~ к теа́тру

ки́слый 酸的，馊的 ~ые щи, ~виногра́д

худо́й 糟糕的；瘦的 ~ челове́к, ~ые ру́ки

граф, -а; -ы 伯爵

пе́карь, -я; и 面包师

цени́ться（未）（第一、二人称不用）це́нится 值钱；受到重视 Предме́ты старины́ до́рого це́нятся. Наро́дные тала́нты высоко́ це́нятся в на́шей стране́.

хлебобу́лочный 面包类的；经营面包制品的 ~ые изде́лия; ~ магази́н

са́йка, -и; -и 梭形面包

исключи́тельный 例外的；少有的，不寻常的 в ~ых слу́чаях; ~ые спосо́бности

обознача́ться（未）（第一、二人称不用）-а́ется 显出来，露出来

обозна́читься（完）-ится В нём обозна́чилась вну́тренняя переме́на.

в старину́ 在古代

колыбе́ль, -и; -и （阴）摇篮；诞生地 ~ револю́ции; ~ культу́ры

новорождённый 新生的，新生儿

изгоня́ть（未）-я́ю, -я́ешь; кого́-что 驱逐，逐出；清除 изгна́ть（完）-гоню́, -го́нишь; ~ со свое́й земли́ всех агре́ссоров; ~ из па́мяти

смета́ть（未）-а́ю, -а́ешь; что 扫掉，扫去，扫成堆 смести́（完）смету́, смете́шь; смёл, смела́; ~ кро́шки со стола́, ~ му́сор в у́гол

ми́лостыня, -и 施舍的钱物

бе́дность, -и （阴）贫穷；贫乏

переве́рнутый 被翻过来的，被翻转的

ко́рка, -и 硬皮；果皮；树皮 апельси́новая ~

доеда́ть（未）-а́ю, -а́ешь; что 吃光，吃完

дое́сть（完）-е́м, -е́шь, -е́ст, -еди́м, -еди́те, -едя́т

забира́ть（未）-а́ю, -а́ешь; кого́-что 抓，取；带走 забра́ть（完）-беру́, -берёшь; ~ с собо́й кни́ги; ~ в плен

буха́нка, -и （用模子烤制的）面包

влюбля́ться（未）-я́юсь, -я́ешься; в кого́-что 爱上……，钟情于…… влюби́ться（完）-блю́сь, -бишься

49

ВНЕАУДИТОРНЫЕ УПРАЖНЕНИЯ
课下自主练习

 1. 用下列动词构成主动形动词。(Образу́йте действи́тельные прича́стия от сле́дующих глаго́лов.)

жить, изуча́ть, прочита́ть, молча́ть, разда́ть, люби́ть, учи́ть, поги́бнуть, умере́ть, возвраща́ться, горди́ться, идти́, вести́, принести́, увезти́, привести́, висе́ть, мы́ться, говори́ть, заблуди́ться, помо́чь, петь, прису́тствовать, перепи́сываться, лечи́ться, ре́зать, растира́ть, сме́шивать, добыва́ться, влюби́ться, забра́ть, запреща́ть, приба́вить, прира́вниваться, заволнова́ться, нужда́ться, посвяти́ть, переверну́ть, приобрести́, изгна́ть

УРОК 3

2. 用主动形动词短语替换限定从属句。(Замени́те прида́точное предложе́ние прича́стным оборо́том.)

1) Гру́ппа япо́нских иссле́дователей вы́делила бело́к, кото́рый подавля́ет аппети́т, уменьша́ет коли́чество жи́ра в органи́зме.
2) Я хорошо́ знако́м с профе́ссором Институ́та ру́сского языка́, кото́рый перевёл рома́н в стиха́х «Евге́ний Оне́гин».
3) Па́рень, кото́рый влюби́лся в Ма́шу, у́чится на биологи́ческом факульте́те на тре́тьем ку́рсе.
4) Са́льса(莎莎舞) — э́то стиль, кото́рый смеша́л в себе́ мно́гие латиноамерика́нские та́нцы.
5) Ви́ктор Миха́йлович, кото́рый руководи́л разрабо́тками но́вых автомоби́лей, вы́шел на пе́нсию.
6) С утра́ закры́т аэропо́рт г. Харби́на. Причи́ной яви́лся си́льный снегопа́д, кото́рый принёс цикло́н (冷气旋).
7) Англи́йский офице́р, кото́рый потеря́л в по́езде секре́тные докуме́нты, отде́лался штра́фом.
8) Зна́ешь, тот врач, кото́рый в по́езде оказа́л по́мощь больно́му пассажи́ру, был на́шим сосе́дом.
9) Журна́л, кото́рый опубликова́л нау́чную статью́ акаде́мика Костома́ров, выхо́дит в Санкт-Петербу́рге.
10) Самолёт, кото́рый лете́л в Шанха́й, благополу́чно соверши́л экстре́нную поса́дку в аэропорту́ Пеки́на.

3. 用限定从属句替换主动形动词短语。(Замени́те прича́стный оборо́т прида́точным предложе́нием.)

1) Па́па купи́л о́чень познава́тельный (知识丰富的) мультфи́льм для дете́й, изуча́ющих англи́йский язы́к.
2) Посла́ние президе́нта получи́л пенсионе́р, живу́щий в небольшо́й сиби́рской дере́вне.
3) Промолча́вший почти́ весь день ма́льчик, наконе́ц, рассказа́л роди́телям всё, что случи́лось с ним.
4) Чжан Имо́у — знамени́тый режиссёр, принёсший кита́йскому киноиску́сству мирову́ю изве́стность.
5) Мужчи́на, заперший дете́й в ко́мнате на неде́лю, оказа́лся психи́чески больны́м.
6) Юрий Гага́рин стал пе́рвым челове́ком, уви́девшим Зе́млю из ко́смоса.
7) И́мя учёного, посвяти́вшего большу́ю часть свое́й жи́зни защи́те эколо́гии, лю́ди никогда́ не забу́дут.
8) Ти́хонов был настоя́щим актёром, созда́вшим о́браз сме́лого, си́льного геро́я

советской разведки.

9) Каждому покупателю, посетившему наш магазин более 5 раз в месяц, предоставляется скидка (折扣).

10) Мы уже не доверяем тому человеку, не выполнившему своё обещание перед коллективом.

 4. 解释下列词语。(Объясните значение следующих слов.)

示例: Призёр — это человек, получивший приз.

Балерина — это...

Полярник — это...

Археолог — это...

Преступник — это...

Пекарь — это...

Кормилец — это...

Король — это...

Собеседник — это...

Пиковая дама — это...

Щи — это ...

 5. 翻译下列词语。(Переведите на русский язык.)

老套的观点／基本食物／不应增加体重／一个面包／首先想到／联想起伏特加／传统食品／14世纪末15世纪初／鱼籽／西餐／从西方国家引入／广泛应用／适逢19世纪下半叶／生吃／烤饼／古希腊人／古印度／被上帝惩罚／中世纪的欧洲／法国国王／爵位／罗斯／伯爵／宫廷／严重的侮辱／新生儿的摇篮／要饭

 6. 续写句子。(Закончите предложения.)

1) Мои представления о ... очень примитивны, не говоря уже о ...

2) Скажу, что основная еда русских людей во все времена — ...

3) ... тем, кто не хочет и не должен прибавлять в весе.

4) —Как интересно. А в чём особенность ...

5) ... во все времена уважали, почитали, как ...

6) ... у меня ассоциируется с ...

7) Из этого списка только ... принадлежат к ...

8) В то время ... осталось блюдом скорее праздничным, чем повседневным.

9) Такие блюда, как ..., заимствованы из ... кухни.

10) Широкое использование ... приходится на вторую половину XX века.

11) Сегодня ... считается большим искусством.

12) Секрет приготовления ... держался в тайне и передавался только ...

13) Пристрастие к ... всегда остаётся загадкой для европейцев.
14) На Руси люди считали, если давать во время еды собакам хлеб со стола, то это приведёт к ...
15) Оставлять куски хлеба на столе — к ...

7. 将下列句子译成汉语。(Переведите на китайский язык.)

1) Люди научились растирать зёрна между камнями и получать муку.
2) Это убеждение разделяли и в древней Индии.
3) Древние греки верили, что человек, принимающий пищу без хлеба, будет наказан богами.
4) Ржаной хлеб на Руси появился лишь к XII веку, но полюбился русским людям чрезвычайно.
5) Пристрастие к кислому ржаному хлебу всегда оставалось загадкой для европейцев.
6) В XIX веке по всей России славились хлебобулочные изделия московского пекаря Филиппова.
7) О хлебе в народе всегда говорили, как о живом существе: хлеб-кормилец, хлеб-батюшка.
8) Во все времена неуважение к хлебу приравнивалось к самому страшному оскорблению.
9) Если сметёшь крошки хлеба со стола рукой, то этой же рукой придётся просить милостыню.
10) Об исключительном уважении к хлебу, о его священной природе говорит и тот факт, что у многих народов хлеб обозначался так же, как солнце и золото.

8. 阅读短文，标出大写字母，并在需要的地方分别换上大写字母、加上标点。(Прочитайте текст, определите границы предложений. Расставьте знаки препинания.)

Так началась история человечества

современный человек появившийся на Земле 40 тысяч лет назад за свою короткую историю сумел создать многое трудна и тяжела была жизнь человека вокруг которого были тёмные леса быстрые реки страшные звери холод и голод удивительно как этот слабый человек смог победить в борьбе с холодом и голодом не имея ни зубов волка ни силы тигра ни быстроты оленя не имея даже тёплой шубы как у медведя человек получивший от природы разум был не один а вместе со своей семьёй со своим народом научившись добывать огонь он не стал бояться холода сначала мир казался человеку бесконечным но выйдя из леса он увидел другие места другие народы так началась история человечества

9. 续写对话。(Закончите диалоги.)

1) —Я хочу продолжить свою мысль, если ты начал дело, то доведи его до конца.
   —Я понимаю, но ...

2) —Идеального человека не существует, в каждом чего-то не хватает.
   —Я с вами не согласен. Ведь ...

3) —Маша, как ты обращаешься к незнакомым людям в общественных местах?
   —Если хочу обратиться к незнакомому человеку, то просто ...

4) —По-моему, человек в жизни много бы потерял, если бы он никогда и ни с кем не дружил.
   —Я с тобой абсолютно согласен. ...

5) —Кто из вас может объяснить выражение "последнюю рубашку готов с себя снять"?
   —Это значит, ...

6) —Мне кажется, жизнь современного человека невозможно представить без компьютера.
   —Абсолютно согласен с вами. ...

7) —На мой взгляд, надо заранее продумать всю операцию.
   —Я с вами не согласен. Ещё рано думать об этом. Ведь ...

8) —Заканчивая работу, человек обязательно должен подвести краткий итог.
   —Безусловно. ...

9) —Начиная говорить о китайской кухне, о каких блюдах и напитках вы вспоминаете прежде всего?
   —Китайская кухня у меня ассоциируется с ...

10) —И всё-таки хотелось бы узнать, какие меры предприняты на заседании?
    —Мы обсудили обстановку и пришли к выводу, что ...

 10. 用下列词汇编写短文。(Составьте текст со следующими словами.)

1) Царское Село, поэт, граф, ржаной хлеб
2) примитивный, немыслимый, традиционно
3) пекарь, выпекать, сайки, булочки, выпечка, раскупаться
4) переписываться, откусить от одной буханки, выйти замуж
5) салаты, капустные щи, котлеты, картофель, резать чёрный хлеб

 11. 指出下列动词的支配关系并造句。(Укажите управление следующих глаголов, составьте с ними предложения.)

переписываться, лечиться, передаваться, приравниваться, обозначаться, влюбиться, откусывать, отрезать, обогатить, растирать, смешивать, добывать, запрещать, прибавить, сметать

12. 借助词典区分下列同根词的意义。(Укажи́те семанти́ческие разли́чия сле́дующих слов. В слу́чае затрудне́ний обраща́йтесь к словарю́.)

вписа́ть, вы́писать, дописа́ть, записа́ть, написа́ть, описа́ть, переписа́ть, расписа́ть, вы́писаться, записа́ться, расписа́ться, вкуси́ть, закуси́ть, откуси́ть, перекуси́ть, прокуси́ть, раскуси́ть, укуси́ть

 13. 将下列句子译成俄语。(Переведи́те на ру́сский язы́к.)

1) 历史学家认为，汉字大约出现在3500多年前。
2) 古人先是学会了用石头磨面，后来又学会了取火。
3) 据说，这种茶叶的名字是由康熙皇帝起的。
4) 我们的先人认为，不信鬼神必遭天谴。
5) 不尊重自己父母的人一生都将是不幸的。
6) 有人认为，中世纪对欧洲来说是最黑暗的时期。
7) 法国国王路易（Луи́）十四因为身材矮小，所以穿上了特制的、高15厘米的鞋子，结果全国上下争相效仿。后来，这样的鞋子演变成了高跟鞋。
8) 12世纪人们才开始烤黑面包。至今，许多俄罗斯人都离不开它。
9) 捏泥人是门艺术，也是门技术。这门技术师傅一直不外传，只传给自己的后人。
10) 从孔子时代起，人们就十分尊重老师。不叫他们的名字，称他们为先生。
11) 对俄罗斯人来说，没有汤的午饭是不可思议的。
12) 雍正时期，这种瓷器风靡全国。
13) 中国人认为，不尊重父母是最大的耻辱。
14) 有一天，陆地上的水会像阳光、金子一样宝贵。
15) 俄罗斯人认为，把吃剩的面包丢在桌子上，必招致病患。

 14. 参照课文内容回答问题。(Отве́тьте на вопро́сы по те́ксту.)

1) Когда́ на Руси́ появи́лся хлеб?
2) Как лю́ди в те времена́ получа́ли муку́?
3) Как вы́глядел пе́рвый хлеб?
4) Когда́ лю́ди на́чали печь лепёшки?
5) Кто дал и́мя (назва́ние) хле́бу?
6) Почему́ в ста́рые времена́ поро́й не дава́ли престу́пникам хлеб?
7) Како́й стра́нный ти́тул приба́вил себе́ францу́зский коро́ль Ге́нрих IV?
8) Како́й хлеб первонача́льно пекли́ на Руси́?
9) Лю́бит ли ру́сский наро́д ржано́й хлеб?
10) Как относи́лись к пе́карям на Руси́?
11) Как лю́ди берегли́ хлеб?
12) Почему́ кла́ли хлеб в колыбе́ль к новорождённому?

13) От чего, по мнению россиян, зависело здоровье и силы человека?

14) Что произойдёт, если положить хлеб на стол коркой вниз?

15) Что случится, если молодой человек и девушка откусят от одной буханки?

15. 选择适当的词语填空。(Вставьте подходящий вариант.)

1) Медицина находит всё новые способы и средства, _____ человеку бороться с болезнями.

   A) помогавшему   B) помогающие   C) помогшие   D) помогшему

2) Вопрос, _____ сейчас, касается социального и экономического развития страны.

   A) обсуждающий   B) обсуждавший
   C) обсуждающийся   D) обсуждавшийся

3) _____ на вопрос, студент сделал 3 ошибки.

   A) Ответивший   B) Отвечающий   C) Отвечая   D) Ответив

4) _____ в Минске ровно месяц, Ван Фан вернулся в Харбин.

   A) Проработав   B) Прорабатывая   C) Прожившая   D) Проживающая

5) В _____ час Владимир мужественно взял на себя ответственность.

   A) решающий   B) решивший   C) решающийся   D) решившийся

6) Синоптики с тревогой следят за ветром, _____ с каждой минутой.

   A) усиливающим   B) усиливающимся   C) усилившим   D) усилившимся

7) Если у человека круглое лицо, _____ детское, то ему можно доверять.

   A) напоминающее   B) напомнившее   C) напоминая   D) напомнив

8) Я часто вспоминаю улыбку матери, _____ на её лице при виде меня.

   A) появившейся   B) появляющейся   C) появлявшуюся   D) появившуюся

9) Я купила нотбук в магазине, _____ недавно на этой улице.

   A) открывшем   B) открывающем
   C) открывшемся   D) открывающемся

10) Я не верю, что люди, _____ домашних животных, реже болеют.

    A) имеющиеся   B) имеющихся   C) имеющие   D) имеющих

16. 写一篇介绍水稻出现的时间和中国人对食物态度的短文。（150词左右）
(Напишите сочинение об окультуривании появлении риса и отношении китайцев к пище. Не менее 150 слов.)

17. 选择合适的词语形式填空。(Вставьте подходящий вариант.)

1) Я бы выполнил работу в срок, _____ бы мне не мешали.

   A) когда   B) как   C) если   D) где

2) _____ я писателем, я бы написал про вас удивительный рассказ.

   A) Являюсь   B) Стал   C) Мог бы   D) Был бы

3) _____ язы́к не был поэти́чен, не́ было бы иску́сства сло́ва — поэ́зии. (С. Марша́к)
   A) Чем бы   B) Е́сли бы   C) Как бы   D) Хотя́ бы

4) _____ бы я на твоём ме́сте, я бы вы́брал Ке́мбридж.
   A) Был   B) Стал   C) Яви́лся   D) Оказа́л

5) _____ я вчера́ с ва́ми в кино́, е́сли бы у меня́ бы́ло вре́мя.
   A) Пойди́   B) Сходи́   C) Пое́хал бы   D) Сходи́л

6) _____ они́ подписа́ли э́тот контра́кт, то зарабо́тали бы больши́е де́ньги.
   A) Хотя́ бы   B) Когда́   C) Так как   D) Е́сли бы

7) Приди́ я на де́сять мину́т ра́ньше, _____ Па́шу до́ма.
   A) застаю́   B) застану́   C) заста́л   D) заста́л бы

8) _____ я экза́мены со все́ми, был бы сейча́с уже́ в Со́чи.
   A) Сдай   B) Сдаю́   C) Сдал   D) Сдава́л

9) _____ меня́ Ивано́в зара́нее, я бы то́же купи́л биле́т на э́тот рельс.
   A) Не предупреди́л   B) Не предупрежда́л
   C) Не предупрежда́й   D) Не предупреди́

10) Не _____ Игорь мне посмотре́ть э́тот спекта́кль, я не познако́милась бы с ва́ми.
    A) посове́туй   B) сове́туй   C) посове́товал   D) сове́товал

18. 趣读俄餐菜谱，并与中餐菜谱作比较。(Прочита́йте меню́ ру́сской ку́хни, сравни́те с меню́ кита́йской ку́хни.)

олóдные заку́ски (凉盘)
Ры́бное ассорти́ (鱼肉拼盘)
Солёные грибы́ (腌蘑菇)
Икра́ кра́сная (红鱼籽)
Язы́к говя́жий (牛舌)
Тома́ты с сы́ром (西红柿拌奶酪)

Сала́ты (沙拉)
Сала́т из спе́лых помидо́ров (西红柿沙拉)
Гре́ческий сала́т (希腊沙拉)
Бава́рский сала́т (巴伐利亚沙拉)

Супы́ (汤品)
Борщ (红菜汤)
Суп из бе́лых грибо́в (鲜口蘑汤)
Соля́нка мясна́я (肉丁蔬菜汤)
Уха́ из све́жей ры́бы (鲜鱼汤)
Пельме́ни в бульо́не (鲜汤水饺)

Горя́чие блю́да (热菜)
Котле́ты по-ки́евски (基辅肉饼)
Но́жка ягнёнка (羔羊腿肉)
Гру́дка ути́ная (鸭胸肉)
Баклажа́ны запечённые (烤茄子片)
Блины́ с кра́сной икро́й (软饼卷红鱼籽)

Гарни́ры (配菜)
Карто́фельное пюре́ (土豆泥)
Карто́фель жа́ренный с лу́ком (葱炒土豆)
Капу́ста тушёная (烧卷心菜)
Карто́фель фри (炸薯条)

Десе́рты (甜品)
Сок анана́совый (菠萝汁)
Торт шокола́дный (巧克力蛋糕)
Пиро́жное (软甜点)
Моро́женое (冰激凌)

УРОК 4

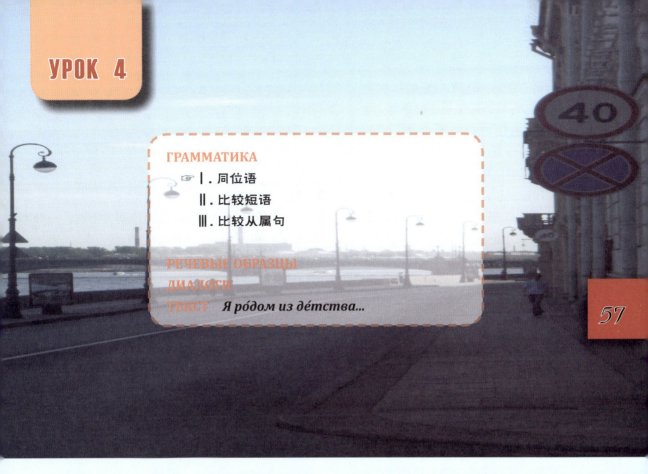

ГРАММАТИКА
　　I. 同位语
　　II. 比较短语
　　III. 比较从属句

РЕЧЕВЫЕ ОБРАЗЦЫ
ДИАЛОГИ
ТЕКСТ　Я ро́дом из де́тства...

ГРАММАТИКА

I. 同位语
Приложе́ние

同位语通常由名词充当，并在格上与被说明的名词一致，如果作同位语用的名词有数的变化，则同位语在数上应和被说明词一致。同位语在句中可以说明被限定名词所表示的任何一个句子成分，它可以从不同的方面来说明被限定的人或事物的特征：

1. 表示人或事物的性质、特征，例如：
　　студе́нт-отли́чник 成绩优秀的大学生
　　го́род-геро́й 英雄城市

2. 表示某人的职业、职务、专长、年龄、性别、民族、政治派别、社会地位等。这是最常见的用法。例如：
　　солда́т-танки́ст 坦克兵
　　учёный-фи́зик 物理学家
　　же́нщина-космона́вт 女宇航员
　　инжене́р Ивано́в 工程师伊万诺夫

3. 表示事物的名称。例如：

го́род Му́рманск 摩尔曼斯克市

о́зеро Байка́л 贝加尔湖

газе́та «Пра́вда» 《真理报》

同位语的使用

1. 同位语和被说明名词在格上通常都应该一致，但下述两种情况例外：

1) 表示报纸、杂志、科学文艺著作、企业、组织等名称的专有名词用作同位语时，一般都不变格，只用第一格形式，例如：в рома́не «Война́ и мир»。

2) 用作同位语的地理名词，如果比较生僻或者和被说明名词的性、数不一致，通常也不变格，只用第一格形式，以便于辨认原形。同位语表示省、县、湖、山、岛、半岛、车船等名称时，通常使用第一格，不和被说明的名词一致，例如：в прови́нции Шаньду́н（山东省）。

2. 同位语所说明的名词在句中作主语时，谓语应与被说明名词一致，而不与同位语一致，例如：

Профе́ссор Петро́ва пришла́.

彼得罗娃教授来了。

但如果同位语表示人的性别时，谓语应与同位语一致，例如：

Же́нщина-космона́вт была́ у нас в университе́те.

女宇航员昨天到访了我们学校。

3. 同位语与被说明名词带有定语时，定语应与被说明名词一致。但是，如果同位语表示人的性别、职业、职务时，定语则应与同位语一致，例如：

Э́то молода́я же́нщина-врач.

这是一位年轻的女医生。

4. 变格时，联系较为紧密的同位语可以只变后面的词，例如：

Они́ пое́хали на приём к премье́р-мини́стру.

他们前去觐见总理。

5. 同位语中连字符的使用

如果同位语在意义上、读音上和被说明名词有紧密的联系（如同一个词），书写时，通常用连字符与被说明名词相连。

但以下几种情况不加连字符：

1) 专有名词在后时，例如：го́род Шанха́й；但专有名词在前面时，则需加连字符，例如：Москва́-река́（莫斯科河）。

2) 同位语表示称呼时，也不用连字符。

6. 同位语在下列情况下应该独立：

1) 后置的扩展同位语要独立，例如：

У окна́ сиди́т Васи́льев, знамени́тый в на́шем го́роде писа́тель.

窗旁坐着我市著名作家瓦西里耶夫。

2) 说明代词的同位语要独立，例如：

Как ему́, студе́нту, не знать э́того?

他，一个大学生，怎么会不知道这一点？

3) 有原因、让步意义的前置同位语要独立，例如：

　　Сын крестьянина, Ваня с детства знал, что жизнь нелегка.
　　万尼亚是农民的儿子，从小就知道生活的艰辛。

7. 用как连接的同位语不独立，例如：

　　Я как учитель не могу не предупредить тебя об этом.
　　我作为教师不能不提醒你这一点。

Ⅱ. 比较短语
Сравнительный оборот

　　比较短语是一种独特的句法现象，是简单句的一个部分。它们常用比较连接词как, как будто, словно, будто, чем, точно等连接。书写时短语要用逗号隔开，例如：

1) Автобус был битком набит, как всегда.
　　公共汽车里像平常一样拥挤不堪。
2) Что ты стоишь, как пень?
　　你怎么像树桩一样站在那里不动呀？
3) Все, точно по команде, остановились.
　　大家就像听到口令一般，都停了下来。
4) Он бежал быстрее, чем лошадь.
　　他比马跑得还快。
5) Между тучами и морем гордо реет Буревестник, чёрной молнии подобный.
　　在乌云和大海之间，海燕像黑色的闪电，在高傲地飞翔。

带как, словно, будто的短语在下列情况下不能独立，例如：

1. 比较短语作表语或补语时：

　　Он как мой брат.
　　他就像我的兄弟一样。
　　Сейчас словно камень ношу на сердце.
　　我现在心头就像有块石头。

2. 比较短语带有成语性质时：

Время летит как стрела.	光阴似箭。
Он сидит как на иголках.	他如坐针毡。
Дела идут как по маслу.	事情进行得十分顺利。
Всё видно как на ладони.	一切都看得清清楚楚。

Ⅲ. 比较从属句
Придаточные сравнительные

　　比较从属句通过比较、比拟来说明主句。使用的连接词为как, словно, будто, чем等，与比较短语使用的连接词基本相同。不同的是：比较从属句是复合句的组成部分，句中有不同于主句的述谓中心，例如：

1. 带 **как** 的从属句

   Я ответил на этот вопрос, как должен был ответить каждый.
   我像其他人一样也回答了这个问题。

   Она поёт так же хорошо, как пела её мать.
   她歌唱得和妈妈一样好。

2. 带 **будто, точно, словно** 的从属句

   Ты ведёшь себя так, будто ты хозяин дома, а не он.
   你的举止让人感觉，好像你是这里的主人，而不是他。

   Приближение к родине всегда волнует, словно на свидание с детством едешь.
   临近故乡总是让人激动，仿佛去和童年会面。

   Она мигом обернулась, точно её укололи иголкой.
   她立刻转过身来，就像被针扎了一般。

3. 带 **чем** 的从属句

   Работа оказалась сложнее, чем мы ожидали.
   工作比我们想象的要复杂得多。

   Ситуация была иной, чем мы предполагали.
   情况与我们预料的不一样。

РЕЧЕВЫЕ ОБРАЗЦЫ

1. Мы познакомились с учёным-физиком / инженером-космонавтом , который приехал в наш университет.

   (женщина-инженер, девушка-почтальон, лётчик-герой, старик-сторож)

2. Саша и Максим только-только вернулись из вагона-ресторана / Дома-музея Льва Толстого .

   (город-герой Смоленск, выставка-продажа, конференц-зал)

3. Лицо Марины побледнело, как бумага / платок / мел .

   (покраснеть, рак, заря, помидор)

4. Ва́нька и в э́тот раз был лука́вым, как бес / лис.

(у́мный, Эйнште́йн, акаде́мик; глу́пый, бревно́; упря́мый, осёл)

5. Что случи́лось? Почему́ Шу́ра стои́т, сло́вно вко́панный / в зе́млю врос?

(лежа́ть, уби́тый; молча́ть, воды́ в рот набра́ть)

ДИАЛОГИ

1. —Татья́на Андре́евна, что тако́е теа́тр в ва́шем представле́нии?
   —По-мо́ему, теа́тр — э́то вид иску́сства, в кото́ром чу́вства, мы́сли и эмо́ции а́втора передаю́тся зри́телям че́рез игру́ актёров.
   —Заче́м лю́ди приду́мали теа́тр?
   —Основополо́жники теа́тра хоте́ли, что́бы он развлека́л, воспи́тывал.
   —А како́й теа́тр вам нра́вится бо́льше всего́?
   —Мне нра́вится Госуда́рственный Теа́тр На́ций. Ра́ньше э́то был Теа́тр Дру́жбы наро́дов, а в 1991 году́ его́ переименова́ли. Тепе́рь он называ́ется Госуда́рственным Теа́тром На́ций. Спекта́кли э́того теа́тра не раз бы́ли награждены́ прести́жными театра́льными приза́ми.
   —Что́-то ничего́ не могу́ вспо́мнить. Напо́мните, пожа́луйста.
   —В ию́ле 2009 го́да во вре́мя реконстру́кции зда́ния в газе́тах появи́лись сообще́ния о том, что на́йден клад золоты́х моне́т времён царя́ Васи́лия Шу́йского.[1] Но замеча́телен теа́тр свои́ми заслу́гами. Благодаря́ Теа́тру На́ций Росси́я узна́ла но́вые имена́ тала́нтливых режиссёров, актёров, театра́льных худо́жников, театра́льные кри́тики узна́ли и по досто́инству оцени́ли тво́рчество лу́чших коллекти́вов росси́йской прови́нции, да и мно́го друго́го.

2. —Дава́й схо́дим на спекта́кль «Расска́зы Шукшина́».[2] Я зна́ю, что ты о́чень лю́бишь тво́рчество Васи́лия Шукшина́.
   —По каки́м расска́зам поста́влен спекта́кль?
   —Ты без труда́ узна́ешь в спекта́кле 10 изве́стных расска́зов.
   —Шукши́н беспо́рно тала́нтлив, но хоте́лось бы посмотре́ть спекта́кль о совреме́нной жи́зни.
   —Режиссёр э́того спекта́кля не ста́вил пе́ред собо́й зада́чу показа́ть крестья́нский быт семидеся́тых годо́в про́шлого ве́ка. Актёры, остава́ясь на́шими совреме́нниками, расска́зывают жи́зненные исто́рии, произоше́дшие

несколько десятков лет назад.

—Ты сказал, что спектакль получил великолепные отзывы. Что пишут о спектакле?

—Вот пишут, если вы городской житель и далеки от деревенской жизни, мы всё равно советуем вам побывать именно на этой постановке. Спектакль очень радостный и живой. А благодаря великолепной игре актёров, нарядным ярким костюмам, — смотрится он на одном дыхании.

—Ты меня убедил. Заказывай билеты.

ТЕКСТ

听录音请扫二维码

Я родом из детства ...
(адаптировано)

По С. Исаковой

В моей жизни было много театров, но ТЮЗ[3] времени моего детства был явлением совершенно уникальным. Ни в одном другом театре я не испытывала столько прекрасных чувств, сколько их было у меня в ТЮЗе.

Помню спектакль «В списках не значился» по повести Бориса Васильева.[4] Хорошо помню и спектакль «Двенадцатая ночь». Но настоящим потрясением стал для нас спектакль «Ночь после выпуска». Чтобы вот так открыто заговорили в театре о том, что волнует нас, старшеклассников! Такого ещё с нами не было. Столько было тогда споров, разговоров!

Помню, как после спектакля мы сорвали урок литературы. Пришли в школу под впечатлением спектакля и сказали учительнице: "Давайте поговорим начистоту!"

Тогда нас мало интересовали режиссёры театра, но актёров после спектаклей мы ждали на крыльце. Не могу сказать, что я была влюблена в кого-то из них, просто мы стояли на крыльце и смотрели, как актёры выходят. До сих пор помню это ощущение абсолютного счастья.

Вообще в ТЮЗе была какая-то необыкновенная атмосфера. Мы обязательно брали с собой туфли. Считали, что неэтично по отношению к актёрам — заходить в зал в сапогах. И обязательно шли в театр с цветами. Это была такая великая для нас школа: театр и цветы!

Когда мы стали старше, нас начали раздражать дети, которые шумно вели себя в зале, и мы брали на себя роль добровольных помощников работников театра.

ТЮЗ учил нас нравственности. И самой большой победой театра было, когда ребята приходили в театр со скептическими улыбками, а в середине спектакля все замолкали. Дети начинали думать, чувствовать, сопереживать актёрам.

Мы в своей 23-ей школе проводили очень много литературных вечеров, праздников. Наш классный руководитель и учитель литературы Людмила Николаевна Штинова всегда нам говорила: "Не надо, когда вы смотрите на сцену, рассматривать, правильно ли выстроена мизансцена", — хотя будучи школьниками, мы в этом уже немного разбирались.

Я была на спектаклях в разных театрах и думала: "Что-то со мною не так". Потому что, сидя в зрительном зале, ловила себя на мысли: "Актёр классно повернулся! Актриса хорошо взяла!⁽⁵⁾" В один момент я даже испугалась такой своей реакции и спросила у одного большого театрального человека: "Что со мною не так?" Ведь я получала удовольствие от хорошо выстроенной мизансцены, от грамотной актёрской работы, от интересной фонограммы, но у меня были начисто отключены чувства, эмоции.

Потом я посмотрела хороший спектакль и наглухо забыла про все мизансцены и повороты...

Когда я уже работала в Домике — так мы называем наш Центр детского творчества, то повела своих ребят в театр. Причём мы договорились с педагогом Калининой, что я приду с ребятами ночью. Хотелось, чтобы они почувствовали театр без актёров, без зрителей.

Мы, действительно, приехали ночью, посидели в зале, прошли через сцену. Думаю, для моих ребят это было впечатлением на всю жизнь.

Когда сгорел ТЮЗ — тот самый старый добрый ТЮЗ на углу улиц Калинина и Коммунистического проспекта, это было для меня трагедией! И сейчас, когда я вижу то ужасное здание, которое стоит на его месте, я никак не могу к этому привыкнуть.

Спасибо ТЮЗу — театру моего детства за то, что у меня теперь есть свой театр Радости!

КОММЕНТАРИИ

① царь Василий Шуйский — 瓦西里·舒伊斯基（1552~1612），1606年至1610年俄国沙皇，史称瓦西里四世。
② Василий Макарович Шукшин — 舒克申（1929~1974），俄罗斯著名作家、电影导演、演员。
③ ТЮЗ（Театр юного зрителя）青年艺术剧院。
④ Борис Васильев — 鲍里斯·瓦西里耶夫(1924~2013)，俄罗斯著名作家。主要作品有：《这里的黎明静悄悄》《后来发生了战争》《不要向白天鹅开枪》《未列入名册》等。
⑤ Актриса хорошо взяла! — 这个桥段女演员表演得棒极了！

НОВЫЕ СЛОВА И СЛОВОСОЧЕТАНИЯ

бледне́ть（未）-е́ю, -е́ешь（脸色）苍白；褪色
побледне́ть（完）-е́ю, -е́ешь；~ от стра́ха；
Зака́т бледне́ет.
красне́ть（未）-е́ю, -е́ешь（脸色）红润，脸红；变红
покрасне́ть（完）-е́ю, -е́ешь；~ от стыда́；
Не́бо красне́ет от зака́та.
рак -а; -и 虾；癌症
лука́вый 狡猾的，滑头的；调皮的
~ челове́к
лови́ть（未）ловлю́, ло́вишь; кого́-что 抓，捉；〈转〉发现；打车
пойма́ть（完）-а́ю, -а́ешь;
~ ры́бу, ~ такси́
лис, -а; -ы 〈旧〉雄狐狸
бес, -а; -ы 魔鬼
бревно́, -а́; брёвна 原木；〈转，俗，骂〉木头人
упря́мый 固执的；倔强的
осёл, осла́; ослы́ 驴；〈转，俗，骂〉又蠢又笨的人
сло́вно（连）好像；（语）似乎，好像
Плывёт, сло́вно ле́бедь.
вко́панный 被栽上的；埋入地里的
Как вко́панный стои́т.
уби́тый（名）被杀害者，被打死的人

В бою́ бы́ло мно́го ра́неных и уби́тых. Сиди́т как уби́тый.
мёртвый 死的；〈转〉没有生气的
~ое те́ло; У́лицы бы́ли мертвы́.
набира́ть（未）-а́ю, -а́ешь; кого́-чего́, что 收集到，拨（电话），增加
набра́ть（完）-беру́, -берёшь; цвето́в;
~ уча́щихся на ку́рсах; ~ но́мер телефо́на;
~ ско́рость
предупрежда́ть（未）-а́ю, -а́ешь; кого́-что (о чём) 提醒，警告，预防
предупреди́ть（完）-ежу́, -еди́шь; ~ об опа́сности;
Предупреди́ его́, что я прие́ду за́втра.
подо́бный 和……一样，与……相同的
~ое поведе́ние, ~ые ему́ лю́ди
конфере́нц-зал, -а; -ы 会议厅
эмо́ция, -ии; -ии 情绪，情感，激情
~ гне́ва, положи́тельные ~и
актёр, -а; -ы 演员
основополо́жник, -а; -и 奠基人，创始人

развлека́ть（未）-а́ю, -а́ешь; кого́ (что) 使快乐，使开心，为解闷
развле́чь（完）-еку́, -ечёшь, -еку́т; -ёк, -екла́;
~ госте́й；Весёлый расска́з развлёк меня́.
воспи́тывать（未）-аю, -аешь; кого́ (что) 教育，使养成，训练
воспита́ть（完）-а́ю, -а́ешь; ~ ребёнка,
~ хоро́шего бойца́;
~ в де́тях любо́вь к Ро́дине
пропове́довать（未）-дую, -дуешь〈书〉宣扬，宣传
~ добро́
кла́ссик, -а; -и 经典作家；大艺术家
переименовы́вать（未）-аю, -аешь; кого́-что 更改名称
переименова́ть（完）-ну́ю, -ну́ешь; ~ у́лицу
организа́ция, -ии; -ии 组织，机构
подгото́вка, -и 准备，培养，培训
вое́нная ~
фестива́льный 联欢节的；汇演的
самостоя́тельный 自立的，独立的
~ челове́к; ~ разде́л нау́ки
продю́серский 制片人的；制片的

постано́вка, -и; -и 编排；戏剧
награждённый 受到嘉奖的 приз, -а; -ы 奖品 де́нежный ~; ~ кинофестива́ля
напомина́ть（未）-а́ю, -а́ешь; кого́-что о ком-чём 使想起；提醒记住
напо́мнить（完）-ню, -нишь; ~ де́тство; ~ о встре́че
реконстру́кция, -ии 改造；改建
на́йденный 找到的；发现的 клад, -а; -ы 宝藏；珍宝
заслу́га, -и; -и 功绩，功劳；功勋
кри́тик, -а; -и 批评家，评论员
поста́вленный 排练好的；上演的
дереве́нский 乡村的，农村的 ~ая жизнь
грандио́зный 规模宏大的，宏伟的 ~ые сооруже́ния; ~ые за́мыслы
восто́рженный 热烈的；兴高采烈的 ~ приём; ~ ю́ноша
о́тзыв, -а; -ы 评语；反映 ~ в печа́ти; ~ специали́ста
пре́сса, -ы; -ы 报纸；刊物 нау́чная ~; официа́льная ~
бесспо́рно（副）显然；不容置疑
быт, -а 日常生活；生活（方式）~ сёла; войти́ в ~

совреме́нник, -а; -и 当代人 ~ Пу́шкина
жи́зненный 生活的；生命攸关的 ~ о́пыт; ~ые интере́сы
за́нятый 忙的；（电话）占线的
афи́ша, -и; -и 广告；海报
далёкий 远方的，遥远的；长途的 ~ друг; ~ похо́д
наря́дный 盛装的；漂亮的；好看的 ~ костю́м; ~ зал
смотре́ться（未）-рю́сь, -ришься;〈口〉（照镜子、看影片、剧等）很好看
дыха́ние, -ия 呼吸，气息
убежда́ть（未）-а́ю, -а́ешь; кого́-что 说服，劝说；使相信
убеди́ть（完）（单数第一人称不用）-и́шь; ~ слу́шателей в свое́й правоте́; ~ кого́-н. лечи́ться
зна́читься（未）-чусь, -чишься; кем-чем（书）列入；视为 ~ в о́тпуске; ~ в спи́ске
потрясе́ние, -ия; -ия 震动；震荡；大动荡 революцио́нные -ия; социа́льные ~ия
вы́пуск, -а; -и 毕业，一届毕业生；出版，出产
откры́тый 公开的，真诚的
загова́ривать（未）-аю, -аешь 开始说；谈起
заговори́ть（完）-рю́, -ри́шь; Все заговори́ли сра́зу.
старшекла́ссник, -а; -и 高年级学生
спор, -а (-у); -ы 争论；纠纷 ~ о насле́дстве
срыва́ть（未）-а́ю, -а́ешь; что 揪下；阻碍
сорва́ть（完）-ву́, -вёшь; ~ я́блоко; ~ выполне́ние рабо́ты
начистоту́（副）开诚布公地，坦率地
крыльцо́, -а́; -а 台阶；门廊
необыкнове́нный 非凡的；特殊的 ~ая исто́рия; ~ая ско́рость
неэти́чно 不道德地
раздража́ть（未）-а́ю, -а́ешь; кого́-что 激怒；使生气
раздражи́ть（完）-жу́, -жи́шь; ~ неуме́стными шу́тками
доброво́льный 自愿的；志愿的 ~ое уча́стие; ~ труд
помо́щник, -а; -и 助手；助理，副手 ~ инжене́ра; ~ капита́на
нра́вственность, -и 道德；道义 челове́к высо́кой ~и
скепти́ческий 怀疑的；怀疑主义的 ~ тон
замолка́ть（未）-а́ю, -а́ешь 沉默起来；不再说话
замо́лкнуть（完）-ну, -нешь; -о́лк, -о́лкла; Зву́ки

УРОК 4

замо́лкли вдали́.
сопережива́ть（未）-а́ю, -а́ешь〈书〉共同感受；休戚相关
литерату́рный 文学的；标准的 ~ кружо́к; ~ язы́к
кла́ссный 班级的，课堂的；高水平的 ~ руководи́тель
вы́строенный 建成的；排好队的
мизансце́на, -ы; -ы 场景与人物布局；舞台场面设计
зри́тельный 供观众用的；观众的
кла́ссно 技艺高超地；高水平地
моме́нт, -а; -ы 时刻；瞬间

теку́щий ~, в любо́й ~
пуга́ться（未）-а́юсь, -а́ешься 害怕，恐惧
испуга́ться（完）-а́юсь, -а́ешься
реа́кция, -ии; -ии 反映；反响
гра́мотный 识字的；有文化的；内行的 ~ челове́к; ~ в вое́нном де́ле
фоногра́мма, -ы; -ы 伴奏音乐的录音
на́чисто 完全地；彻底地
отключённый 被切断的
на́глухо 严密地；紧紧地
поворо́т, -а; -ы 转折；转动；

转弯处 ~ войны́; ~ доро́ги
педаго́г, -а; -и 教师；教育工作者
сце́на, -ы; -ы 舞台；情景 откры́тая ~; ~ первома́йской демонстра́ции
сгора́ть（未）-а́ю, -а́ешь 烧掉，烧尽；枯死
сгоре́ть（完）-рю́, -ри́шь; Дом сгоре́л. Трава́ вся сгоре́ла.
траге́дия, -ии; -ии 悲剧；悲剧剧本 класси́ческая ~; семе́йная ~

ВНЕАУДИТОРНЫЕ УПРАЖНЕНИЯ
课下自主练习

 1. 用线将有关联的句子连接起来。（Соедини́те ли́ниями предложе́ния.）

1) Он вы́жал меня́, как ба́нный лист?
2) Чего́ ты кричи́шь, как лимо́н. (Он вы́жал меня́, как лимо́н.)
3) Что ты приста́л ко мне, как му́мия.
4) И́горь тепе́рь чёрный, как сапо́жник.
5) Не ходи́те пе́редо мной, как в апте́ке.
6) Сего́дня Пётр опя́ть пья́ный, как ко́шка с соба́кой.
7) Не вида́ть тебе́ её, как в лесу́?
8) Получи́лось у нас так то́чно, как ма́ятник.
9) Живёт Ко́ля с Любо́й, как трубочи́ст.
10) Ни́на ста́ла худо́й, как свои́х уше́й.

2. 参考下列示例回答问题。(Отве́тьте на вопро́сы по образцу́.)

Образе́ц: —Что тако́е теа́тр в ва́шем представле́нии?
—По-мо́ему, теа́тр — э́то одно́ из направле́ний иску́сства, в кото́ром чу́вства, мы́сли и эмо́ции а́втора передаю́тся зри́телям че́рез игру́ актёров.

1) Что тако́е жи́вопись по ва́шему мне́нию?
2) Как вы счита́ете, что тако́е бале́т?
3) Что представля́ет собо́й кита́йская каллигра́фия (书法)?
4) Что тако́е кино́ в ва́шем представле́нии?
5) Что представля́ет собо́й литерату́ра?

Образе́ц: —А заче́м лю́ди приду́мали теа́тр?
—Основоположники теа́тра хоте́ли, что́бы он развлека́л, воспи́тывал, пропове́до-вал.

1) Заче́м лю́ди приду́мали Олимпи́йские и́гры?
2) Для чего́ лю́ди изобрели́ Интерне́т?
3) Ра́ди чего́ лю́ди приду́мали Но́вый год?
4) Заче́м лю́ди приду́мали утю́г?
5) Почему́ лю́ди со́здали библиоте́ки?

3. 选择合适词语，将其变成适当形式填空。(Вста́вьте подходя́щие слова́ в ну́жной фо́рме по образцу́.)

Образе́ц: Оте́ц _____, как глухо́му. А сын _____, как ры́ба. (крича́ть — молча́ть)
Оте́ц крича́л, как глухо́му, а сын молча́л, как ры́ба.
(холо́дный — жа́ркий; коро́ль — соба́ка; во́здух — зо́нтик; злой — до́брый; то́лстый — худо́й; хи́трый — глу́пый; жа́рко — хо́лодно; бле́дный — кра́сный; глу́пый — у́мный; сла́дкий — го́рький)

1) Одна́ из них _____, как воск. А друга́я _____, как ма́ков цвет.
2) Здесь _____, как в аду́. А там _____, как в ледннике́.
3) Оте́ц _____, как бо́чка. А сын _____, как скеле́т.
4) Брат _____, как волк. А сестра́ _____, как а́нгел.
5) Ста́ршая сестра́ _____, как лиса́. А мла́дшая _____, как коро́ва.
6) Он там живёт, как _____. А я живу́ здесь, как _____.
7) Э́тот сок _____, как мёд. А друго́й _____, как полы́нь.
8) Ста́рший _____, как бара́н. А мла́дший _____, как Соломо́н.
9) У одно́й душа́ _____, как лёд. А у друго́й _____, как ого́нь.
10) Те да́нные нужны́ ему́, как _____. А э́то ему́, как ры́бе _____.

УРОК 4

4. 指出派生下列形容词的词汇。(Укажите, от каких слов образованы прилагательные.)

示例：государственный — государство

жизненный — _____; нарядный — _____; литературный — _____;
классный — _____; зрительный — _____; грамотный — _____;
фестивальный — _____; продюсерский — _____; археологический — _____;
деревенский — _____.

5. 用划线词语造句。(Составьте предложения с выделенными словами.)

1) <u>Основоположники</u> театра <u>хотели</u>, чтобы он развлекал, воспитывал.
2) Его <u>основная деятельность</u> — организация гастролей и проведение фестивальных программ.
3) <u>Во время проведения</u> археологических раскопок был найден клад золотых монет.
4) Я уверен, что ты <u>по достоинству оценишь</u> спектакль, поставленный по рассказам Шукшина.
5) Постановка <u>имеет грандиозный успех</u> и собрала огромное количество восторженных отзывов прессы.
6) Алвис Херманис <u>до мельчайших подробностей</u> разобрался в теме, побывав на родине Шукшина.
7) Режиссёр <u>ставил перед собой задачу</u>, показать крестьянский быт XIX века.
8) Спектакль очень радостный и живой, <u>смотрится на одном дыхании</u>.
9) После таких отзывов <u>нельзя не пойти</u> на спектакль. А где он идёт?
10) <u>Настоящим потрясением</u> стал для меня спектакль «Ночь после выпуска».
11) Помню, как после спектакля мы <u>сорвали урок</u> литературы.
12) Я считаю, что неэтично <u>по отношению</u> к актёрам заходить в зал в сапогах.
13) Мы <u>берём на себя</u> роль добровольных помощников работников театра.
14) У меня были <u>начисто отключены чувства</u>. Я даже испугалась такой своей реакции.
15) Думаю, для моих ребят это было <u>впечатлением на всю жизнь</u>.

6. 将下列词语译成汉语。(Переведите на китайский язык.)

одно из направлений искусства, игра актёров, необычное для театра название, организация гастролей, подготовка и проведение фестивальных программ, самостоятельная продюсерская деятельность, престижные театральные призы, археологические раскопки, деревенские жители, грандиозный успех, восторженные отзывы прессы, крестьянский быт, на одном дыхании, говорить начистоту, жизненные истории, театральная афиша, совершенно уникальный, настоящее потрясение, выстроенная мизансцена, большой театральный человек, грамотная актёрская работа, тюзовский актёр, впечатление на всю жизнь, ужасное здание

7. 按示例写出下列词汇的同根词，并给出搭配。(Напиши́те однокоренны́е слова́ по образцу́, образу́йте сочета́ния.)

示例： развлека́ть — увлека́ть, завлека́ть, привлека́ть; привлека́ть внима́ние

археоло́гия — архео́лог, археологи́ческий; археологи́ческие раско́пки

подгото́вка, о́тзыв, убеди́ть, вы́пуск, откры́тый, заговори́ть, сорва́ть, раздража́ть, замолка́ть, сгоре́ть, лечи́ть, приба́вить, фоногра́мма, престу́пник, секре́т

8. 选择括号里的词填空。(Вста́вьте слова́ из ско́бок в ну́жной фо́рме.)

(скепти́ческий, продю́серский, лука́вый, грандио́зный, траге́дия, переименова́ть, эмо́ции, стресс, онеме́ть)

1) Францу́зские учёные утвержда́ют, что ды́ня помога́ет снять _____.
2) Мы должны́ научи́ться чу́тко воспринима́ть _____ окружа́ющих, понима́ть и уважа́ть их.
3) В спекта́кле И́горь игра́ет _____ мужика́, жа́дного до де́нег.
4) На мину́ту Ивано́в про́сто _____ от того́ открове́ния, с кото́рым прозвуча́ла кри́тика в его́ а́дрес.
5) Кинокомпа́нии придётся вы́платить актри́се полови́ну _____ дохо́да от но́вого фи́льма.
6) На мой _____ взгляд, в сле́дующем году́ инфля́ция(通货膨胀) бу́дет не ме́ньше 3%.
7) _____ в Иерусали́ме: 80-ле́тней же́нщине ли́фтом слома́ло о́бе ноги́.
8) _____ фейерве́рк жи́тели го́рода мо́гут уви́деть в нового́днюю ночь на гла́вной пло́щади.
9) Как сообща́ет ИТА́Р-ТА́СС, мэр Москвы́ предлага́ет _____ проспе́кт Москва́-Большо́й си́ти в Москва́-Но́вый центр.

9. 续写句子。(Зако́нчите предложе́ния.)

1) Он та́кже краси́во рису́ет, как и ...
2) Теа́тр — э́то одно́ из направле́ний иску́сства, в кото́ром...
3) Ка́ждый, кто приезжа́ет в Пеки́н, ...
4) Музе́й — э́то тако́е ме́сто, где ...
5) Вы мне так интере́сно рассказа́ли о ... , что мне ...
6) Режиссёр, остава́ясь на́шим совреме́нником, расска́зывает нам о ...
7) Да́же е́сли вы далеки́ от ... , вы (вам) всё равно́ ...
8) В мое́й жи́зни бы́ло мно́го ... , но ... был (бы́ло) соверше́нно уника́льным.
9) Я нигде́ не испы́тывал сто́лько прекра́сных чувств, ско́лько ...
10) Что́бы вот так откры́то говори́ли о ... ! Тако́го ещё с на́ми не́ было.

11) Не могу́ сказа́ть, что я ... , про́сто я (мне) ...

12) Меня́ на́чал раздража́ть шум, кото́рый ...

13) Са́мой большо́й побе́дой спо́рта бы́ло, когда́ ...

14) Не на́до, когда́ вы смо́трите кино́, расска́зывать ...

15) Бу́дучи студе́нтами, мы ...

16) Си́дя у окна́ в по́езде, я лови́ла себя́ на мы́сли: ... .

17) А каки́м стре́ссом бы́ло для меня́, когда́ ...

18) Когда́ муж у́мер, И́ра чуть не сошла́ с ума́. Приме́рно то же бы́ло с Ве́рой, когда́ ...

19) И сейча́с, когда́ я ви́жу ... , я ника́к не могу́ к э́тому привы́кнуть.

20) Когда́ ..., э́то бы́ло для меня́ траге́дией!

10. 选择适当的词语填空。(Вста́вьте подходя́щий вариа́нт.)

1) Мы никогда́ не забу́дем имена́ геро́ев, _____ свою́ жизнь за освобожде́ние на́шего наро́да.

   A) о́тданных   B) отда́вших   C) отдаю́щих   D) отдава́емых

2) Петро́в пе́ред свои́м пе́рвым выступле́нием на сце́не вы́глядел о́чень _____ .

   A) взволно́ванным   B) волну́емым   C) волну́вшим   D) волну́ющим

3) Холоди́льники, _____ на э́том заво́де, иду́т на э́кспорт в А́фрику.

   A) вы́пустившие   B) выпуска́емые   C) выпуска́вшие   D) выпуска́ющие

4) Недалеко́ от ста́рого дворца́, _____ 200 лет наза́д, ста́ли стро́ить но́вые дома́.

   A) стро́ящего   B) стро́ившего   C) постро́ившего   D) постро́енного

5) Мать о́чень обра́довалась письму́, _____ от сы́на с фро́нта.

   A) полу́ченному   B) получи́вшему   C) получа́емому   D) получа́ющему

6) Вчера́ на у́лице мы встре́тили изве́стного космона́вта, _____ нам докла́д на про́шлой неде́ле.

   A) сде́ланного   B) сде́ланному   C) сде́лавшего   D) сде́лавшему

7) В истори́ческом це́нтре го́рода стои́т стари́нное зда́ние, _____ в сти́ле баро́кко.

   A) стро́ящееся   B) стро́ившееся   C) постро́енное   D) стро́имое

8) Успе́хи Кита́я, _____ тру́дный путь в XX ве́ке, давно́ ста́ли предме́том осо́бого интере́са учёных.

   A) проходи́вшие   B) проходя́щие   C) проходи́мого   D) проше́дшего

9) Врачи́ утвержда́ют, что потребле́ние со́ли, включа́я соль, _____ в проду́ктах, не должно́ превыша́ть 6 гра́ммов в су́тки.

   A) содержа́щуюся   B) содержа́вшуюся   C) соде́ржанную   D) содержа́щую

10) Причи́на, _____ ги́бель сельскохозя́йственных культу́р, совсе́м не та, что предполага́ли агроно́мы.

    A) вы́звавшая   B) призва́вшая   C) отозва́вшая   D) подозва́вшая

11. 阅读欣赏，背诵寓言。(Прочита́йте и вы́учите ба́сню наизу́сть.)

Воро́на и Лиси́ца
И. А. Крыло́в

Уж ско́лько раз тверди́ли ми́ру,
Что лесть гнусна́, вредна́; но то́лько всё не впрок,
И в се́рдце льстец всегда́ отыщет уголо́к.

—

Воро́не где́-то бог посла́л кусо́чек сы́ру,
На ель Воро́на взгромоздя́сь,
Поза́втракать бы́ло совсе́м уж собрала́сь,
Да призаду́малась, а сыр во рту держа́ла.
На ту беду́ Лиса́ близёхонько бежа́ла,
Вдруг сы́рный дух Лису́ останови́л:
Лиси́ца ви́дит сыр, Лиси́цу сыр плени́л.
Плуто́вка к де́реву на цы́почках подхо́дит,
Верти́т хвосто́м, с Воро́ны глаз не сво́дит
И говори́т так сла́дко, чуть дыша́:
Голу́бушка, как хороша́!
Ну что за ше́йка, что за гла́зки!
Расска́зывать, так, пра́во, ска́зки!
Каки́е пёрышки! Како́й носо́к!
И, ве́рно, а́нгельский быть до́лжен голосо́к!
Спой, све́тик, не стыди́сь! Что, е́жели, сестри́ца,
При красоте́ тако́й и петь ты мастери́ца, —
Ведь ты б у нас была́ царь-пти́ца!
Вещу́ньина с похва́л вскружи́лась голова́,
От ра́дости в зобу́ дыха́нье спёрло, —
И на приве́тливы Лиси́цыны слова́
Воро́на ка́ркнула во всё воро́нье го́рло:
Сыр вы́пал — с ним была́ плуто́вка такова́.

 12. 参照寓言内容回答问题。(Отве́тьте на вопро́сы по сюже́ту ба́сни.)

1) Объясни́те значе́ние слов: мир, лесть гнусна́, не впрок, льстец, оты́щет уголо́к.
2) Како́е де́йствие означа́ет дееприча́стие **взгромоздя́сь**?
3) Что зна́чит на ту беду́ и близёхонько? Мо́жете найти́ сино́нимы к ним?
4) От како́го сло́ва образова́лось прилага́тельное **а́нгельский**?
5) Как Лиса́ в ба́сне обраща́ется к Воро́не?

УРОК 4

6) К какой части речи относятся слова **вещу́ньина** (голова́), **воро́нье** (го́рло)?

7) Как вы по́няли фра́зу "Расска́зывать, так, пра́во, ска́зки"?

8) Как сле́дует понима́ть после́днюю фра́зу ба́сни?

9) Почему́ И. А. Крыло́в называ́ет Лиси́цу плуто́вкой?

10) Како́й вы́вод сде́лал И. А. Крыло́в в нача́ле ба́сни? В чём мора́ль ба́сни?

13. 将寓言改写成一篇俄语小故事，并排练成短剧。(Переде́лайте ба́сню в расска́з. Вы́стройте мизансце́ну и инсцени́руйте ба́сню.)

14. 翻译下列句子。(Переведи́те на ру́сский язы́к.)

1) 印象派是绘画艺术中的一个流派。主要表现画家在某一时刻对某一场景的瞬间印象。
2) 戏剧的创始人想让戏剧娱乐观众、教育观众，传播善良。
3) 这条街上有一百多家商店，每位来到这里的客人都可以找到自己称心如意的商品。
4) 这所学校原本不叫这个名字，1992年才改叫现在的名字。
5) 我们公司的主要业务是组织巡回演出、举办艺术节、拍摄纪录片。
6) 我们老师不止一次获得过政府奖励。昨天电视台还介绍了她获奖的情况。
7) 河南的考古工作者宣布，在2009年的考古发掘中，他们发现了曹操墓。
8) 我相信，您会公平公正地评价我们的工作。
9) 2009年的大阅兵获得了圆满成功，国内外的媒体好评如潮。
10) 作家不了解农民的生活，就写不出反映农村生活的剧本。
11) 导演并没有把反映当代俄罗斯人的生活作为自己的主要任务。
12) 即便你们是哈尔滨人，我们也建议你们去看一看今年的冰灯。
13) 我出生于一个考古工作者的家庭，从小就喜欢考古学。
14) 汶川大地震对我们来说是强烈的冲击。大家纷纷捐款，救助地震灾民。
15) 回到宿舍后，我满脑子还都是会议上讨论的内容。
16) 很难说那时我就爱上了戏剧，我只不过是常常到剧院看剧罢了。
17) 我个人认为，上课用手机是不道德的行为。
18) 坐在会场里不停讲话的两个人令我反感。
19) 作为高中生，我们对绘画已经有所了解。
20) 我把今天去参观的事情忘得一干二净。

15. 参照课文内容，完成作业。(Прочита́йте текст и вы́полните зада́ния.)

1) Объясни́те смысл назва́ния те́кста.

2) Предложи́те свои́ вариа́нты назва́ния те́кста.

3) Почему́ ТЮЗ был для а́втора явле́нием соверше́нно уника́льным?

4) Продо́лжите: теа́тр — э́то ...

5) Каки́е чу́вства пережива́л а́втор те́кста в теа́тре?

6) Какой спектакль запомнился автору особенно? Почему?

7) Почему во время спектакля не надо рассматривать, правильно ли выстроены мизансцены?

8) От чего зритель получает удовольствие?

9) Внимательно прочитайте текст. Сформулируйте правила поведения в театре.

10) В чём самая большая победа театра?

16. 以第一次看剧为题，写一篇作文。不少于150词。(Напишите сочинение из опыта первого просмотра спектакля. Не меньше 150 слов.)

17. 选择适当的词语填空。(Вставьте подходящий вариант.)

1) В этом году сборник научных трудов _____ актуальным проблемам экономики.

   A) посвящён   B) посвящённым   C) посвящающих   D) посвятив

2) Думаю, что _____ цифры в докладе уже говорят об успехах народного хозяйства.

   A) приведшие   B) приведённые   C) приводя   D) приводившие

3) Однажды, _____ стихи Пушкина, я решил попробовать сам написать стихи, и получилось.

   A) читающий   B) читаемый   C) прочитав   D) прочитан

4) Роман «_____ ветром» Маргарет Митчелла только в первый год был переиздан более 30 раз.

   A) Унесённые   B) Понесённые   C) Унесло   D) Понесло

5) Второй Международный форум был _____ политехническим университетом.

   A) организован   B) организованным   C) организуемым   D) организовавший

6) Девочки, туда не _____, очень опасно.

   A) плавай   B) плывите   C) плаваете   D) плывёт

7) Врачи надеялись, что пациент снова сможет _____ после операции.

   A) походить   B) пойти   C) идти   D) ходить

8) Мой брат никогда не _____ на самолёте, боится.

   A) улетит   B) летит   C) улетает   D) летает

9) Когда мы _____ из Пекина в Москву, в поезде вдруг заболел пассажир.

   A) уехали   B) ездили   C) ехали   D) поехали

10) Скажите, пожалуйста, когда утром начинают _____ троллейбусы и трамваи?

   A) пойти   B) идти   C) ходить   D) поехать

18. 记住下列词汇。(Запо́мните слова́.)

афи́ша 海报

фойе́ 休息厅

подмо́стки（书）舞台

кули́сы 舞台侧面侧幕

парте́р 池座（正座）

ло́жа 楼座；包厢

бельэта́ж 边排座

амфитеа́тр 后排座位

спекта́кль 话剧

бале́т 芭蕾舞

траге́дия 悲剧

ка́сса 售票处

авансце́на （幕布前的）台口

за́навес 大幕；幕布

ра́мпа 舞台前沿

балко́н 楼座

бенуа́р 一层厢座

я́рус 楼层

пье́са 剧本

о́пера 歌剧

коме́дия 喜剧

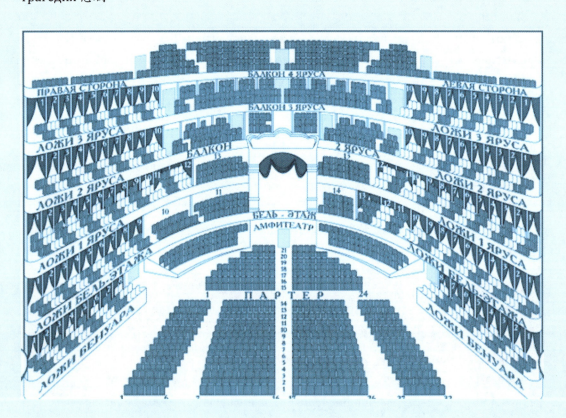

ПОВТОРЕНИЕ 1

Отдых

Одна американская пара очень любит путешествовать. В последние годы они побывали на Байкале, в Сибири и на Волге. Раз в месяц они обязательно едут в какой-нибудь город. В пятницу вечером садятся в поезд и уезжают в город, где ещё не были. Они ходят по городу, осматривают достопримечательности, фотографируют памятники архитектуры.

Недавно они купили машину и решили отправиться в путешествие на машине, потому что машина даёт полную свободу. Если вас заинтересует какой-нибудь город, через который вы едете, можно остановиться, выйти из машины и погулять по городу. Когда едешь в поезде, таких возможностей нет. И ещё, когда едешь на машине, — ты путешественник.

(100 слов)

 1. 听写。(Диктант)

 **2. 选择最佳答案。(Выберите наилучший вариант.)**

а) 语法 (Грамматика)

1. —На той неделе у вас были гости?
   —Да, _____ родственники из Шанхая.
   а. приезжают   б. приедут   в. приезжали   г. приехали

2. Сегодня утром я поздно встал и _____ из дома только в 10 часов утра.
   а. дошел   б. вышел   в. пошел   г. вошел

3. —Я вам звонил утром, к сожалению, вас не было дома.
   —Да, утром я _____ в магазин за хлебом.
   а. зашла   б. вошла   в. выходила   г. приходила

4. —Скажите, пожалуйста, скоро станция «Университет»?
   —Вы её уже _____.
   а. переехали   б. переезжали   в. проехали   г. проезжали

5. Теплоход _____ за полчаса до нашего приезда, мы так и не простились с друзьями.
   а. пришел   б. зашел   в. ушел   г. вошел
6. Кто _____ стулья из комнаты? Теперь здесь сидеть не на чем.
   а. носил   б. уносил   в. нес   г. унес
7. Когда мы зашли к Оле, она была занята: _____ к докладу.
   а. готовится   б. готовилась   в. подготовится   г. подготовилась
8. Когда я _____ эту песню, я сразу вспомнил свое детство.
   а. слышу   б. слышал   в. услышу   г. услышал
9. Белые ночи в Санкт-Петербурге так прекрасны, что их нельзя _____.
   а. забывать   б. забываться   в. забыть   г. забыться
10. —Какой красивый фотоаппарат! Почему я его вчера не видел?
    —Я _____ его моему другу.
    а. отдаю   б. отдал   в. давал   г. даю
11. В Москве _____ в зрительный зал после третьего звонка не разрешают.
    а. входите   б. входят   в. входили   г. входить
12. Саша, ты идешь на почту? _____ отправить, пожалуйста, эти открытки.
    а. Помоги   б. Помог   в. Помогите   г. Помогли бы
13. Коллеги, уже время. Давайте _____ наше собрание.
    а. начинаем   б. начнем   в. начинаться   г. начаться
14. Иван Петрович, _____, пожалуйста, громче. Мы вас плохо слышим.
    а. скажите   б. говорите   в. скажи   г. говори
15. Эту статью за день мне не _____. Она слишком длинна.
    а. переводить   б. перевести   в. переводят   г. переведешь
16. Когда наша семья переехала сюда, сыну соседа _____ только неделя.
    а. был   б. была   в. было   г. были
17. Сегодня мы получаем разную информацию при помощи Интернета, не _____ из дома.
    а. приходя   б. пришедши   в. выходя   г. вышедши
18. Олег и Нина поехали в свадебное путешествие, чтобы медовый месяц _____ на всю жизнь.
    а. запоминали   б. запомнят   в. запоминается   г. запомнился
19. Вчера в своем докладе директор не раз _____ на этих вопросах.
    а. останавливался   б. остановился
    в. остановившиеся   г. остановившись
20. На вечере Верочка пела очень тихо, и мама говорила ей: «_____ громче».
    а. Пой   б. Пей   в. Поешь   г. Споешь
21. _____, пожалуйста, есть ли в книжном магазине новая карта РФ.
    а. Знаешь   б. Узнаешь   в. Знай   г. Узнай

22. Мне _____ в следующее воскресенье поехать на выставку компьютеров.
    а. хочет   б. хочется   в. хотел   г. хотелось
23. Игорь мужественный парень, _____ минуту опасности он всегда думает о других.
    а. в   б. на   в. через   г. за
24. Мое предложение встретило поддержку _____ стороны всех студентов.
    а. у   б. от   в. из   г. со
25. Русская кухня постоянно обогащается _____ счет блюд других народов.
    а. в   б. за   в. на   г. под
26. Президенты двух стран встретились в Кремле _____ подписания государственных документов.
    а. за   б. для   в. благодаря   г. из-за
27. _____ месяц до смерти жены художник увез ее на родину.
    а. В   б. За   в. Через   г. На
28. Август — самое лучшее время _____ .
    а. к Байкалу   б. за Байкалом в. в Байкале   г. на Байкале
29. Где живет учитель, дочь _____ учится у нас на факультете?
    а. которая   б. которую   в. которой   г. которого
30. Полку, _____ стоят мои книги, я сделал своими руками.
    а. которую   б. которые   в. на которой   г. в которой
31. Речка, _____ плавали ребята, была неглубокой, но быстрой.
    а. которая   б. которые   в. на которой   г. в которой
32. Мы встретили человека, лицо _____ показалось нам знакомым.
    а. которое   б. который   в. которого   г. которым
33. Мама дала мне 200 юаней, думаю, что этих денег _____ на дорогу.
    а. хватит   б. хватил   в. хватило   г. хватать
34. Китайская кухня _____ не только в пределах страны, но и за ее рубежом.
    а. известная   б. известна   в. известно   г. известной
35. На эту работу нужно послать молодых людей _____ .
    а. сильные   б. более сильные в. сильнейшие г. посильнее
36. В этом году осень _____, чем в прошлом году.
    а. теплая   б. тепла   в. теплее   г. самая теплая
37. Мне плохо видно, но я все же заметил, что у Виктора _____ есть в руках.
    а. что-нибудь б. что-то   в. что   г. чего
38. —Саша, целый месяц не видел тебя. _____ ты пропадал?
    —Я был в командировке в Шанхае.
    а. Куда   б. Где   в. Как   г. Откуда
39. Володя, я хочу узнать от тебя _____ , как все было на самом деле.
    а. самой   б. самого   в. самих   г. самом

ПОВТОРЕНИЕ 1

40. Ты должен посоветоваться _____ по этому сложному вопросу.
    а. между кем-то   б. с кем-нибудь
    в. за кем-то   г. перед кем-нибудь

41. Если не будут приняты меры по охране рыбных богатств, то в будущем _____ будет ловить.
    а. что   б. ничего   в. чего-нибудь   г. нечего

42. Мама купила Саше _____ книгу о русской живописи.
    а. какую   б. какую-нибудь в. какую-либо   г. какую-то

43. Володя _____ не даст эти часы, ведь это для него самая дорогая вещь.
    а. ничего   б. ни за что   в. нечего   г. не за что

44. Покупка чая Россией у Китая началась только в 70-ых годах _____.
    а. семнадцатом веке   б. семнадцатый век
    в. семнадцатого века   г. семнадцатым веком

45. Все хотят увидеть Москву — _____ из самых красивых городов мира.
    а. одну   б. одна   в. один   г. одной

46. Это случилось _____ недели назад, разве вы не знаете?
    а. полтора   б. полторы   в. полутора   г. полуторы

47. Летние каникулы у нас начинаются в июле и продолжаются _____.
    а. 5 недель   б. за 5 недель   в. на 5 недель   г. в 5 недель

48. У нас осталось только три _____. Я вам советую купить.
    а. таких книг   б. такие книги
    в. такой книги   г. такая книга

49. Даже не самый сильный спортсмен может победить, _____ у него сильная воля.
    а. если   б. чтобы   в. хотя   г. что

50. Кто любит трудиться, _____ без дела не сидится.
    а. он   б. ему   в. тот   г. тому

51. Сейчас по телевизору выступает космонавт, _____ имя известно всей стране.
    а. какое   б. которое   в. чье   г. какое

52. Мы решили не ходить на озеро, _____ уже наступил вечер.
    а. поэтому   б. из-за   в. благодаря   г. так как

53. Несчастный человек — это тот человек, _____ никто не понимает.
    а. которому   б. который   в. которого   г. которых

54. _____, кто приезжает на Кавказ, приводит в восторг природа.
    а. Каждого   б. Каждый   в. Каждому   г. Каждым

55. Даже дети знают, _____ русский народ называет Волгу матушкой-рекой.
    а. что   б. почему   в. как   г. какой

56. _____ спрашивала Ира, все говорили ей одно и то же.
    а. Кого-то   б. Кого ни   в. Кого-нибудь   г. Кого не

57. Дождь лил как из ведра, _____ об экскурсии не могло быть и речи.
    а. так как   б. как будто   в. так что   г. как

58. Дорога была так узка, _____ машина не могла проехать.
    а. что   б. чтобы   в. как   г. если

59. _____ дольше изучаю русский язык, _____ больше он мне нравится.
    а. Если ..., то ...   б. Как ..., так и ...
    в. Не только ..., но и ...   г. Чем ..., тем ...

60. Мы открыли окна, чтобы в комнате _____.
    а. было бы прохладно   б. прохладно
    в. будет прохладно   г. было прохладно

61. Оля занималась до тех пор, пока _____ утро.
    а. наступает   б. не наступает   в. наступило   г. не наступило

62. По окончании института я поеду туда, _____ буду нужна Родине.
    а. куда   б. откуда   в. где   г. оттуда

63. Народы всего мира стремятся к тому, _____ на Земле всегда был мир.
    а. как   б. чтобы   в. что   г. когда

64. В нашем офисе _____ два телефона и новые компьютеры.
    а. устанавливало   б. установили
    в. устанавливал   г. установила

65. То место очень красиво! В двух словах не _____ о его красоте.
    а. рассказали   б. рассказало   в. расскажешь   г. расскажете

66. Становится теплее. В воздухе уже _____ весной.
    а. пахнуть   б. пахнет   в. пахнут   г. пахло

67. Все небо покрыто тучами, не _____ ни звезд, ни луны.
    а. виден   б. видна   в. видно   г. видны

68. Ночью ветром и дождем _____ много цветов.
    а. сломал   б. сломала   в. сломало   г. сломали

69. Старики очень _____ об этом студенте, который им часто помогает.
    а. хорошего мнения   б. хорошее мнение
    в. хорошим мнением   г. хорошем мнении

70. Сейчас мы приближаемся к Байкалу — _____ в мире.
    а. глубочайшего озера   б. глубочайшему озеру
    в. глубочайшим озером   г. глубочайшее озеро

б) 词汇 (Лексика)
词义辨析：

71. Мы готовы _____ все свои силы и всю душу в свое любимое дело.
    а. доложить   б. вложить   в. сложить   г. отложить

72. Характер человека закаляется _____ в упорном сопротивлении трудностям.
    а. со дня на день   б. день в день   в. на днях   г. изо дня в день
73. Школьные годы прошли. Но Миша хорошо _____ своих любимых учителей.
    а. вспоминает   б. запоминает   в. помнит   г. напоминает
74. Мы с ними живем в одном доме, но на _____ этажах.
    а. разных   б. различных
    в. разнообразных   г. разносторонних
75. Молодое поколение должно _____ к советам старших.
    а. послушать   б. послушаться
    в. прислушиваться   г. прислушаться

词汇搭配：

76. Некоторые люди считают, что чай вредит их _____, и они редко его пьют.
    а. здоровье   б. здоровью   в. на здоровье   г. для здоровья
77. Этот композитор находит большое счастье _____.
    а. в творчестве   б. для творчества   в. на творчестве   г. из творчества
78. Маша потратила много времени _____ японского языка.
    а. к изучению   б. за изучение   в. на изучение   г. в изучении
79. Я никак не мог понять, почему Алеша отказался _____.
    а. моему приглашению   б. в моем приглашении
    в. моего приглашения   г. от моего приглашения
80. Мой дедушка принадлежал _____ лучших спортсменов того времени.
    а. числу   б. к числу   в. в число   г. за число
81. По состоянию здоровья врач освободил меня _____ на неделю.
    а. от работы   б. с работы   в. на работу   г. к работе
82. Если вы хотите узнать точное значение слова, обратитесь _____.
    а. со словарем   б. к словарю   в. за словарем   г. в словарь
83. Работа эта сложна. На практике все мы уже убедились _____.
    а. это   б. на это   в. в это   г. в этом
84. Местные жители используют _____ как лекарство от головной боли.
    а. этой траве   б. этой травой   в. эту траву   г. этой травы
85. У Максима половина зарплаты уходит _____ квартиры.
    а. за аренду   б. к аренде   в. в аренду   г. на аренду
86. Я спросил Любу, подготовилась ли она к экзаменам, она только покачала _____ и ничего не ответила.
    а. голове   б. голову   в. головы   г. головой
87. Ира, смотри, эти девочки похожи _____, как две капли воды.
    а. друг друга   б. друг другу   в. друг к другу   г. друг на друга

88. Все мы согласны _____, что очень полезно гулять после ужина.
    а. то   б. на то   в. с тем   г. в том
89. Давайте поедем в лес в это воскресенье, подышим _____.
    а. свежий воздух   б. свежего воздуха
    в. свежему воздуху   г. свежим воздухом
90. Надо поставить на первое место воспитание _____ в духе патриотизма.
    а. молодежи   б. молодежью   в. в молодежи   г. на молодежи

в) 国情 (Страноведение)

91. В озере Байкал вмещается _____ часть пресной воды всего мира.
    а. 1/2   б. 1/3   в. 1/4   г. 1/5
92. _____, как и другие блюда, входят в традиционную русскую кухню.
    а. Щи   б. Борщ   в. Салат   г. Блины
93. Историки утверждают, что Москва была основана _____.
    а. в XI веке   б. в XII веке   в. в XIII веке г. в XIV веке
94. Санкт-Петербург называют еще «Северной Венецией», так как в городе более _____.
    а. много красивых парков   б. много институтов
    в. 300 мостов и каналов   г. много памятников культуры
95. Балет «Спящая красавица» был написан известным композитором _____.
    а. И. Брамсом   б. П. И. Чайковским   в. М. П. Мусоргским   г. Э. Григом

г) 言语礼节 (Речевой этикет)

96. —Я плохо говорю по-русски.
    —_____, я так совсем не думаю.
    а. Ну что ты   б. Ты что   в. Ну что ли   г. Что за
97. —Что вы говорите продавцу, когда хотите посмотреть какой-нибудь товар?
    —Говорю: «_____»
    а. Скажите, пожалуйста, ...   б. Извините, пожалуйста, ...
    в. Будьте добры, ...   г. Будьте осторожны, ...
98. —Что говорят русские, когда кто-то чихает (打喷嚏)?
    —_____!
    а. Будьте здоровы   б. Как хорошо
    в. Крепкого здоровья   г. Вы можете дожить до 100 лет
99. —Что говорят человеку, который неправильно набрал номер телефона?
    —_____.
    а. Вы не правильно звоните   б. Вы ошиблись номером
    в. Еще раз позвоните   г. Наберите еще раз

100. —Поедем за город в эту субботу!

— _____, не могу: у меня срочная работа.

а. К тому же б. Еще бы в. Вот и хорошо г. К сожалению

 3. 阅读理解。(Прочитайте тексты и выберите подходящие ответы.)

Текст 1

Однажды я узнал, что звезды разговаривают друг с другом, разговаривают очень тихо, шепотом. Их шепот может услышать каждый человек.

Сначала я решил, что это неправда. Звезды находятся далеко от Земли, поэтому, если они будут громко говорить или даже кричать, услышать их нельзя. Но скоро о шепоте звезд я прочитал в одной географической книге, потом в другой, в третьей... Тогда я начал искать людей, которые слышали звезды. Всех спрашивал об этом, но никто не мог ответить на мой вопрос.

И вот однажды я встретил молодого геолога.

Геолог рассказал мне, что несколько лет назад его отряд работал далеко на севере Якутии. В зимние дни там иногда было 70 градусов мороза, но и в осенние и весенние дни было тоже холодно.

—Тысячи людей приехали туда, построили город Усть-Нера с красивыми улицами, клубами, кинотеатрами, школами и теплыми домами. Теперь к полюсу холода можно летать не только на самолетах, но и ездить на автобусах.

—А зачем туда приехали эти люди?

—Однажды их спросили об этом. Знаешь, что они ответили? «Мы приехали на полюс холода, чтобы сделать его теплее!» И сделают, но совсем не потому, что они построили электростанцию, которая дает много тепла, что у них весь год растут помидоры, огурцы и даже клубника и цветы. Они победят полюс холода, потому что они смелые и сильные.

—Ну а теперь, Захар, расскажу тебе по секрету о шепоте звезд. Звезды, конечно, не разговаривают. Но на северо-востоке Сибири и в Якутии все знают об одной интересной загадке природы, которой дали название «шепот звезд». Ночью, когда бывает 40-45 градусов мороза, люди слышат, как кто-то тихо разговаривает, хотя рядом никого нет. Ученые объяснили эту загадку природы: «разговаривают» кристаллики льда. Их шепот ты тоже услышишь, если когда-нибудь будешь на полюсе холода.

101. Правда ли, что звезды разговаривают друг с другом?

а. Да, их разговор может понять каждый.

б. Это загадка природы, разгадку которой люди пока не знают.

в. Нет, это не звезды, а кристаллики льда издают звуки.

г. Люди только так пишут, они просто шутят.

102. Где в России самая холодная точка?

    а. Конечно, в республике Саха.

    б. На Северном полюсе, который еще называют полюсом холода.

    в. Это Якутия, город Усть-Нера, который люди сделали самым холодным.

    г. Конечно, на Южном полюсе.

103. Смогут ли люди сделать полюс холода теплым?

    а. Это просто их образное выражение.

    б. Конечно, смогут, человек сильнее природу.

    в. Они так говорят, потому что уже построили электростанцию.

    г. Да, в мире уже наблюдается потепление.

104. При каких условиях люди слышат чей-то тихий разговор?

    а. Если вокруг становится тихо.

    б. Если сильно понижается температура.

    в. Если когда-нибудь будете на полюсе холода.

    г. Если звезды действительно заговорят между собой.

Текст 2

Вот уже двадцать лет мы живем в этой квартире. Когда переехали из старого дома в новостройку, казалось, так просторно: три комнаты, отдельная кухня, прихожая, ванная. И как удобно! Горячая вода, мусоропровод...

Сколько хлопот было с новосельем! Хотелось все оборудовать так, чтобы квартира не выглядела стандартной, безликой (无个性的), чтобы было уютно. Муж многое делал сам: и книжные полки, и стенные шкафы. Руки у него золотые!

Тогда нас было четверо, а сейчас шесть человек. И квартира уже не кажется большой. Ну ничего — в тесноте, да не в обиде.

Я в больнице с утра и часто до позднего вечера. После трудной операции всегда тревожно: справится ли организм больного, выдержит ли сердце. Вот и задерживаюсь на работе. Хозяйство ведет мама. На ней весь дом держится. О каждом из нас она заботится, для каждого умеет найти ласковое слово.

Бабушку любят все, но помогает ей больше всех Таня. Она и в магазин сбегает, и в прачечную, и посуду вымоет, и квартиру уберет — все успевает.

Дочерью я довольна: чуткая, внимательная, хорошо учится и за себя постоять умеет. Но неужели это у нее всерьез — после школы уехать из дома: В семнадцать лет, не имея специальности! Правда, она только в девятом классе, и за два года многое может измениться. Но я все-таки волнуюсь. Как сложится ее жизнь?

И Андрей меня беспокоит. Способный, много читает, а учится неровно. Сейчас такой большой конкурс в вузы, нужно серьезно готовиться, а он еще не решил, куда поступать. А как это важно — вовремя найти свое призвание! Вот Борис как будто нашел. В институте ему нравится, учится с интересом, к общественной работе относится ответственно.

Какие разные у меня сыновья! Борис волевой, целеустремленный, с детства увлекался техникой. Он и раньше почти не болел, а из армии пришел еще более окрепшим, возмужавшим. За что ни возьмется, все у него получается. Андрей совсем другой. Мягкий, мечтательный, в себе не уверен, и склонности у него явно гуманитарные — литература, языкознание, история.

На чем он остановится? Трудно будет ему в жизни.

Когда дети были поменьше, мы всей семьей ходили в кино, в театры, на выставки. Теперь редко удается пойти куда-нибудь вместе: у каждого свои друзья, свои занятия, свои интересы. Все мы любим музыку. Но Борис предпочитает современную эстраду, Андрей — старинные камерные сочинения, мы с Сергеем — симфоническую классику, а мама — оперу. Тане нравится всякая хорошая музыка.

Раньше мы очень любили походы и туристические поездки. Были в Санкт-Петербурге, Киеве, Таллине. Теперь ездим редко. Отпуск и все свободные дни с весны до осени проводим на садовом участке в пятидесяти километрах от Москвы. Участок Сергей получил от завода несколько лет назад. Рядом река и лес — прекрасное место для отдыха. А как хорошо поработать вместе с детьми на свежем воздухе!

Да, все у нас хорошо: здоровы, все вместе. Пока вместе... Просто не могу себе представить, что придется надолго расстаться с Андрюшей или с Таней. Но что делать? Надо привыкать к этой мысли: дети уже большие.

105. Почему автор рассказа тревожится на работе?

 а. Потому что состояние больных ее беспокоит.

 б. Потому что дома ждут ее дела и хлопоты.

 в. О маме некому позаботиться.

 г. Таня уехала из дома после школы.

106. Чем отличается Борис от Андрея?

 а. Борис мечтателен, способен.

 б. Он много читает, и уже решил, куда поступать.

 в. За что ни возьмется, все у него получается.

 г. В институте ему нравится, но общественная работа не очень.

107. Как теперь родители проводят свой отпуск?

 а. Им приходится проводить под Москвой.

 б. Они купили дачу и там проводят свой отпуск.

 в. Они порой работают на садовом участке, порой путешествуют.

 г. Им приходится оставаться в Москве и работать с детьми.

Текст 3

Выбор имени для малыша — дело очень серьезное. Некоторые исследователи считают, что имя влияет на судьбу человека.

Наверное, вам будет интересно узнать, какие имена были наиболее популярными в России в разные периоды времени. В 20-е годы это были Валентина и Владимир. Популярными они оставались около 30 лет. В 30-е годы к ним добавились Галина, Людмила, Нина, Тамара, Юрий, Виктор, Анатолий, Борис. В 50-е годы из женских имён чаще всего выбирали имена Татьяна, Елена, Ирина, из мужских — Александр, Сергей, Владимир. Это продолжалось около 20 лет. В 70-е годы стали популярными именами Наталья, Алексей и Андрей. В 40-е и 50-е годы малышам давали имена Геннадий и Лариса, но после того как в 80-е годы появились мультфильмы про крокодила Гену и крысу Ларису, популярность этих имён упала.

В начале 90-х годов маленьким детям стали давать старые русские имена: Екатерина, Анастасия, Александра, Михаил, Дмитрий, Никита. Сейчас мальчиков все называют Димой, Серёжей, Сашей и Алёшей, а девочек — Настей, Катей и Машей.

В последнее время зарегистрировано не так уж мало и редких имён. Среди женских имён это Эвелина, Станислава, Владислава, Сабина, Роксана, Лайма, Анфиса; среди мужских — Георгий, Валерий, Семён, Степан (да, эти в прошлом популярные имена стали редкими). Есть Арсений, Богдан и даже Мартин.

В древние времена люди думали, что имя должно защищать человека, помогать ему. Такое отношение к именам и сохранилось в христианстве. Имя, как считали христиане, влияет на судьбу человека. Оно может или принести ему счастье, или сделать несчастным. Почему это так? Ответа на этот вопрос, наверное, никогда не будет. Но исторические факты говорят о том, что много великих людей носили такие имена, как Александр, Иван, Николай, Дмитрий. Сергей, к примеру, часто становились отцами известных людей. Конечно, нет правил без исключений. О влиянии имён на характер женщин также много говорят. Например, считается, что Александры положительны, но имеют тяжёлый характер. Анны вспыльчивы и немного жадны. Валентины кокетливы(卖弄风情的). Елизаветы всю жизнь играют вторые роли. Лидии добры, но иногда вспыльчивы(火爆性子的)...

Верить ли во влияние имени на характер и судьбу людей — дело каждого человека. Но прежде чем дать имя ребёнку, стоит, наверное, остановиться и подумать.

108. Сколько времени оставались популярными имена Валентина и Владимир?
    а. Около двадцати лет.   б. Примерно тридцать лет.
    в. Свыше сорока лет.   г. Не меньше пятидесяти лет.

109. Почему когда-то имена Геннадий и Лариса стали менее популярными?
    а. Потому что они стали редкими именами.
    б. Потому что люди предпочитали другие модные имена.
    в. Так как показывали мультфильмы про крокодила Гену и крысу Ларису.
    г. Так как появились на свете крокодил Гена и крыса Лариса.

110 . Как христиане смотрели на имя человека?

 а. Имя сильно влияет на судьбу человека.

 б. Имя не имеет никакого значения для человека.

 в. Имя принесет человеку только счастье.

 г. Имя сильно влияет на характер человека.

 4. 作文。(Тема для сочинения)

В гостях у друга
План:

1. Вы поехали в гости к другу;

2. Вы долго искали дом своего друга;

3. Вы весело провели время в гостях.

УРОК 5

ГРАММАТИКА
- Ⅰ. 被动形动词
- Ⅱ. 疏状从属句（3）原因从属句、目的从属句

РЕЧЕВЫЕ ОБРАЗЦЫ
ДИАЛОГИ
ТЕКСТ *Люби́мые кни́ги*

ГРАММАТИКА

Ⅰ. 被动形动词
Страда́тельные прича́стия

被动形动词是由及物动词构成的。它通过某一事物所承受的行为来说明该事物的特征。被说明的事物是行为的直接客体，意思是"被……的"，例如：

Язы́к, изуча́емый на́ми, — оди́н из богате́йших и краси́вейших языко́в ми́ра.
我们学习的语言是世界上最丰富、最美丽的语言之一。

изуча́емый 是由及物动词изуча́ть构成的被动形动词，用来说明язы́к。
被动形动词有长尾和短尾两种形式。

1. 长尾被动形动词的构成

长尾被动形动词有现在时和过去时之分。

1) 现在时长尾被动形动词

现在时形式由未完成体及物动词现在时复数第一人称加形容词词尾-ый (-ая, -ое, -ые) 构成，例如：

чита́ть — чита́ем → чита́емый

повторя́ть — повторя́ем → повторя́емый

ви́деть — ви́дим → ви́димый
люби́ть — лю́бим → люби́мый

个别不及物动词也可构成被动形动词形式，例如：
руководи́ть — руководи́м → руководи́мый
управля́ть — управля́ем → управля́емый

以-авать结尾的动词构成现在时被动形动词时，由动词不定式去掉-ть加后缀-ем和词尾-ый (-ая, -ое, -ые)构成，例如：
продава́ть → продава́емый   достава́ть → достава́емый

有些及物动词没有现在时被动形动词形式，例如：
пить, бить, мыть, петь, шить, брать, ждать, писа́ть等。

2）过去时长尾被动形动词

过去时形式由完成体及物动词不定式词干加后缀-нн-, -енн- (-ённ-), -т-和形容词词尾-ый (-ая, -ое, -ые) 构成。

А）以-ать, -ять, -еть结尾的动词，去掉-ть后加后缀-нн-及词尾-ый。以-ать, -ять结尾的动词，构成被动形动词时，其重音向前移一个音节，例如：

указа́ть → ука́занный
созда́ть → со́зданный
пойма́ть → по́йманный
потеря́ть → поте́рянный

Б) 以-ить, -ти结尾的动词，去掉-ить, -ти后加后缀-енн- (-ённ-)及词尾-ый，动词在构成第二人称单数形式时，如果重音在人称词尾上，构成被动形动词时，加后缀-ённ-；如果动词单数第二人称重音不在词尾，则加后缀-енн-，例如：

постро́ить — постро́ишь → постро́енный
прове́рить — прове́ришь → прове́ренный
зако́нчить — зако́нчишь → зако́нченный
получи́ть — полу́чишь → полу́ченный
реши́ть — реши́шь → решённый
принести́ — принесёшь → принесённый
привезти́ — привезёшь → привезённый

动词在构成第一人称单数形式时发生的语音交替，构成被动形动词时仍保留，例如：

пригласи́ть — приглашу́ → приглашённый (с—ш)

встре́тить — встре́чу → встре́ченный (т—ч)

запрети́ть — запрещу́ → запрещённый (т—щ)

пропусти́ть — пропущу́ → пропу́щенный (ст—щ)

оби́деть — оби́жу → оби́женный (д—ж)

купи́ть — куплю́ → ку́пленный (п—пл)

оста́вить — оста́влю → оста́вленный (в—вл)

个别动词例外：

найти́ → на́йденный

пройти́ → про́йденный

освободи́ть → освобождённый

В) 某些动词（主要是单音节动词和以-нять, -нуть, -крыть结尾的动词）在构成过去时被动形动词时，去掉-ть后，加后缀-т-及词尾-ый，其重音与该动词过去时阳性单数重音相同，例如：

откры́ть → откры́тый

забы́ть → забы́тый

дости́гнуть → дости́гнутый

нача́ть → на́чатый

приня́ть → при́нятый

заня́ть → за́нятый

2. 长尾被动形动词的用法

长尾被动形动词在句中主要用作定语，其性、数、格应与被说明的名词一致。

长尾被动形动词可以带有补语或状语，也可以单独使用。长尾被动形动词不带补语或状语时，一般位于被说明的名词之前，例如：

① Она́ пока́зывает нам то́лько что ку́пленную су́мку.

她把刚买来的包给我们看。

② Мать дала́ де́тям вы́мытые фру́кты.

妈妈把洗好的水果拿给孩子们。

被动形动词带有说明语时，与说明语一起组成形动词短语。形动词短语可位于被说明的名词之前或之后。位于被说明的名词之前时，不用逗号；位于被说明的名词之后时，用逗号与句中其他成分隔开。

与被动形动词连用的表示行为主体的词用第五格形式，例如：

① Я поблагодари́л друзе́й за ока́занную мне по́мощь.

我感谢朋友们给予我的帮助。

② Вели́кая Кита́йская стена́, постро́енная на́шим наро́дом, изве́стна всему́ ми́ру.

我国人民修建的万里长城举世闻名。

3. 被动形动词短语与由кото́рый连接的限定从属句的互换

被动形动词短语在意义上有时相当于不带前置词的第四格кото́рый连接的限定从属句。因此，被动形动词可用"第四格кото́рый+及物动词谓语"结构替换。此时，原第五格表示的主体换为第一格，充当从属句中的主语。如果原句中没有表示主体的第五格补语，从属句应根据意义加上主语或用不定人称句，例如：

① Ромáны, напи́санные э́тим писа́телем, мне о́чень нра́вятся.

Ромáны, котóрые написáл э́тот писа́тель, мне о́чень нрáвятся.

我很喜欢这位作家写的小说。

② Библиотéка постоя́нно получáет журнáлы, издавáемые за рубежóм.

Библиотéка постоя́нно получáет журнáлы, котóрые издаю́т за рубежóм.

图书馆定期收到国外出版的杂志。

Ⅱ. 疏状从属句（3）原因从属句、目的从属句
(обстоя́тельственные придáточные предложéния — придáточные предложéния причи́ны, цéли)

1. 原因从属句

原因从属句说明主句行为的原因，回答 почему́, из-за чегó, по какóй причи́не 等问题。原因从属句通常用 потому́ что, так как, из-за тогó что, благодаря́ тому́ что 等连接词与主句连接，此外还有带有书面语色彩的连接词 и́бо, оттогó что, в связи́ с тем что, ввиду́ тогó что, в результáте тогó что 等，例如：

① Я не пойду́ сегóдня к тебé, потому́ что у меня́ бу́дет гость.

今天我不去你那儿了，因为有客人来我这里。

② Все срáзу засну́ли, так как óчень устáли.

因为大家非常劳累，所以马上就睡着了。

③ Из-за тогó что це́лую недéлю шёл дождь, экску́рсия былá отмененá.

由于一周来不断下雨，旅游被取消了。

④ Он тепéрь чу́вствует себя́ здорóвым и си́льным, благодаря́ тому́ что хорошó отдохну́л лéтом.

由于夏天休息得好，他现在感觉身体健康，强壮有力。

⑤ Никогдá не откáзывайтесь от мáлого в рабóте, и́бо из мáлого строится вели́кое.

任何时候也不要拒绝工作中的小事，因为大事都是由小事组成的。

连接词 потому́ что, из-за тогó что, благодаря́ тому́ что, в связи́ с тем что 有时可分成两部分，将 потому́, из-за тогó, благодаря́ тому́, в связи́ с тем 放在主句中，用逗号与 что 隔开，以强调主句所述事情发生的原因，例如：

① Онá óчень волновáлась из-за тогó, что потеря́ла су́мку.

她丢了提包，因此非常着急。

② В э́том году́ нáчали топи́ть рáно в связи́ с тем, что холодá наступи́ли ужé в сентябрé.

今年很早就开始供暖了，因为9月份就降温了。

2. 目的从属句

目的从属句表示主句行为的目的，通常用连接词 чтóбы, для тогó чтóбы 与主句连接，回答 для чегó, зачéм 的问题。从属句可以位于主句之后，也可以位于主句之前，当 для тогó чтóбы

连接的从属句位于主句之后时，为了强调目的，可以把для того 和 чтобы 分别放在主句和从句中。

如果从属句的行为主体与主句一致，从属句中的谓语动词用不定式表示，如果主体不同，谓语应用过去时形式表示，例如：

① Этот справочник по грамматике нужен мне, чтобы готовиться к экзамену.
我需要这本语法手册备考。

② Чтобы знать, надо учиться.
要想掌握知识，就要学习。

③ Я взяла с собой газеты, чтобы в дороге не было скучно.
我带上了一些报纸，免得路上无聊。

④ Люди из других городов приехали лишь для того, чтобы послушать этого знаменитого певца.
人们从外地坐车来这里，就是为了听这位著名歌手的演唱。

⑤ Я занимаюсь русским языком для того, чтобы лучше узнать страну изучаемого языка.
我学俄语是为了更好地了解所学语言的国家（俄罗斯）。

РЕЧЕВЫЕ ОБРАЗЦЫ

1. Последние события, передаваемые по радио / обсуждаемые на собрании, вызывают у всех беспокойство.
   (рассказывать, сообщать в газете)

2. Я был рад подарку, присланному мне матерью / полученному мной от отца / подаренному другом.
   (купить, приготовить, передать)

3. Вода в реке поднялась, потому что / так как / оттого что был сильнейший ливень.
   (в комнате сыро; целую неделю шли дожди)

4. Он делает успехи, благодаря тому, что ежедневно тренируется / много работает.
   (получить звание мастера спорта; у него большие способности)

5. Она́ пошла́ в библиоте́ку, что́бы почита́ть но́вые журна́лы / сдать кни́ги .

(по́льзоваться ба́зой да́нных, собра́ть материа́лы для диссерта́ции)

6. Мы соста́вили но́вые пра́вила для того́, что́бы обеспе́чить безопа́сность в рабо́те / избежа́ть ава́рии .

(приня́ть ряд мероприя́тий; оконча́тельно реши́ть э́ту пробле́му)

ДИАЛОГИ

1. —Ане́чка, посове́туй мне что́-нибудь из совреме́нной литерату́ры, а то кла́ссика что́-то надое́ла.
   —Фили́пп, я не о́чень слежу́ за нови́нками. Спроси́ лу́чше у мое́й ма́мы, она́ у нас настоя́щий книгоче́й. Рома́ны про́сто глота́ет.
   —Людми́ла Миха́йловна, мне нужна́ ва́ша консульта́ция.
   —Консульта́ция? С удово́льствием. То́лько смотря́ кака́я.
   —Что сейча́с Москва́ чита́ет?
   —Сего́дня одни́м из мо́дных писа́телей явля́ется Ви́ктор Пеле́вин. Ка́ждая его́ кни́га сра́зу раскупа́ется. Невероя́тный успе́х! Ка́ждый год но́вый рома́н и́ли по́весть выпуска́ет.
   —А ещё чьи кни́ги сего́дня популя́рны?
   —Е́сли интересу́ешься постмодерни́стской литерату́рой, то почита́й «Голубо́е са́ло» Соро́кина. Но э́то чте́ние не для слабоне́рвных. Его́ те́ксты есть и в се́ти. А е́сли чего́-нибудь поле́гче захо́чешь, сове́тую интеллектуа́льные детекти́вы Бори́са Аку́нина. Почита́й рома́ны Да́шковой и Мари́ниной.
   —Они́ хороши́ то́лько для чте́ния в обще́ственном тра́нспорте.
   —Уверя́ю тебя́, бу́дешь поста́рше, поймёшь, что, кро́ме Цвета́евой, Ахма́товой, и вообще́ стихо́в о любви́, есть ещё и добро́тная же́нская про́за.
   —А тебе́ не нра́вятся Ахма́това и Цвета́ева? Они́ так сказа́ли о любви́, что никако́го мужчи́ну-поэ́та, да и проза́ика поста́вить ря́дом нельзя́.
   —Ой, у меня́ уже́ голова́ кру́гом идёт от ва́ших сове́тов. Лу́чше уж чита́ть кла́ссику.

2. —А заче́м ну́жно чита́ть? В чём по́льза чте́ния?
   —Хочу́ отве́тить на твой вопро́с всем изве́стной фра́зой: «Глу́пый у́чится на свои́х оши́бках, у́мный — на чужи́х, а му́дрый у́чится с по́мощью книг».
   —Э́то, безусло́вно, ве́рно. Но э́то о́бщие слова́.
   —Но ты ведь не бу́дешь возража́ть про́тив того́, что чита́ющие лю́ди

пи́шут намно́го гра́мотнее, чем лю́ди, не бра́вшие кни́гу в ру́ки.

—Это беccпо́рный факт.

—Кро́ме того́, они́ бо́лее мя́гко и досту́пно излага́ют свои́ мы́сли в разгово́ре. Поня́ть их ле́гче, говори́ть с ни́ми ле́гче, а зна́чит, и находи́ться в их о́бществе ле́гче и прия́тней.

—А как вы́брать кни́ги для чте́ния?

—Чита́ть ну́жно всё. И чем бо́льше в ми́ре челове́к прочтёт, тем бо́льше он узна́ет и поймёт. Кто зна́ет, мо́жет быть, ему́ откро́ются не́которые та́йны, скры́тые от челове́ка века́ми.

—Вспо́мнилась ру́сская посло́вица «Кни́га мала́, а ума́ придала́».

—Е́сли о ва́жности кни́ги заду́мывались лю́ди в дре́вности, то как мо́жем мы не понима́ть, наско́лько важна́ кни́га.

—Чита́я кни́гу, мы чу́вствуем то, что чу́вствуют геро́и кни́ги, стара́емся поня́ть их де́йствия, мы́сли и побужде́ния.

—Да, мы сло́вно набира́емся вообража́емого жи́зненного о́пыта, кото́рый в бу́дущем ещё не раз пригоди́тся.

ТЕКСТ

Люби́мые кни́ги

Я люблю́ кни́гу. Е́сли бы кни́гам угрожа́л Всеми́рный пото́п, я бы поспеши́л постро́ить ковче́г, в кото́рый попыта́лся бы захвати́ть всех свои́х люби́мцев. Чем ме́ньше был бы ковче́г, тем мне бы́ло бы трудне́й и печа́льней. Е́сли бы мо́жно бы́ло взять с собо́й ты́сячу книг, затрудне́ния мои́ бы́ли бы не так велики́, как е́сли бы вы́бор был ограни́чен со́тней... И уже́ невыноси́мо тру́дно бы́ло бы мне, е́сли бы со́тню сократи́ли до 4-5 книг. Каки́е я стреми́лся бы спасти́ от пото́па?

Пе́рвая кни́га — э́то, коне́чно же, стихи́ Пу́шкина. Ничто́ не име́ло и не име́ет для душе́вной жи́зни мое́й того́ значе́ния, кото́рое име́л и име́ет Пу́шкин. Он пришёл ко мне с колыбе́ли, он оста́нется со мной до конца́ жи́зни. Он был всегда́ со мной — и в дни ра́дости, и в дни печа́ли, и в часы́ труда́, и в го́ды войны́. Э́то была́ еди́нственная кни́га в моём вое́нном багаже́. Но разгово́р о Пу́шкине без самого́ Пу́шкина невозмо́жен. А поэ́тому вот хотя́ бы одно́ его́ стихотворе́ние, то, что мне всех миле́й и доро́же:

Я вас люби́л: любо́вь ещё быть мо́жет,

В душе́ мое́й уга́сла не совсе́м;

Но пусть она вас больше не тревожит;
Я не хочу печалить вас ничем.
Я вас любил безмолвно, безнадёжно,
То робостью, то нежностью томим;
Я вас любил так искренно, так нежно,
Как дай вам бог любимой быть другим.

Я не знаю ничего лучшего в мировой лирической поэзии. Я не знаю ничего более чистого, ясного, человечного, благородного. Это сама поэзия, само сердце. И то, и другое мне необходимо всегда. Без них я не могу жить.

Вторая книга — это «Война и мир» Льва Толстого. Это книга глубочайшего проникновения в человеческий материал. Никто не умел и не умеет так глядеть в человека, так понимать, так раскрывать, так любить и жалеть его. Этой гигантской книге обязаны, в той или иной мере, почти все писатели, писавшие после Толстого.

Третья книга — это «Мёртвые души» Николая Гоголя. Гоголь — явление чрезвычайное. Мне кажется, никто не писал смелее и доказательнее. Страшная сказка, рассказанная им, прекрасна и беспощадна одновременно. Другой такой никто придумать и рассказать пока не смог. При этом никто не смог быть таким прекрасным и таким живописным в описании уродливого.

Четвёртая книга — это стихи Владимира Маяковского. Я не люблю Маяковского, и поэтому мне нелегко решиться взять его с собой. Он слишком много «якает». Он бесцеремонен... Он постоянно наступает всем на ноги и не считает нужным извиняться. Но я бы предпочёл примириться с ним. Он самый современный из современных писателей. Он современен весь целиком, с головы до пят, стихом, душой, манерой, словарём, отношением к прошлому, настоящему и будущему. Он боец — всегда и во всём.

 ## НОВЫЕ СЛОВА И СЛОВОСОЧЕТАНИЯ

руководи́ть（未）-ожу́, -оди́шь; кем-чем 领导，指导 ~ рабо́чим движе́нием

бить（未）бью, бьёшь; кого́-что 打，敲

шить（未）шью, шьёшь; что 缝，缝制

сшить（完）сошью́, сошьёшь

ука́зывать（未）-аю, -аешь; что 指出，指明，指引 указа́ть（完）-ажу́, -а́жешь; ~ путь к побе́де, ~ лу́чший ме́тод

запреща́ть（未）-а́ю, -а́ешь; кому́-чему́ что 禁止，不准 запрети́ть（完）-ещу́, -ети́шь; ~ больно́му

выходи́ть из ко́мнаты; Вход посторо́нним запрещён.

освобожда́ть（未）-а́ю, -а́ешь; кого́-что 解放，给……以自由

освободи́ть（完）-ожу́, -оди́шь; ~ пти́цу из кле́тки

мыть（未）мо́ю, мо́ешь; что

洗净，洗好

вы́мыть（完）-мою, -моешь; ~ру́ки, ~ посу́ду

издава́ть（未）-даю́, -даёшь; кого́-что 出版，发行

изда́ть（完）-ам, -ашь, -аст, -ади́м, -ади́те, -аду́т; ~ произведе́ния Пу́шкина

и́бо（连）因为

ввиду́（前）чего́ 鉴于，由于 Ввиду́ плохо́й пого́ды дру́жеская встре́ча по баскетбо́лу отменя́ется.

отменя́ть（未）-я́ю, -я́ешь; что 取消；废除，废止

отмени́ть（完）-еню́, -е́нишь; ~ полёты, ~ реше́ние суда́

топи́ть（未）топлю́, то́пишь; что 生（火），生（炉子，暖气）取暖 У нас зимо́й о́чень хорошо́ то́пят.

присыла́ть（未）-а́ю, -а́ешь; кого́-что 寄来，捎来；派来

присла́ть（完）-ишлю́, -ишлёшь; ~ письмо́

ли́вень, -вня; -вни 倾盆大雨

ба́за да́нных 数据库

безопа́сность, -и（阴）安全

избега́ть（未）-а́ю, -а́ешь; кого́-чего́ 或接不定式 躲避，避开；避免；回避

избежа́ть（完）-егу́, -ежи́шь; ~ опа́сности, ~ встре́чи

следи́ть（未）-ежу́, -еди́шь; за кем-чем 盯着，注视；关注 ~ за литерату́рой, ~ за разви́тием собы́тия

нови́нка, -нки; -нки 新东西，新事物

чте́ние, -ия 读，念；读物

книгоче́й, -я; -и 爱读书的人；书迷

глота́ть（未）-а́ю, -а́ешь; что 咽下，吞下；急忙地贪阅，贪婪地听

глотну́ть（完）-ну́, -нёшь; ~ ка́ждое сло́во докла́дчика

смотря́（副）（和代副词，关系代词连用）要看……（而定）

раскупа́ться（未）-а́ется 被买光，被买空

невероя́тный 不可思议的，难以置信的；非常的，极度的

выпуска́ть（未）-а́ю, -а́ешь; кого́-что 放……走，准许……出去；出版，发行

вы́пустить（完）-ущу, -устишь; ~ кни́гу

постмодерни́стский 后现代主义的，后现代派的

са́ло, -а 脂肪，脂油

слабоне́рвный 神经脆弱的

сеть（阴）-и; -и, -е́й 网；网络

захоте́ть（完）-очу́, -о́чешь, -о́чет, -оти́м, -оти́те, -отя́т; кого́-чего́ 想要，愿意，要 Он хоте́л, что́бы ты пришёл.

интеллектуа́льный 智力的，精神的；智力发达的

уверя́ть（未）-я́ю, -я́ешь; кого́ в чём 使相信，使确信，使信服

уве́рить（完）-рю, -ришь; Я его́ уве́рил в свое́й правоте́.

писа́тельница, -ы; -ы 女作家

добро́тный 结实的，耐用的；优质的，质量高的

проза́ик, -а; -и 散文作家

по́льза, -ы; -ы 益处，好处；用处，效用

возража́ть（未）-а́ю, -а́ешь; кому́, на что 反对，表示异议，反驳

возрази́ть（完）-ажу́, -ази́шь; ~ докла́дчику, ~ на замеча́ние

намно́го（副）大大（地）；（比较）……得多

бесспо́рный 无可争辩的，毫无疑义的；显然的

факт, -а; -ы 事实，现实

скрыва́ть（未）-а́ю, -а́ешь; кого́-что 隐藏；隐瞒

скрыть（完）скро́ю, скро́ешь; ~ та́йну от други́х

вспомина́ться（未）-а́юсь, -а́ешься; кому́（被）想起，（被）记起，回忆起

вспо́мниться（完）-нюсь, -нишься; Де́ду вспо́мнилось его́ го́рькое про́шлое.

придава́ть（未）-даю́, -даёшь; кого́-что 添上，补充上；赋予

придать（完）-ам, -ашь, -аст, -адим, -адите, -адут; ~пище острый вкус

древность, -и（阴）古时，古代

побуждение, -ия 愿望，动机

воображать（未）-аю, -аешь; кого-что 想象，设想，假定

вообразить（完）-ажу, -азишь; ~ прекрасное будущее; Это не так просто, как ты воображаешь.

пригодиться（完）-ожусь, -одишься; кому 对……有用，有益 Твой совет мне очень пригодился.

угрожать（未）-аю, -аешь; кому-чему чем 威胁，威吓 ~ прохожему пистолетом

всемирный（全）世界的

потоп, -a 大洪水，水灾

ковчег, -a （《圣经》中诺亚的）方舟；旧式大船

любимец, -мца; -мцы 受宠爱的人，受爱戴的人

затруднение, -ия; -ия 困难，障碍

ограничивать（未）-аю, -аешь; кого-что 限制，限定

ограничить（完）-чу, -чишь; ~ ораторов временем

невыносимо（副）令人难以忍受地

спасать（未）-аю, -аешь; кого-что 挽救，抢救，拯救

спасти（完）-су, -сёшь; спас, спасла; ~ больному жизнь

душевный 心灵的，内心的；精神上的

колыбель, -и; -и（阴）摇篮；发源地

печаль, -и（阴）忧愁，悲伤

багаж, -a 行李

тревожить（未）-жу, -жишь; кого-что 使惊慌，使担忧，使焦急

встревожить（完）-жу, -жишь; Эти слухи тревожили всех.

безмолвно（副）默不作声地，缄默地

безнадёжно（副）没有希望地；不可救药地

робость, -и（阴）胆小，胆怯，腼腆

нежность, -и（阴）温柔，柔情

томить（未）-млю, -мишь; кого-что 使疲惫不堪，使难受；使苦恼，折磨 Сомнения томят его.

нежно（副）温柔地，细心地

лирический 抒情的，抒情诗的

человечный 有人性的，通人情的，人道的

проникновение, -ия 渗透，浸透；深入

глядеть（未）-яжу, -ядишь; на кого-что 看，望，注意

глянуть（完）-ну, -нешь

обязанный, -ан, -ана; кому 有义务的，有责任的；（只用短）归功于 Я обязан тебе помочь. Своими успехами я обязан вам.

чрезвычайный 非常的，特别的，紧急的

доказательный 令人信服的

беспощадный 无情的

одновременно（副）同时

придумывать（未）-аю, -аешь; что 想出，想到；虚构

придумать（完）-аю, -аешь; ~ ответ, ~ идею

описание, -ия 叙述，描写

уродливый 畸形的，丑陋的

якать, -аю, -аешь（未）总是"我""我"的

бесцеремонный 毫无礼貌的，毫不客气的

примиряться（未）-яюсь, -яешься; с кем-чем（同……）和解；容忍，将就

примириться（完）-рюсь, -ришься; ~ с некоторыми неудобствами

целиком（副）整个地，全部地；完全

пята, -ы; пяты 踵，脚后跟

ВНЕАУДИТОРНЫЕ УПРАЖНЕНИЯ
课下自主练习

1. 将下列动词变成被动形动词。(Образу́йте страда́тельные прича́стия от да́нных глаго́лов.)

1) изуча́ть, забыва́ть, уважа́ть, окружа́ть, объясня́ть, выполня́ть, обсужда́ть, издава́ть, испо́льзовать, называ́ть, повторя́ть, управля́ть, руководи́ть, обозна́ча́ть, люби́ть, прилага́ть, разделя́ть, сменя́ть, обобща́ть, отрица́ть

2) перечита́ть, собра́ть, указа́ть, оторва́ть, отложи́ть, отда́ть, подари́ть, измени́ть, вы́полнить, поста́вить, освободи́ть, встре́тить, повы́сить, соверши́ть, доста́вить, разреши́ть, запрети́ть, перенести́, очи́стить, прожи́ть, забы́ть, закры́ть, взять, победи́ть, офо́рмить, запо́лнить

2. 用给出的形动词短语续写句子。(Зако́нчите предложе́ния, употребля́я прича́стный оборо́т.)

1) сувени́ры, пода́ренные вчера́

Я тебе́ ещё не пока́зывал ... .

Все о́чень обра́довались ... .

Мы с Ма́шей обменя́лись ... .

2) му́зыка, напи́санная молоды́м компози́тором

Всем нам о́чень нра́вится ... .

Со́ня да́же запла́кала, слу́шая ... .

Молоды́е на́чали танцева́ть под ... .

3) ру́кописи, сохранённые здесь

Все уви́дели ... .

Мы о́чень удиви́лись ... .

Учёные мно́го узна́ли из ... .

3. 将括号内的动词变成被动形动词。(От да́нных в ско́бках глаго́лов образу́йте страда́тельные прича́стия.)

1) В на́шей библиоте́ке мно́го нау́чных трудо́в, (посвяти́ть) актуа́льным пробле́мам эконо́мики.

2) Произведе́ния, (созда́ть) Пу́шкиным, зна́ют да́же де́ти.

3) Тури́сты подошли́ к о́зеру, (окружи́ть) ле́сом.

4) Я хорошо́ по́мню впечатле́ние, (произвести́) на меня́ э́той экску́рсией.

5) Я показываю друзьям марки, (собрать) мной за эти годы.

6) Я сразу открыла коробку с тортом, (принести) гостями.

7) Фрукты, (продавать) в этих магазинах, всегда свежи и дёшевы.

8) Туристам понравились места, (показать) гидом.

9) Мы шли по дорогам, (покрыть) снегом.

10) Я до сих пор помню стихи Ли Бо, (выучить) мной ещё в детстве.

4. 按示例将下列句子变成形动词短语。(От глаголов образуйте действительные и страдательные причастия, переделайте предложения в причастные обороты.)

Образец: Преподаватель проверяет письменные работы.
    преподаватель, проверяющий письменные работы
    письменные работы, проверяемые преподавателем

1) Учитель объясняет новые слова.

2) Студент переводит текст.

3) Дедушка читает газету.

4) Рабочие выполняют заказ.

5) Студенты уважают профессора.

Образец: Сотрудники начали работу.
    сотрудники, начавшие работу
    работа, начатая сотрудниками

1) Ребята посадили деревья.

2) Саша забыл сумку.

3) Она вызвала врача.

4) Друг оставил газету.

5) Отец пропустил футбольный матч.

5. 用被动形动词短语替换限定从属句。(Замените определительные придаточные предложения причастными оборотами.)

1) Произведения, которые написал Мо Янь, известны всему миру.

2) Язык, который мы изучаем, интересный и сложный.

3) Университет, который основал известный учёный, носит его имя.

4) Все гости, которых пригласил хозяин, пришли вовремя.

5) События, которые автор описал в этой книге, произошли много лет назад.

6) Вы видели карту, которую принёс нам Виктор?

7) Я никогда не забуду дни, которые провела вместе с вами.

8) Всем понравилась идея, которую предложила Анна.

9) Вы поедете на экскурсию, которую запланировали на субботу?

10) Туристы, которых изумили ледяные скульптуры, долго стояли и смотрели на них.

 6. 用被动形动词短语续写句子。(Закончите предложения причастными оборотами со страдательными причастиями.)

1) Я от всего сердца поблагодарил друзей за помощь, … .

2) Она пошла обратно за сумкой, … .

3) Я вошла в комнату и сразу увидела записку, … .

4) Все гости, … , были очень довольны вечером.

5) Куда вы положили путеводитель, … ?

6) Утка, … , нам показалась очень вкусной.

7) На прошлой неделе закончилась экскурсия, … .

8) В дороге я потерял перчатки, … .

9) На окне стоят цветы, … .

10) Мне очень помогло лекарство, … .

7. 选择适当的词语填空。(Вставьте подходящий вариант.)

1) Мне нравятся все песни, _____ этой певицей.
  A. исполнившие B. исполнявшие C. исполняемые D. исполняющие

2) Вопрос, _____ сейчас, касается социального и экономического развития страны.
  A. обсуждающий B. обсуждавший C. обсуждаемый D. обсуждённый

3) Олимпийские игры — это крупнейшие и интереснейшие международные соревнования, _____ раз в четыре года.
  A. проводимые B. проведённые C. проведшие D. проводившие

4) В центре города стоит прекрасное здание, _____ в стиле готики.
  A. строящее B. построившее C. построенное D. строившее

5) Случайные открытия совершают только _____ умы.
  A. подготовившие B. подготовленные
  C. подготавливаемые D. подготавливающие

6) Я читаю роман, _____ мне другом из Москвы.
  A. приславшее B. присылавшее C. присланное D. присылаемое

7) Мы купили словарь в книжном магазине, _____ недавно на этой улице.
  A. открываемом B. открытом C. открывшем D. открывающем

8) В аудитории лежит куртка, _____ каким-то студентом.
  A. забыта B. забытая C. забываемая D. забывая

9) Профессор рассказывает магистрантам об опытах, _____ в настоящее время в его лаборатории.
  A. производившие B. производимые C. производивших D. производимых

10) В э́ти дни в Росси́и прохо́дят торжества́, _____ 75-ле́тию Побе́ды над фаши́змом.
A. посвяти́вшие   B. посвящённые   C. посвяща́ющие   D. посвящённая

8. 把两个简单句连成一个带有原因从属句的复合句。(Соста́вьте из просты́х предложе́ний сло́жные с прида́точными причи́ны.)

1) Мы рабо́таем без посре́дников. Проду́кция на́шего заво́да име́ет оптима́льное соотноше́ние цены́ и ка́чества.
2) Услы́шав его́ слова́, все рассмея́лись. Действи́тельно бы́ло о́чень смешно́.
3) День обеща́л быть тёплым и со́лнечным. На не́бе не́ было ви́дно ни о́блачка.
4) Больно́й не мог бы́стро попра́виться. Никаки́е лека́рства не помога́ли.
5) Дви́гаться он мо́жет с трудо́м. Неожи́данно дала́ о себе́ знать ста́рая ра́на.
6) Ни́на сего́дня простуди́лась. Она́ вчера́ ве́чером попа́ла под дождь.
7) В то у́тро я опозда́л на ва́жное собра́ние. Буди́льник не зазвони́л.
8) Проду́кты испо́ртились. Они́ храни́лись в сыро́м ме́сте.
9) Преподава́тель поста́вил мне тро́йку. Я сде́лал мно́го оши́бок в дикта́нте.
10) Они́ покупа́ют де́тскую оде́жду. У них ско́ро бу́дет ребёнок.

9. 将简单句改成带有原因或目的从属句的复合句。(Перестро́йте предложе́ния, заменя́я обстоя́тельства причи́ны и́ли обстоя́тельства це́ли прида́точными предложе́ниями.)

1) Из-за си́льного дождя́ де́ти не выходи́ли из до́ма.
2) Убо́рка урожа́я заде́рживалась из-за плохо́й пого́ды.
3) Благодаря́ о́пыту и зна́ниям инжене́р Семёнов хорошо́ руководи́т коллекти́вом.
4) Благодаря́ по́мощи колле́г я спра́вился с э́той рабо́той.
5) Сего́дня преподава́тель не пришёл на рабо́ту по боле́зни.
6) От си́льного волне́ния Воло́дя до́лго не мог засну́ть.
7) Он учи́лся необыкнове́нно успе́шно благодаря́ свои́м больши́м спосо́бностям.
8) Рабо́тник допусти́л серьёзную оши́бку по невнима́тельности.
9) На собесе́довании задаю́т разли́чные вопро́сы для определе́ния профессиона́льного у́ровня и возмо́жностей кандида́та.
10) Том Круз прие́хал в Росси́ю для уча́стия в презента́ции но́вого фи́льма.
11) Они́ сде́лали всё, что бы́ло в их си́лах, для спасе́ния свое́й Ро́дины и своего́ наро́да.
12) Для иссле́дования сти́ля писа́теля на́до пре́жде всего́ хорошо́ знать его́ произведе́ния.
13) Гру́ппа техни́ческих рабо́тников прие́хала с це́лью оказа́ния по́мощи на́шему заво́ду.
14) Я хочу́ взять о́тпуск на две неде́ли для пое́здки домо́й по семе́йным обстоя́тельствам.
15) Они́ провели́ опро́с для выясне́ния вре́мени чте́ния на досу́ге россия́н.

10. 选择适当的词语填空。(Вставьте подходящий вариант.)

1) _____ Нина была занята, она не пошла со мной в кино.
   A. Потому что   B. Так как   C. Хотя   D. Поэтому

2) Он знает, что не прав, но настаивает на своём, _____ у него очень упрямый характер.
   A. что   B. так как   C. благодаря тому что   D. так что

3) Мы возвратились домой поздно, _____ задержались на работе.
   A. что   B. так что   C. так как   D. как бы

4) Я взяла отпуск, чтобы _____ время со своей семьёй.
   A. провожу   B. провела   C. проведу   D. провести

5) Каждому человеку нужна поддержка близких людей, _____ чувствовать себя увереннее.
   A. когда   B. что   C. как   D. чтобы

6) Мы не можем выполнить контракт, _____ появились непредвиденные обстоятельства.
   A. благодаря тому что   B. что
   C. ввиду того   D. ввиду того что

7) Многие водители попадают в аварию, _____ разговаривают по мобильнику во время движения.
   A. благодаря тому что   B. так что
   C. что   D. из-за того что

8) Они разговаривают тихо, чтобы другие не _____ .
   A. слушали   B. слушать   C. слышали   D. слышать

9) Я поставил будильник на шесть часов, _____ не опоздать на работу.
   A. так как   B. так что   C. что   D. чтобы

10) _____ проверить работу факультета, организована комиссия.
    A. Чтобы   B. Так как   C. Для того   D. Как

11. 续写句子。(Закончите предложения.)

1) Мы поедем в Москву, чтобы … .

2) Я часто прихожу к профессору Семёнову, чтобы … .

3) Когда преподаватель объясняет слова, он приводит ряд примеров, чтобы … .

4) Я принёс другу, лежащему в больнице, журналы, чтобы ему … .

5) Надо правильно воспитывать детей, чтобы они … .

6) Мы регулярно занимаемся спортом, чтобы … .

7) Сюда приехали участники из разных стран, чтобы … .

8) Нужен паспорт для того, чтобы … .

9) Маша регулярно заходит в книжный магазин, чтобы ... .
10) Мы решили остаться здесь на неделю, чтобы ... .

12. 回答下列问题。(Ответьте на вопросы.)

1) Зачем нам нужно читать? В чём польза чтения?
2) Почему разговаривать с читающими легче и приятнее?
3) Как выбрать книгу для чтения с вашей точки зрения?
4) Что значит пословица «Книга мала, а ума придала»?
5) Если бы случился Всемирный потоп, что бы сделал автор?
6) Почему он захватил бы стихи Пушкина в первую очередь?
7) Какой образ героя показывает Пушкин в стихотворении «Я вас любил»?
8) Какое значение имеет «Война и мир» для писателей, писавших после Толстого?
9) Как автор оценивает Николая Гоголя и «Мёртвые души»?
10) Почему автор всё-таки решился взять с собой стихи Маяковкого?

13. 将下面的固定用语填入空中。(Вместо точек вставьте подходящие выражения.)

честно говоря, смотря какой (где, когда, кто, что...), вряд ли, между прочим, дай бог, по крайней мере, в той или иной мере, с умом

1) Надо использовать своё время _____, сосредоточив внимание на наиболее важных задачах в первую очередь.
2) Без любви к профессии учителя ты _____ станешь хорошим учителем.
3) Байкал — это уникальное явление природы, гордость России, _____ её символ.
4) Это очень хороший костюм, качественный, _____, недорого стоит.
5) —Хотите посмотреть фильм в выходные?
   — _____ какой.
6) Что касается Николая, то, _____ , не собираюсь с ним дальше дружить.
7) У него голос _____ любому профессиональному певцу.
8) Чтобы выполнить ваше поручение, _____ потребуется месяц.

14. 用下面的黑体词语造句。(Составьте предложения с выделенными выражениями.)

1) **Чем больше** в мире человек прочтёт, **тем больше** он узнает и поймёт.
2) Они так сказали о любви, что никакого мужчину-поэта, да и прозаика **поставить рядом нельзя.**
3) Он постоянно наступает всем на ноги и не **считает нужным** извиняться.
4) Это сама поэзия, само сердце. **И то, и другое** мне необходимо всегда.
5) **Я не знаю ничего лучшего** в мировой лирической поэзии.
6) А поэтому вот **хотя бы** одно стихотворение, то, что мне всех милей и дороже.

7) Он совреме́нен весь целико́м, **с головы́ до пят**, стихо́м, душо́й мане́рой, словарём, отноше́нием к про́шлому, настоя́щему и бу́дущему.

8) Как **дай** вам **бог** люби́мой быть други́м.

9) Если о ва́жности кни́ги заду́мывались лю́ди в дре́вности, то как мо́жем мы не понима́ть, **наско́лько важна́** кни́га.

10) Но ты ведь не бу́дешь **возража́ть про́тив того́, что** чита́ющие лю́ди пи́шут намно́го гра́мотнее, чем лю́ди, не бра́вшие кни́гу в ру́ки.

15. 翻译下列句子。(Переведи́те на ру́сский язы́к.)

1) 没有人像他那样善于看透人的内心世界。
2) 我认为有必要将文章的篇幅限制在三页之内。
3) 在我看来，普希金是俄国最伟大的诗人，其他作家不能和他相提并论。
4) 不可否认，读书越多，懂得越多，认识问题越深刻。
5) 古人都在思考读书的重要性，我们怎么能不明白读书有多么重要呢？
6) 请相信，你们在读书时获得的知识日后总会有用的。
7) 这些语法规则太复杂了，把我弄得晕头转向。
8) 读小说的时候，我们常常积累想象中的生活经验。
9) 我不知道有什么比在海边晒太阳、欣赏大海更令人惬意的事情了。
10) 书对我们每个人来说都有重要的意义，没有它我们无法生活。
11) 我们今天取得的成绩主要应该归功于大家的支持。
12) 我这里只有后现代主义作品和侦探小说，你未必感兴趣。
13) 书的意义在于它可以丰富我们的智慧，让我们思考人生。
14) 我们应该关注新事物，尤其是语言中的新词语、新现象。
15) 等你长大后就会明白，爱读书的人更善于清楚地表达思想，和他们谈话更有趣。

16. 记住下列作家的主要作品名称。(Запо́мните назва́ния произведе́ний писа́телей.)

А. С. Пу́шкин

«Евге́ний Оне́гин»《叶甫盖尼·奥涅金》

«Станцио́нный смотри́тель»《驿站长》

«Капита́нская до́чка»《上尉的女儿》

«Ме́дный вса́дник»《青铜骑士》

«Пи́ковая да́ма»《黑桃皇后》

Н. В. Го́голь

«Мёртвые ду́ши»《死魂灵》

«Ревизо́р»《钦差大臣》

«Шине́ль»《外套》

«Не́вский проспе́кт»《涅瓦大街》
　　«Запи́ски сумасше́дшего»《狂人日记》
Л. Н. Толсто́й
　　«Война́ и мир»《战争与和平》
　　«А́нна Каре́нина»《安娜·卡列尼娜》
　　«Воскресе́ние»《复活》
В. В. Маяко́вский
　　«Влади́мир Ильи́ч Ле́нин»《列宁》
　　«Хорошо́»《好！》
　　«Стихи́ о сове́тском па́спорте»《苏联护照》
　　«Клоп»《臭虫》
　　«Ба́ня»《澡堂》

 17. 讲述一本你最喜爱的书。(Расскажи́те о свое́й люби́мой кни́ге.)

УРОК 6

ГРАММАТИКА
- I. 被动形动词短尾
- II. 动词的被动态
- III. 说明从属句（3）

РЕЧЕВЫЕ ОБРАЗЦЫ
ДИАЛОГИ
ТЕКСТ   Анна Ахматова о себе

ГРАММАТИКА

I. 被动形动词短尾
Краткая форма страдательных причастий

被动形动词和形容词一样，有长尾和短尾两种形式，例如：

长尾形式	短尾形式
① решённый вопрос	Вопрос решён.
已经解决了的问题	问题解决了。
② избранный президент	Президент избран.
选出来的总统	总统选出来了。
③ заказанный номер	Номер заказан.
订好的房间	房间订好了。
④ открытые окна	Окна открыты.
开着的窗户	窗户开着。

1. 构成

现在时被动形动词的短尾形式在现代俄语中极为少见，常用过去时被动形动词的短尾形式。

过去时被动形动词的短尾形式由过去时长尾被动形动词去掉 -ный 或 -ый 构成，阴性加 -a，中性加 -o，复数形式加 -ы；以 -ённый 结尾的被动形动词，其短尾形式的重音都在最后一个音节，例如：

свя́занный	постро́енный	закры́тый	решённый
свя́зан	постро́ен	закры́т	решён
свя́зана	постро́ена	закры́та	решена́
свя́зано	постро́ено	закры́то	решено́
свя́заны	постро́ены	закры́ты	решены́

部分以 -анный, -ый 结尾的形动词，其短尾形式的重音基本上与动词过去时形式的重音相同，例如：

на́чатый	со́зданный	за́нятый
на́чат (на́чал)	со́здан (со́здал)	за́нят (за́нял)
начата́ (начала́)	создана́ (создала́)	занята́ (заняла́)
на́чато (на́чало)	со́здано (со́здало)	за́нято (за́няло)
на́чаты (на́чали)	со́зданы (со́здали)	за́няты (за́няли)

2. 用法

1）被动形动词短尾与形容词短尾一样，在句中作谓语，其性、数要和主语一致。句子时间用系词 быть 表示，例如：

现在时	过去时	将来时
Дом постро́ен.	Дом был постро́ен.	Дом бу́дет постро́ен.
Шко́ла постро́ена.	Шко́ла была́ постро́ена.	Шко́ла бу́дет постро́ена.
Зда́ние постро́ено.	Зда́ние бы́ло постро́ено.	Зда́ние бу́дет постро́ено.
Заво́ды постро́ены.	Заво́ды бы́ли постро́ены.	Заво́ды бу́дут постро́ены.

2）被动形动词短尾现在时表示动作已经完成，而该动作的结果在说话时仍然存在；过去时表示动作是过去完成的，不表明该动作的结果在说话时是否存在；将来时表示动作将要完成，例如：

① Этот текст взят из газе́ты.
　这篇课文摘自报纸。

② На ю́го-восто́ке Москвы́ вчера́ бы́ло соверше́но уби́йство.
　莫斯科的东南地区昨天发生了凶杀案。

③ Из чего́ сде́лан сок, кото́рый мы пьём?
　我们喝的果汁是用什么水果榨的？

④ Пое́здка на куро́рт давно́ заплани́рована.
　去疗养地是早就计划好的。

⑤ Фильм был снят по пье́се Че́хова в 1990-ом году́.
　电影是1990年根据契诃夫的剧本拍摄的。

⑥ Этот микрорайо́н бу́дет постро́ен к концу́ теку́щего го́да.
　这个小区将于今年年底建好。

Ⅱ. 动词的被动态
Страда́тельный зало́г глаго́ла

俄语中及物动词有态的对应，动词的态分为主动态和被动态。使用动词主动态时，主语是动作的主体，动作的客体用第四格；使用被动态时，主语是动作的客体，动作的主体用第五格。主动态和被动态常常可以相互转换，如：

① Луна́ освеща́ет у́лицу.
月光洒满街道。

② У́лица освеща́ется луно́й.
街道上洒满了月光。

动词的被动态常常由带-ся的未完成体及物动词构成，表示过去、现在或将来进行中的或持续进行的行为；而表示一次有结果的动作时，常由完成体动词构成的过去时被动形动词短尾构成。例如：

③ Сло́жные маши́ны создаю́тся э́тими инжене́рами.
复杂的机器正在由这些工程师们设计制造。

④ Сло́жные маши́ны со́зданы э́тими инжене́рами.
复杂的机器是由这些工程师们设计制造出来的。

带有主体五格的被动态在口语中一般不用，常见于书面语。被动态也可以不带主体五格，但被动意义可能被削弱，例如：

⑤ В э́том магази́не продаю́тся све́жие о́вощи.
这家商店卖新鲜蔬菜。

⑥ В э́том магази́не све́жие о́вощи уже́ распро́даны.
这家商店的新鲜蔬菜卖光了。

Ⅲ. 说明从属句（3）
Прида́точные изъясни́тельные предложе́ния

说明从属句可以用来扩展主句中被动形动词短尾中性形式所表示的成分，以揭示其内容。从属句用что, что́бы, как等与主句连接，例如：

① На две́ри напи́сано, что музе́й закры́т на ремо́нт.
门上写着，博物馆闭馆维修。

② На ка́рте ука́зано, куда́ на́до идти́.
地图上指示着应该往哪儿走。

③ Дока́зано, что куре́ние вре́дно для здоро́вья.
已经证明，吸烟有害健康。

④ Всем роди́телям бы́ло сообщено́, что́бы они́ неме́дленно прие́хали за детьми́.
所有的家长都接到通知，要他们立刻来接孩子。

РЕЧЕВЫЕ ОБРАЗЦЫ

1. В конце прошлого месяца эта работа уже была [закончена / начата].

   (завершить, проверить, выполнить, сделать, оплатить)

2. Музей давно был [открыт / построен].

   (закрыть, переместить в другое здание)

3. Билеты уже [куплены / получены].

   (принести, продать, заказать)

4. Скоро будут [доставлены / приготовлены] все нужные вам материалы.

   (привезти, собрать, купить, доставить)

5. По радио [сообщено / передано], что на днях ожидается сильное похолодание.

   (сказать, объявить)

6. Давно было [решено / приказано], чтобы эту работу выполнили за неделю.

   (велеть, принять)

7. Учёными многих стран [изучается / обсуждается / поставлен] вопрос о жизни на других планетах.

   (исследоваться, рассматриваться, разработать, затронуть)

ДИАЛОГИ

1. —Зачём нужна поэзия?
   —Поэзия учит людей видеть красоту окружающего мира, открывает им души других людей, делает человека добрее и красивее.
   —Поэзия — это великое чудо. Но открывается оно, как и чудо природы, не сразу и далеко не всякому, а только человеку умному и доброму, чуткому, внимательному.
   —Мне кажется, что поэзия утешает и даёт силы жить.
   —Я думаю, поэзия нужна прежде всего молодым людям. В молодости мечты ещё беспредельны и будущее кажется светлым и прекрасным.
   —А ещё это время открытий, время обострённого восприятия окружающего мира, время любви... А тема любви — одна из самых прекрасных тем, поэтому величайшие поэты никогда не могли обойти её.
   —Любовь и поэзия всегда были неразделимы.
   —Поэзия — это язык души, а поэт — это тот, кто умеет выразить словами то, что словами не выражается.
   —Поэзия создаётся для того, чтобы сеять в сердцах людей добро и правду. Помните, у Ахматовой есть строки: «Позволь мне миру подарить то, что любви нетленней...»
   —Как хорошо сказано! Жизнь и любовь коротки, а искусство вечно.
   —А ещё как красиво звучит: «Если б не было тебя, я б хотел тебя придумать. Как же жить? О чём же думать? Не волнуясь, не любя... Если б не было тебя»
   —Поэзия есть, была и будет там, где есть прекрасные человеческие чувства, причём самые светлые и прекрасные.

2. —Здравствуй, Саша. Поедем на музыкальный рынок, посмотрим, что новенького появилось. Кроме того, у моего друга скоро день рождения, ему очень нравится Ирина Алегрова. Знаешь её?
   —Как не знать? Знаю. Яркая такая блондинка.
   —Так вот она новый CD выпустила, нигде не могу его найти, а там наверняка смогу купить.
   —Честно говоря, ехать на другой конец города мне не хочется, да и Ирина Алегрова как певица мне совсем не нравится.
   —О вкусах не спорят. Я же не предлагаю тебе купить диск с её песнями. Скоро Новый год, ты можешь купить подарки своим родителям.
   —Хорошая идея. Мой папа любит песни. У него неплохой голос, и иногда,

если его хорошо попросить, может тряхнуть стариной.
— Ну вот и договорились. Встречаемся в 12 часов на остановке 6 автобуса. Хорошо? До встречи.

听录音请扫二维码

Анна Ахматова о себе

Я родилась 11 июня 1889 года под Одессой. Мой отец был в то время отставной инженер-механик флота. Годовалым ребёнком я была перевезена на север — в Царское Село. Каждое лето я проводила под Севастополем, на берегу Стрелецкой бухты, и там подружилась с морем.

Первое стихотворение я написала, когда мне было одиннадцать лет. Стихи начались для меня не с Пушкина и Лермонтова, а с Державина и Некрасова. Эти вещи знала наизусть моя мама. Училась я в Царскосельской женской гимназии. В 1905 году мои родители расстались, и мама с детьми уехала на юг. В 1907 году я поступила на юридический факультет Высших женских курсов в Киеве. Пока приходилось изучать историю права и особенно латынь, я была довольна, когда же пошли чисто юридические предметы, я к курсам охладела.

Переехав в Петербург, я училась на Высших историко-литературных курсах Раева. В это время я уже писала стихи, вошедшие потом в мою первую книгу.

В 1912 году вышел мой первый сборник стихов «Вечер». Напечатано было всего триста экземпляров. 1 октября 1912 года родился мой единственный сын Лев. В марте 1914 года вышла вторая книга — «Чётки». Наконец, мы вернулись, но не в Петербург. А в Петрограде всё стало иным, начиная с облика города. Каждое лето я проводила в бывшей Тверской губернии. «Белая стая» вышла в сентябре 1917 года. К этой книге читатели и критика несправедливы. Почему-то считается, что она имела меньше успеха, чем «Чётки».

Примерно с 20-ых годов я работала в библиотеке Агрономического института и с большим интересом занималась изучением жизни и творчества Пушкина. Результатом моих пушкинских штудий были три работы — о «Золотом петушке», об «Адольфе» Бенжамена Констана и о «Каменном госте». Все они в своё время были напечатаны. С середины 20-ых годов мои новые стихи почти перестали печатать, а старые — перепечатывать. Отечественная война 1941 года застала меня в Ленинграде. В конце сентября, уже во время блокады, я вылетела на самолёте в Москву. До 1944 года я жила в Ташкенте, жадно ловила вести о Ленинграде, о фронте. Как и другие поэты, часто выступала в госпиталях, читала стихи раненым бойцам.

В Ташкенте я впервые узнала, что такое в палящий жар древесная тень и звук воды. В 1944 году я прилетела в весеннюю Москву, полную радостных надежд и ожидания близкой победы.

Меня давно интересовали вопросы художественного перевода. В послевоенные годы я много переводила. Перевожу и сейчас. В 1962 году я закончила «Поэму без героя», которую писала двадцать два года. Весной 1965 года я поехала на родину Шекспира, увидела британское небо и Атлантику, повидалась со старыми друзьями и познакомилась с новыми, ещё раз посетила Париж. Я не переставала писать стихи. Для меня в них — связь моя с временем, с новой жизнью моего народа. Я счастлива, что жила в эти годы и видела события, которым не было равных.

 **НОВЫЕ СЛОВА И СЛОВОСОЧЕТАНИЯ**

избирать（未）-аю, -аешь; кого-что 选举；挑选，选择

избрать（完）-беру, -берёшь; ~ председателя

планировать（未）-рую, -руешь; что 列入计划，预先计划好

запланировать（完）-рую, -руешь; ~ экспедицию на июль

освещать（未）-аю, -аешь; кого-что 照明，照亮

осветить（完）-ещу, -етишь; ~ дорогу фонарём

освещаться（未）-ается 明亮起来；用……照明

осветиться（完）-ится; Сцена ярко осветилась.

создаваться（未）-даётся 创立，创造；造成

создаться（完）-астся, -адутся; -ался, -алась, -алось или -алось

распродавать（未）-даю, -даёшь; что 卖光，卖完

распродать（完）-дам, -дашь, -даст, -дадим, -дадите, -дадут; Все билеты уже распроданы.

доказывать（未）-аю, -аешь; что 证明，证实

доказать（完）-ажу, -ажешь; ~ свою невиновность

курение, -ия 吸烟

вредно 有害

оплачивать（未）-аю, -аешь; что 付……钱，付费

оплатить（完）-ачу, -атишь; ~ проезд, ~ счёт

перемещать（未）-аю, -аешь; что 搬移；使迁移

переместить（完）-ещу, -естишь; ~ мебель

ожидаться（未）-ается 预料将发生，将有

похолодание, -ия 冷；变冷

объявлять（未）-яю, -яешь; что, о чём 告知, 公布, 声明

объявить（完）-явлю, -явишь; ~ всем о новом назначении; ~ своё намерение

приказывать（未）-аю, -аешь; кому 命令；指示，吩咐

приказать（完）-ажу, -ажешь; ~ шофёру подать

машину

иссле́доваться（未）-дуется 被研究，被调查

затра́гивать（未）-аю, -аешь; что 触及，提到，涉及

затро́нуть（完）-ну, -нешь; ~ э́ту те́му

разраба́тывать（未）-аю, -аешь; что 加工；深入研究，仔细制定

разрабо́тать（完）-аю, -аешь; ~ план

поэ́зия, -ии: -ии 诗；诗歌作品

утеша́ть（未）-аю, -аешь; кого́ 安慰，使安心

уте́шить（完）-шу, -шишь; ~ больно́го

беспреде́льный 无边无际的，无限的

обострённый 敏锐的，紧张的，激烈的

восприя́тие, -ия 理解，掌握；认识

обходи́ть（未）-ожу́, -о́дишь; кого́-что 绕过；回避

обойти́（完）-йду́, -йдёшь; ~ прямо́й отве́т на вопро́с

неразделимый 不可分的，分不开的

выража́ться（未）-аюсь, -аешься 表达；表现出

вы́разиться（完）-ажусь, -азишься

несомне́нно（插）当然，无疑

се́ять（未）се́ю, се́ешь; что 播种；传播，散布

посе́ять（完）-е́ю, -е́ешь; ~ зна́ния

нетле́нный 不朽的，永垂不朽的

ве́чно（副）永恒，永远，永久

блонди́нка, -и; -и 金发女郎；淡黄发女子

неплохо́й 不错的

старина́, -ы́ 遥远的过去，古时；当年，往日 в ~у́

трясти́（未）-су́, -сёшь; чем 摇晃；显示出（某种品质、能力）

тряхну́ть（完）-ну́, -нёшь; ~ старино́й 像年轻时那样干

отставно́й 退休的，退伍的

меха́ник, -а; -и 机械师，机械员

флот, -а; -ы 舰队，船队

годова́лый 一岁的；一年的

перевози́ть（未）-ожу́, -о́зишь; кого́-что 运过去，运送到

перевезти́（完）-зу́, -зёшь; -вёз, -везла́

Ца́рское Село́ 皇村

бу́хта, -ы; -ы 湾，港口，海湾

подружи́ться（完）-ужу́сь, -у́жишься; с кем 与……交朋友 Мы с Са́шей подружи́лись ещё в де́тстве.

наизу́сть（副）背熟，熟记

царскосе́льский 皇村的

гимна́зия, -ии; -ии（旧俄时期的）中学；（侧重文科的）中学

латы́нь（阴）拉丁语

юриди́ческий 法律的

охладева́ть（未）-аю, -аешь; к кому́-чему́ 对……（变）冷淡

охладе́ть（完）-е́ю, -е́ешь; ~ к пре́жним друзья́м

сбо́рник, -а; -и 集，汇编

печа́тать（未）-аю, -аешь; что 印刷，刊印；刊载

напеча́тать（完）-аю, -аешь; ~ статью́, ~ фотогра́фию

еди́нственный 唯一的

«Чётки» 《念珠》

о́блик, -а; -и 外表；面貌，风貌 но́вый ~ страны́

губе́рния, -ии; -ии（俄国）省

ста́я, -и; -и 一群，一团 «Бе́лая ста́я» 《白色的鸟群》

приме́рно 大概，大约

несправедли́вый 不公正的，非正义的；不正确的

агрономи́ческий 农学的，农艺的

шту́дия, -ии 仔细研究，钻研

петушо́к, -шка́; -шки́ 雄鸡 «Золото́й петушо́к» 《金鸡》

«Адо́льф» 《阿道尔夫》 Бенжаме́н Сонста́н 本杰明·松斯坦

«Ка́менный гость» 《石客》

перепеча́тывать（未）-аю, -аешь; что 翻印，重印；转载

перепеча́тать（完）-аю, -аешь; ~ ста́рое изда́ние
застава́ть（未）-таю́, -таёшь; кого́-что 正碰见，正赶上碰见（某人、某事）
заста́ть（完）-а́ну, -а́нешь; ~ бра́та до́ма, ~ его́ за кни́гой
блока́да, -ы 封锁，包围
вылета́ть（未）-а́ю, -а́ешь 飞出；飞到，飞往
вы́лететь（完）-ечу,

-етишь; Самолёт вы́летел в 5 часо́в.
весть, -и; -и（阴）消息，信息
го́спиталь, -я; -и（阳）医院（主要指军队的）
ра́неный 负伤的，受伤的
бое́ц, -йца́; -йцы́ 战士，士兵
пали́ть（未）-лю́, -ли́шь 灼人，炙热
жар, -а 热，热气
древе́сный 树的
тень, -и; -и（阴）荫处；阴影，影子 сиде́ть в ~и́

де́рева
послевое́нный 战后的
«Поэ́ма без геро́я» 《没有主人公的叙事诗》
брита́нский 英国人的，大不列颠的
повида́ться（完）-а́юсь, -а́ешься; с кем 与……见面 Я хочу́ повида́ться с ва́ми.
счастли́вый 幸福的，幸运的
ра́вный, -вен, -вна́; чему́ 相等的，同样的；平等的 ~ое пра́во

ВНЕАУДИТОРНЫЕ УПРАЖНЕНИЯ
课下自主练习

1. 用被动形动词 полу́ченный 长尾或短尾形式填空。(Вста́вьте по́лные и́ли кра́ткие фо́рмы прича́стия.)

1) Рабо́та тво́рческая, на́до сосредото́читься, проанализи́ровать _____ информа́цию.
2) Выполня́й неме́дленно _____ прика́з, а вопро́сы оста́вь.
3) Неда́вно _____ гонора́р позволя́ет мне на ближа́йшие ме́сяцы забы́ть о рабо́те.
4) Де́ти пока́зывали друг дру́гу _____ пода́рки.
5) К на́шему о́бщему сожале́нию, _____ отве́т был отрица́тельный.
6) Э́то его́ второ́й Оскар лу́чшего актёра, пе́рвый был _____ за роль в фи́льме «Таи́нственная река́» пять лет наза́д.
7) Он не сомнева́ется, что разреше́ние на э́то бу́дет им _____.
8) Мать награди́ла сы́на за хоро́шую отме́тку, _____ им по матема́тике.
9) Не беспоко́йтесь, перево́д бу́дет _____ че́рез два дня.
10) Не на́до есть мно́го к ве́черу. Органи́зм не успе́ет перерабо́тать _____ кало́рии до сна.

2. 将括号里的动词变成被动形动词短尾形式，需要时加上系词。(От глаго́лов, да́нных в ско́бках, образу́йте кра́ткие фо́рмы прича́стия и согласу́йте их с подлежа́щими, употреби́те свя́зку, где ну́жно.)

1) Наро́д, чьи́ми рука́ми (созда́ть) все це́нности, до́лжен быть хозя́ином земли́.

2) До суда́ он (освободи́ть) под зало́г 3 ты́сячи до́лларов.

3) 29 ноября́ законопрое́кт (рассмотре́ть) и (приня́ть) Ду́мой в пе́рвом чте́нии.

4) Вот и уезжа́ть пора́. Биле́т на по́езд уже́ (купи́ть).

5) Вчера́ нам (показа́ть) мно́го интере́сных мест.

6) В про́шлом году́ в э́той прови́нции (собра́ть) бога́тый урожа́й.

7) В 2015 году́ э́та карти́на (прода́ть) за 4 миллио́на до́лларов

8) С пе́рвых мину́т своего́ появле́ния на свет ребёнок (окружи́ть) любо́вью.

9) К ча́ю (пода́ть) на стол пече́нье и конфе́ты, вы́пили по две ча́шки ча́я.

10) Весь э́тот проце́сс тща́тельно (сплани́ровать) и (проду́мать) до мелоче́й.

3. 用长尾或短尾被动形动词填空。(**От глаго́лов образу́йте по́лные и́ли кра́ткие фо́рмы прича́стия, вста́вьте их в предложе́ния.**)

1) сде́лать

   Опера́ция, _____ в Герма́нии, спасла́ его́ и продли́ла жизнь.

   Шокола́дные конфе́ты _____ в ви́де ра́зных живо́тных.

2) организова́ть

   Сего́дня открыва́ется фотографи́ческая вы́ставка, _____ моско́вским худо́жественно-фотографи́ческим о́бществом.

   В па́рке _____ нового́дняя вы́ставка фотогра́фий, посвящённая исто́рии ёлочной игру́шки.

3) сохрани́ть

   Свы́ше шести́десяти проце́нтов ста́рых кирпиче́й при восстановле́нии хра́ма бы́ли _____.

   Благодаря́ _____ семе́йным драгоце́нностям они́ смогли́ снять в Ми́нске кварти́ру.

4) прочита́ть

   _____ кни́ги ожива́ли в моём воображе́нии благодаря́ уви́денным сни́мкам.

   Тем не ме́нее их рома́ны и по́вести всё-таки вы́шли и бы́ли _____ деся́тками ты́сяч подро́стков.

5) постро́ить

   По́сле войны́ в го́роде был _____ небольшо́й заво́д по произво́дству стальны́х труб. Екатери́нинский дворе́ц, _____ Растре́лли, не мо́жет не очарова́ть посети́телей.

4. 将下列句子改成被动态结构。(**Образу́йте предложе́ния так, что́бы в них был страда́тельный зало́г.**)

1) Кни́ги в библиоте́ке выдаю́т на ме́сяц по абонеме́нту.

2) В магази́н по́сле обе́да привезу́т све́жие морепроду́кты.

3) Каки́е города́ ча́ще всего́ посеща́ют иностра́нные тури́сты?

4) Этот сложный опыт проводят крупные учёные в химическом кабинете.

5) По болезни его освободили от занятий на неделю.

6) Первое мая (Праздник труда) отмечают трудящиеся во многих странах мира.

7) Непонятные слова в тексте уже отметили красным карандашом.

8) Какие предметы изучают студенты второго курса?

9) Подумайте, какую букву в этом слове пропустили?

10) На вчерашнем собрании обсуждали события последних дней.

11) В прошлом году в нашей провинции собрали богатый урожай пшеницы.

12) Заказ доставляют из интернет-магазина покупателю прямо в руки.

13) Это слово в основном употребляют в разговорной речи.

14) Сегодня шестое упражнение преподаватель задал на дом.

15) На этом небольшом рынке продают товары первой необходимости.

5. 选择适当的词语填空。(Вставьте подходящий вариант.)

1) В этом году сборник научных трудов _____ актуальным проблемам экономики.
   A. посвящены   B. посвящённый   C. посвящено   D. посвящён

2) Проснувшись, я выглянул из окна: небо было _____ тучами.
   A. покрыло   B. покрылось   C. покрыто   D. покрыты

3) Уже темно, но ворота сада всё ещё _____.
   A. открыта   B. открылась   C. открылись   D. открыты

4) Не беспокойтесь, курсовая работа _____ завтра.
   A. написана   B. была   C. будет написана   D. напишу

5) Кто проверял это сочинение? В ней много ошибок _____.
   A. пропущено   B. пропущенное   C. пропущена   D. пропущенные

6) В этом году конкурс был _____ техническим университетом.
   A. организованным   B. организован
   C. организованный   D. организовавший

7) На прошлой неделе договор о сотрудничестве _____ министрами торговли обеих стран.
   A. подписан   B. подписали   C. был подписан   D. подписал

8) Машина может быть задержана до тех пор, пока не будет _____ штраф.
   A. оплачена   B. оплаченный   C. оплатить   D. оплачен

9) В последнем выпуске педагогического журнала _____ статья, в которой анализировалась распространённость этого метода в гимназиях.
   A. напечатали   B. напечатала   C. напечатанная   D. была напечатана

10) Как долог и труден _____ тобою путь.
    A. избрал   B. избранный   C. избран   D. избранным

6. 将下列不定人称句改成带有被动形动词短尾的句子。(Замените неопределённо-личные предложения фразами с краткими формами страдательных причастий.)

1) На доске написали, что экзамен перенесён на следующую неделю.
2) Нам приказали, чтобы мы пришли завтра утром в главный корпус.
3) На собрании решили, что Андреев будет награждён премией.
4) Уже сказали, чтобы построили общежитие к концу года.
5) Нам всем сообщили, чтобы завтра мы явились вовремя.
6) В газете ничего не написали о том, как случилась эта катастрофа.
7) Уже выяснили, что число пострадавших превышает 30 человек.
8) Учёные доказали, что причины глобального потепления нужно искать и в промышленных выбросах.
9) На пресс-конференции объявили о том, что это последняя работа режиссёра, который намерен уйти из кино.
10) В этой книге указали, что должен уметь ребёнок по мере роста.

7. 选择适当的词语填空。(Вставьте подходящий вариант.)

1) Книжный магазин около нашего университета _____ с девяти утра до семи вечера.
  A. открыт   B. откроют   C. открывают   D. открывается

2) Эта красивая местность часто _____ туристами.
  A. посещают   B. посещаются   C. посещает   D. посещается

3) Письменные работы студентов обычно _____ самим преподавателем.
  A. проверяются   B. проверяют   C. проверены   D. проверяемым

4) В Министерстве _____ новую программу по развитию высшего образования.
  A. рассмотрели   B. рассмотрело   C. рассмотрены   D. рассмотрена

5) Узкая деревянная лестница _____ маленькими окошками, выходящими во двор.
  A. освещает   B. освещают   C. освещается   D. освещаются

6) Ваша курсовая работа _____ одной из лучших на нашем курсе.
  A. считает   B. считала   C. считаются   D. считается

7) Эта книга написана известным писателем. Она сейчас _____ в России с большим интересом.
  A. читается   B. читают   C. читаются   D. читает

8) Студентам сообщено, _____ они должны сдать дипломную работу 5 мая.
  A. что   B. чтобы   C. хотя   D. так как

9) Приказано, _____ все пришли на заседание завтра в восемь часов.
  A. чтобы   B. если   C. что   D. когда

10) Бы́ло _____, что защи́та состои́тся в де́вять часо́в 4 ию́ня.

    A. объя́влен   B. объя́влено   C. объяви́ло   D. объя́вленным

8. 翻译下列句子（使用被动态结构）。(Переведи́те сле́дующие предложе́ния, испо́льзуя страда́тельные констру́кции.)

1) 中华人民共和国成立于1949年10月1日。
2) 这部影片是根据果戈理的话剧拍摄的。
3) 他的诗歌经常刊登在文学杂志上。
4) 这篇文章刊登在报纸的第一版。
5) 广场上的纪念碑是为纪念战争胜利而建造的。
6) 这幅画是画家20世纪30年代创作的。
7) 人工湖距离城市不远，它三面环山。
8) 我们来到剧院的时候，所有的票都卖光了。
9) 旅游计划是由旅行社和我们讨论之后制定的。
10) 信收到了，您对我的关心让我很感动。
11) 这部小说描写的是当代青年人的生活和爱情。
12) 现在所有的公共场所都禁止吸烟，大家早已习惯了。
13) 投票已经结束，结果暂时还没有宣布。
14) 市中心的雕塑塑造的是城市保卫者的形象。
15) 诗人的第一本诗集出版了，总共印了300册。

9. 用下列词组造句。(Соста́вьте предложе́ния со сле́дующими сочета́ниями.)

| на днях | начина́я с (чего́) | в своё вре́мя |
| тряхну́ть старино́й | знать наизу́сть | нет ра́вных |

10. 将下面的动词变成适当形式，并填空。(Запо́лните про́пуски подходя́щими глаго́лами в ну́жной фо́рме.)

утеша́ть, обойти́, заста́ть, выпуска́ть, опла́чивать, подружи́ться, напеча́тать, повида́ться, уточни́ть, уси́ливать

1) По доро́ге с рабо́ты нас _____ проливно́й дождь.
2) Наш институ́т ка́ждый год _____ сбо́рник нау́чных стате́й.
3) Мы бу́дем _____ труд рабо́чих в зави́симости от их рабо́ты.
4) Я _____ с э́тим парикма́хером и ста́ла его́ постоя́нным клие́нтом.
5) В 1936 году́ в журна́ле «Октя́брь» бы́ли _____ его́ пе́рвые стихи́.
6) Не _____ меня́ пусты́ми слова́ми.
7) По нём уже́ соску́чилась. Хоте́ла бы с ним _____.
8) Лу́чше ка́к-нибудь _____ э́тот сло́жный вопро́с в свое́й нау́чной рабо́те.

9) Экономи́ческий кри́зис в стране́ _____ безрабо́тицу.
10) Мы должны́ _____ все да́нные иссле́дования.

 11. 翻译下列句子。（Переведи́те на ру́сский язы́к.）

1) 诗具有不可思议的魔力，能让我们看到世界的美好。
2) 朋友总是在我困难的时候，安慰我，支持我，给我生活的力量。
3) 爱情是人类最美好的情感，是文学绕不开的话题。
4) 诗人之所以成为诗人，就是能用语言表达别人无法表达的感受。
5) 在任何年龄，爱情带来的喜悦都是生活中令人高兴的事。
6) 他们又像年轻时那样，喝酒聊天到天亮。
7) 年轻时，觉得未来是光明美好的，充满希望和期待。
8) 爱情和诗歌是分不开的，都是我生活中不可或缺的东西。
9) 这孩子从四岁起就开始读诗，李白、杜甫的许多诗早已烂熟于心。
10) 他搬家和换了工作以后，对以前的朋友冷淡了。

 12. 记住 А. А. Ахма́това 和 М. И. Цвета́ева 两位俄罗斯女诗人的主要作品。(Запо́мните назва́ния произведе́ний ру́сских поэте́сс А. А. Ахма́товой и М. И. Цвета́евой.)

А. А. Ахма́това
  «Чётки»《念珠》
  «Ве́чер»《黄昏》
  «Бе́лая ста́я»《白色的鸟群》
  «Поэ́ма без геро́я»《没有主人公的叙事诗》
  «Ре́квием»《安魂曲》
  «Бег вре́мени»《时间的飞奔》

М. И. Цвета́ева
  «Вече́рний альбо́м»《黄昏纪念册》
  «Волше́бный фона́рь»《魔灯》
  «Лебеди́ный стан»《天鹅营》
  «Вёрсты»《里程碑》
  «По́сле Росси́и»《离开俄罗斯》

 13. 阅读下面的文字，了解 А. А. Ахма́това 的诗歌创作特点。(Прочита́йте текст. Расскажи́те, что но́вого вы узна́ли о тво́рчестве А. Ахма́товой.)

　　В стихи́ она́ вво́дит своего́ ро́да дневни́к, гла́вной те́мой кото́рого явля́ется любо́вь. Е́ю напи́саны не́которые из лу́чших стихо́в о любви́ в ру́сской литерату́ре («Молю́сь око́нному лучу́», «Сто́лько просьб у люби́мой всегда́» ... и т. д.). В э́той же́нской ли́рике, просто́й и насы́щенной, звуча́т та́кже те́мы одино́чества и призва́ния поэ́та; в поэ́зии

Ахма́товой есть и религио́зные элеме́нты; в ней нет ми́стики, но есть меланхо́лия и разочаро́ванность. В сравне́нии с её пе́рвыми сбо́рниками, во второ́й фа́зе те́ма любви́ отступа́ет на за́дний план. Основну́ю роль игра́ют воспомина́ние и проще́ние, мы́сли о траге́дии Росси́и принима́ют религио́зный отте́нок.

14. 朗读А. А. Ахма́това的诗作，并尝试将其翻译成汉语。(Прочита́йте стихотворе́ние А. А. Ахма́товой и попро́буйте перевести́ на кита́йский язы́к.)

Сто́лько просьб у люби́мой всегда́ ...

Сто́лько просьб у люби́мой всегда́!
У разлю́бленной просьб не быва́ет ...
Как я ра́да, что ны́нче вода́
Под бесцве́тным ледко́м замира́ет.

И я ста́ну — Христо́м, помоги́! —
На покро́в э́тот, све́тлый и ло́мкий,
А ты пи́сьма мои́ береги́,
Что́бы нас рассуди́ли пото́мки.

Чтоб отчётливей и ясне́й
Ты был ви́ден им, му́дрый и сме́лый.
В биогра́фии сла́вной твое́й
Ра́зве мо́жно оста́вить пробе́лы?

Сли́шком сла́дко земно́е питьё.
Сли́шком пло́тны любо́вные се́ти ...
Пусть когда́-нибудь и́мя моё
Прочита́ют в уче́бнике де́ти,

И, печа́льную по́весть узна́в,
Пусть они́ улыбну́тся лука́во.
Мне любви́ и поко́я не дав,
Подари́ меня́ го́рькою сла́вой.   (1913)

15. 指出下面诗歌中词语重音排列的顺序并且指出诗歌的格律和韵脚。(Укажи́те, в како́м поря́дке стоя́т ударе́ния и подчеркни́те в стихотворе́нии разме́ры и ри́фмы.)

Наприме́р: И я ста́ну — Христо́м, помоги́! — (抑抑扬格)
Сто́лько просьб у люби́мой всегда́!
У разлю́бленной просьб не быва́ет …
Как я ра́да, что ны́нче вода́
под бесцве́тным ледко́м замира́ет.

16. 介绍一位你熟悉的作家的生平和创作。(Расскажи́те о биогра́фии и тво́рчестве знако́мого вам писа́теля.)

17. 借助词典阅读《Сло́во о Пу́шкине》。(Прочита́йте «Сло́во о Пу́шкине» со словарём.)

Сло́во о Пу́шкине
(адапти́ровано)

П. Е. Щёголев конча́ет свой труд о дуэ́ли и сме́рти Пу́шкина ря́дом соображе́ний, почему́ представи́тели вы́сшего све́та ненави́дели поэ́та и вытесня́ли его́ из свое́й среды́. Тепе́рь наступи́ло вре́мя вы́вернуть э́ту пробле́му наизна́нку и гро́мко сказа́ть не о том, что они́ сде́лали с ним, а о том, что он сде́лал с ни́ми.

По́сле э́того океа́на гря́зи, изме́н, лжи, равноду́шия друзе́й, как торже́ственно и прекра́сно уви́деть, как э́тот чо́порный и бессерде́чный и, уж коне́чно, безгра́мотный Петербу́рг стал свиде́телем того́, что, услы́шав роковую́ весть, ты́сячи люде́й бро́сились к до́му поэ́та и навсегда́ со всей Росси́ей там оста́лись.

Мне на́до привести́ в поря́док свой дом, — сказа́л умира́ющий Пу́шкин.

Че́рез два дня его́ дом стал святы́ней для его́ ро́дины, и бо́лее по́лной, бо́лее лучеза́рной побе́ды свет не ви́дел. Вся эпо́ха ма́ло-пома́лу ста́ла называ́ться пу́шкинской. Все краса́вицы, хозя́йки сало́нов, кавале́рственные да́мы, чле́ны высоча́йшего двора́, мини́стры постепе́нно на́чали именова́ться пу́шкинскими совреме́нниками.

Он победи́л и вре́мя, и простра́нство.

Говоря́т, пу́шкинская эпо́ха, пу́шкинский Петербу́рг. И э́то уже́ к литерату́ре прямо́го отноше́ния не име́ет, э́то что́-то совсе́м друго́е. В дворцо́вых за́лах, где они́ танцева́ли и спле́тничали о поэ́те, вися́т его́ портре́ты и храня́тся его́ кни́ги, а их бе́дные те́ни и́згнаны отту́да навсегда́. Про их великоле́пные дворцы́ и особняки́ говоря́т: здесь быва́л Пу́шкин и́ли здесь не быва́л Пу́шкин. Всё остально́е никому́ не интере́сно. Госуда́рь импера́тор Никола́й Па́влович о́чень велича́ственно красу́ется на стене́ Пу́шкинского музе́я; ру́кописи, дневники́ и пи́сьма начина́ют цени́ться, е́сли там появля́ется маги́ческое сло́во Пу́шкин, и, что са́мое для них стра́шное, — они́ могли́ бы услы́шать от поэ́та:

За меня́ не бу́дете в отве́те,

Мо́жете пока́ споко́йно спать.

Си́ла — пра́во, то́лько ва́ши де́ти

За меня́ вас бу́дут проклина́ть.

И напра́сно лю́ди ду́мают, что деся́тки рукотво́рных па́мятников мо́гут замени́ть тот оди́н нерукотво́рный па́мятник, кото́рый кре́пче ме́ди.

УРОК 7

ГРАММАТИКА
☞ Ⅰ. 谓语的类型(2) 复合谓语
　Ⅱ. 疏状从属句(4) 让步从属句

РЕЧЕВЫЕ ОБРАЗЦЫ
ДИАЛОГИ
ТЕКСТ *Зачем государству нужна символика?*

ГРАММАТИКА

Ⅰ. 谓语的类型（2）复合谓语
Типы сказуемых — сложное сказуемое

复合谓语是指由三个或更多的部分组成的谓语，通常是由动词性或静词性合成谓语重合而成，例如：

① От волнения он долго не мог начать говорить.
　他激动得久久说不出话来。

② Я всегда стараюсь быть честным и справедливым.
　我总是努力做到诚实、公正。

③ Ситуация очень сложная, и мы готовы помочь вам найти из неё выход.
　处境很艰难，我们愿意帮助您找到摆脱困境的办法。

④ Эти чиновники должны быть задержаны за получение взятки.
　这些官员应该因受贿而坐牢。

II. 疏状从属句（4）让步从属句
Обстоя́тельственные прида́точные предложе́ния — прида́точные предложе́ния уступи́тельные

1. 让步从属句表示与主句所说的内容相对立的事情，表示影响主句行为发生的条件，而主句行为不顾这些条件的干扰照常进行。让步从属句常用连接词 хотя́ (хоть), несмотря́ на то что, пусть (пуска́й) 等与主句连接，пусть (пуска́й) 常用于口语中，例如：

① Хоть и фина́нсовый кри́зис, но найти́ рабо́ту всё равно́ мо́жно.
虽然遇到金融危机，但还是可以找到工作的。

② Хотя́ ему́ нужны́ бы́ли де́ньги, но он ни у кого́ не занима́л.
虽然当时他需要钱，却没向任何人借。

③ Пусть я не прав, но ты до́лжен меня́ вы́слушать.
就算我说的不对，你也应该听我说完。

④ Пуска́й у них те́хника лу́чше, но реша́ет де́ло всё-таки не те́хника, а лю́ди.
就算他们的设备更好些，可起决定作用的终究不是设备，而是人。

⑤ Он ушёл, несмотря́ на то что все проси́ли его́ оста́ться.
虽然大家都要他留下，但他还是走了。

⑥ Он продолжа́л рабо́тать, несмотря́ на то что рабо́чий день давно́ уже́ ко́нчился.
虽然工作日早已结束了，但他仍在继续工作。

连接词 несмотря́ на то что 常用于书面语，还可以把第一部分（несмотря́ на то）放在主句中，用逗号与 что 隔开，例如：

Несмотря́ на то, что все его́ угова́ривали, он де́йствовал по-сво́ему.
尽管大家都劝阻他，他还是一意孤行。

注：

让步从属句可以位于主句之前，也可以位于主句之后。当 хотя́ 连接的让步从属句位于主句之前时，主句句首还可以加 но, одна́ко 等对别连接词，但用 несмотря́ на то что 连接的句子，主句句首不能用 но, одна́ко 等。

2. 当表示概括让步意义时，通常用联系用语 кто, что, како́й, как 等和语气词 ни 与主句连接，这类从句表示的让步意义非常强烈，联系用语位于从句句首，句中动词多用未完成体，ни 通常与谓语连用，例如：

как ни 不论怎样	ско́лько ни 不论怎样，不论多少
что ни 不论什么	кто ни 无论是谁
како́й ни 无论什么样的	где ни 无论在何处
когда́ ни 无论何时	куда́ ни 无论到何处

这种从属句多位于主句之前，例如：

① Как я ни стара́юсь, у меня́ ничего́ не получа́ется.
无论我怎么努力，还是一事无成。

② Куда́ ни звони́л, нигде́ не мог его́ найти́.
不管往哪儿打电话，都找不到他。

③ Куда́ мы ни е́здили, везде́ нас тепло́ встреча́ли.
无论我们到哪里，都受到热烈欢迎。

④ Кого́ я ни спра́шивал, никто́ не знал об э́том.
不管我向谁打听，谁也不知道这件事。

⑤ Когда́ я ни захожу́ к нему́, всегда́ застаю́ его́ за кни́гой.
无论我什么时候到他那儿，总碰上他在看书。

⑥ Ско́лько я ни объясня́л, она́ всё не могла́ поня́ть.
不管我怎么解释，她还是搞不懂。

⑦ Где я ни остана́вливался, всегда́ скуча́л по до́му.
不论我在哪里停留，总是想家。

⑧ Каки́е вопро́сы ему́ ни задава́ли, он на все отвеча́л пра́вильно.
不管给他提什么问题，他都能正确应答。

为了加强概括泛指意义或者为了表示假设或推测的行为，从属句中的谓语还可以用假定式表示（бы应置于联系用语与语气词中间，不能放在动词后面），例如：

① Что бы ни случи́лось, я бу́ду ря́дом с тобо́й.
不管发生什么事情，我都和你在一起。

② Кем бы я ни рабо́тал, всегда́ бу́ду хорошо́ рабо́тать.
我今后不管做什么，都要好好工作。

③ О чём бы я ни проси́л его́, он всегда́ мне охо́тно помога́л.
不管我求他什么事，他都乐意帮助我。

④ Челове́к до́лжен труди́ться, кем бы он ни был.
人应该劳动，不论他是谁。

⑤ Ско́лько бы Зи́на ни ду́мала, ничего́ не приходи́ло ей в го́лову.
尽管济娜想了很久，她还是什么办法也没想出来。

⑥ Каки́м бы у́мным и спосо́бным ты ни был, в одино́чку ты не сде́лаешь ничего́.
不管你有多聪明、多能干，一个人也什么都做不成。

⑦ Как бы я ни был за́нят, ка́ждый день чита́ю два часа́.
不管我多忙，每天都抽出两个小时的时间读书。

⑧ Что бы они́ ни говори́ли о том, что ве́щи хоро́шие, — э́то всё чепуха́.
不管他们怎么夸赞这东西，都是假话。

РЕЧЕВЫЕ ОБРАЗЦЫ

1. Хотя ⟨был сильный мороз / шёл дождь / все устали⟩, мы продолжали путь.

   (уже стемнело, дул сильный ветер, было очень поздно)

2. Несмотря на то, что ⟨у Максима много работы / Максим очень занят / нагрузка у Максима большая⟩, у него всегда есть время заниматься спортом.

   (жизнь напряжённая, работа занимает очень много времени)

3. Пусть ⟨он этого не хочет / ему не нравится это предложение⟩, всё равно придётся согласиться.

   (он не очень уверен в успехе, ему не хочется принять участие)

4. Где мы ни ⟨ни бывали⟩
   Куда мы ни ⟨приезжали⟩, везде (всегда) нас радушно встречали.

   (в какой бы дом, заходили; когда, приходили)

5. Кого бы мы ни просили
   К кому бы ни обращались, все с охотой нам помогали.

   (приходить, требовать помощи)

6. Какие трудности мы ни встречаем
   Что бы ни случилось, мы не боимся.

   (соперник силён, условия тяжелы)

ДИАЛОГИ

1. —Сегодня мы поговорим с вами о символах государства. Знаете ли вы, что это такое и зачем они нужны?
   —У каждого государства есть свои символы, по которым эту страну отличают от других. Самыми важными государственными символами являются гимн, герб и флаг.
   —Государственные символы — это символы, которые имеют особое значение для граждан какого-то государства, где бы они ни находились.
   —Совершенно верно. Хочу только дополнить, что самыми молодыми из государственных символов являются гимны.
   —А что обозначает слово "гимн"?
   —Это слово греческое, его значение "петь, прославлять".
   —Гимн, главная песня государства, прославляет страну.
   —А в какой стране появился первый в мире гимн?
   —В Англии.

2. —Зачем нужен флаг и герб? Кому бы я ни задавал этот вопрос, никто мне не может дать чёткого ответа.
   —Флаг — это то же самое, что и имя. Он обозначает своего владельца. На большом расстоянии, когда невозможно прочесть надпись, разглядеть герб, флаг — поднятое на видном месте яркое полотнище определённых цветов — распознаётся легко.
   —А герб тоже отличительный знак государства.
   —Да, он обязательно изображается на всех важных государственных бумагах.
   —На каких?
   —На денежных знаках, на всех государственных печатях, украшает все указы Президента России, государственные ордена и медали.
   —Несмотря на то, что у каждого государства есть свои символы, но в обычной жизни мы не часто вспоминаем о них. Разве не так?
   —Пока жизнь идёт своим чередом, мы не часто вспоминаем о государственных символах. Мы не ходим по улицам с государственными флагами, не любуемся гербом и, когда собираемся вместе, поём не государственный гимн, а другие песни.
   —Но если вдруг случится всеобщая радость или появится какая-то

опасность, которая угрожает всем, именно государственная символика помогает гражданам почувствовать единство.

—Когда наши спортсмены побеждают на ответственных состязаниях, мы часто со слезами на глазах поём государственный гимн и с гордостью смотрим на государственный флаг.

—Я полностью с тобой согласен.

听录音请扫二维码

Зачем государству нужна символика?

Символика любого государства является неотъемлемой и очень важной частью его жизни.

Символы государства говорят о величии страны. У России свои символы, они олицетворяют мощь и величие страны. 5 ноября 1990 года правительство РСФСР постановило создать новую российскую символику.

В символах заключена преемственность поколений. Герб уже несколько столетий на Руси несёт один смысл. Какова же история государственного герба России?

Первый герб появился в конце XIV века. На нём изображался всадник с копьём, поражающий змея.

А теперь давайте мысленно переместимся в XV век. Наступило царствование Ивана III. Брак Ивана III с византийской царевной Софьей принёс на Русь герб — двуглавого орла, а падение Византии сделало Москву единственным оплотом православия. До этого герба на Руси просто не существовало, а византийский герб с двуглавым орлом, который символично смотрит и на запад, и на восток, понравился Ивану III. Когда пала Византия, Русь осталась единственной, которая владела таким гербом.

Двуглавый орёл — это один из древнейших в истории человечества символов власти, верховенства, силы и мудрости.

Государственный Герб Российской Федерации — отличительный знак, официальная эмблема государства, изображаемая на знамёнах, печатях, денежных знаках и государственных документах (паспорте, свидетельстве о рождении, аттестате об окончании школы, вузовском дипломе, правительственных наградах). Уже не одно столетие на гербе Российского государства красуется двуглавый орёл.

Есть у каждого государства и гимн. Гимн — это официально принятая торжественная песнь в честь государства. Мы слышим его множество раз за свою жизнь, во всех торжественных случаях.

Гимн Российской Федерации написали два человека. Сергей Михалков написал слова, музыку написал А. Александров.

Чрезвычайная сессия Верховного Совета РСФСР 21 августа 1991 года постановила: считать официальным флагом Российской Федерации исторический флаг России — полотнище из равновеликих горизонтальных полос: верхняя — белая, средняя — синяя, нижняя — красного цвета. 31 октября 1991 года этот флаг был утверждён Съездом народных депутатов.

Бело-сине-красный флаг стал снова государственным. Трёхцветный флаг — символ свободы и независимости, гражданского равенства всех народов, населяющих Российскую Федерацию.

Пристрастие русского народа к красному цвету известно давно. Именно красный цвет можно считать традиционным цветом русских царей и русской монархии до XIX века. Мы знаем, что до 1991 года флаг России был весь красного цвета.

Естественно, когда русские слышат фразу "Овеянный славою флаг наш", они испытывают национальную гордость за страну.

НОВЫЕ СЛОВА И СЛОВОСОЧЕТАНИЯ

волнение, -ия 激动，焦急；不安
справедливый 公正的，公平的
чиновник, -а; -и 官员，官吏
задерживать（未）-аю, -аешь; кого-что 阻拦，拦截；耽搁，拖延；拘捕，扣留
задержать（完）-ержу, -ержишь; ~ преступника
взятка, -ки; -тки, -ток 贿赂 получить ~у, дать ~у
несмотря（前）на что 尽管
финансовый 财政的，金融的

кризис, -а; -ы 危机，恐慌
всё равно 反正一样，无论如何
техника, -и; -и 技术，手法；技巧；技术设备
трудиться（未）-ужусь, -удишься; над чем（从事）劳动，干活；致力于 ~ над книгой
одиночка, -чки; -чки, -чек 单独的人；单身汉
чепуха, -и; -и 胡说八道，胡言；琐事，小事
темнеть（未）-еет [无人称] 天黑，天暗下来
стемнеть（完）-еет;

Зимой рано темнеет.
нагрузка, -и; -зки, -зок 装载物；工作量
радушно 热情地，亲热地
трудность, -и; -и（阴）困难，艰难
символ, -а; -ы 象征，标志
государство, -а; -а 国家
гимн, -а; -ы 歌曲，国歌
герб, -а; -ы 徽，国徽
прославлять（未）-яю, -яешь; кого-что 使出名，使驰名，为……增光
прославить（完）-влю, -вишь; ~ свою Родину блестящими

достижéниями

владéлец, -льца; -льцы 所有者，占有者；物主

прочéсть（完）-чту́, -чтёшь; -чёл, -члá; что 读完，看完

разгля́дывать（未）-аю, -аешь; когó-что 仔细看；看出，认出

разглядéть（完）-яжу́, -яди́шь; ~ в темнотé двух человéк

полóтнище, -а; -а 幅，布标

распознавáться（未）-наётся

распознáться（完）-áется （被）认出，判定，辨别出

отличи́тельный 识别的，显示出区别的；独特的

изображáться（未）-áется 表现出，显出

изобрази́ться（完）-зи́тся; На лицé изобрази́лось удивлéние.

чёткий 清楚的，清晰的；准确的

печáть, -и; -и（阴）印章；印刷

украшáть（未）-áю, -áешь; когó-что 装饰，点缀，打扮

укрáсить（完）-áшу, -áсишь; ~ кóмнату карти́нами

óрден, -а; -á 勋章

медáль, -и; -и（阴）奖章，纪念章

черёд, -едá 次序，顺序

всеóбщий 普遍的；全体的

опáсность, -и（阴）危险，危急

еди́нство, -а 统一，团结，一致

гóрдость, -и; -и（阴）骄傲，自豪

пóлностью（副）完全地

симвóлика, -и; -и 象征意义；标志，符号

неотъéмлемый 不可剥夺的；不可分割的

вели́чие, -ия 伟大，崇高，庄严

олицетворя́ть（未）-я́ю, -я́ешь; что 使人格化，使体现出

олицетвори́ть（完）-рю́, -ри́шь

мощь, -и（阴）实力，威力

прави́тельство, -а; -а 政府；政府全体成员

постановля́ть（未）-я́ю, -я́ешь 做出决议，决定

постанови́ть（完）-овлю́, -óвишь

преéмственность, -и（阴）继承性，连续性

всáдник, -а; -и 骑士，骑手

копьё, -я́; кóпья 矛，标枪

поражáть（未）-áю, -áешь; когó-что 击败，战胜

порази́ть（完）-ажу́, -ази́шь; ~ неприя́теля

змей, -я; -и 蛇

мы́сленно 想象地，在心里

цáрствование, -ия 在位（时期），为王

византи́йский 拜占庭的

царéвна, -ы; -ы, -вен 公主

двуглáвый 两头的，双头的

орёл, орлá; орлы́ 鹰

падéние, -ия 降低，下降；下台

Византи́я, -и́и 拜占庭

оплóт, -а; -ы 支柱；堡垒

правослáвие, -ия 东正教

символи́чный 象征（性）的；符号的

верховéнство, -а 领导地位，统治地位

эмблéма, -ы; -ы 图形标志，象征

знáмя, -мени; -мёна 旗帜，旗

свидéтельство, -а; -а 证明；证书

аттестáт, -а; -ы 毕业证书，文凭，执照

ву́зовский 大学的，高等学校的

прави́тельственный 政府的

нагрáда, -ы; -ы 奖赏，奖励

красовáться（未）-су́юсь, -су́ешься 引人注目，光彩夺目；炫耀 Вдали́ красовáлось нóвое здáние теáтра.

песнь, -и; -и（阴）〈诗〉歌曲

Верхóвный Совéт 最高苏维埃

равновели́кий 大小相等的

горизонтáльный 水平的；横向的

полосá, -ы́; пóлосы, полóс, полосáм 条，带；条状物

съезд, -а; -ы 代表大会

депутáт, -а; -ы 代表；议员

снóва（副）再一次；重新

УРОК 7

трёхцветный 三色的
равенство, -а; -а 平等，平衡
населять（未）-яю, -яешь; что 成为……的居民，是……的住户
населить（完）-лю, -лишь; народы, населяющие эти острова
монархия, -ии; -ии 君主制，君主制国家
овеивать（未）-аю, -аешь; что 吹拂；充满，笼罩
овеять（完）-ею, -еешь; Листья овеяны ветром. Имя героя овеяно легендой.
слава, -ы; -ы 光荣，荣誉

ВНЕАУДИТОРНЫЕ УПРАЖНЕНИЯ
课下自主练习

 1. 将两个简单句连成一个带让步从属句的复合句。(Из двух простых предложений составьте одно сложноподчинённое с придаточным уступительным.)

1) Был конец февраля. В воздухе уже пахло весной.
2) Я плохо себя чувствовал в последние дни. Я не пропустил ни одного урока.
3) Я много раз его уговаривал. Он меня не послушался.
4) Мы старались изо всех сил. Работа шла медленно.
5) Сергею Петровичу уже 60 лет. Он чувствует себя молодым среди молодёжи.
6) Работа предстояла сложная. Настроение у всех было отличное.
7) Я старался казаться спокойным. Все заметили моё волнение.
8) Было много трудностей. Мы справились с этой работой.
9) У него мало времени. Он всегда находит время читать.
10) Прошло много лет с тех пор, как мы расстались. Он не изменился.
11) Андрей не разделяет мою точку зрения. Препятствовать мне он не будет.
12) Мы прилетели рано утром. Наш багаж задержался в аэропорту до вечера.
13) У меня с собой не было зонта. Я промок до нитки под дождём. Я не простудился.
14) Она хотела заглянуть в лицо брату. Он отвернулся и вышел из комнаты.
15) Фастфуд у всех ассоциируется с чем-то вредным и калорийным. Никому не мешает иногда перекусить наспех гамбургером или шаурмой.

 2. 将黑体部分改成让步从属句。(Замените выделенные словосочетания уступительными придаточными предложениями.)

1) **Несмотря на усталость**, мне не хотелось терять время на отдых.
2) **Несмотря на мороз**, мы решили пойти в поход в горы.
3) **При всём моём желании** я не могу принять ваше приглашение.
4) **Несмотря на разницу в возрасте**, им хорошо и просто друг с другом, будто знакомы они не первый год.

5) **Несмотря на большие способности**, она не поступила в консерваторию.
6) **Несмотря на тяжёлую болезнь**, он не прекращает работу.
7) **Несмотря на постоянную занятость**, он принимает активное участие в общественной работе.
8) Русские в какой-то степени по своей ментальности сходны с латиноамериканцами **при всех различиях**.
9) Его жена **при всех её недостатках** была хорошей матерью и уделяла сыну много внимания.
10) **Несмотря на довольно ранний час**, не чувствовалось лесной сырости, воздух был душноват.

 3. 续写句子。(Закончите предложения.)

1) Несмотря на то что уже стоял апрель, …
2) Пусть он ошибся, …
3) …, несмотря на то что у неё много работы.
4) Хотя новый президент очень молодой, …
5) Как мы ни уговаривали Сашу, …
6) Какой бы ни была причина его отсутствия, …
7) Каким бы ни было ваше мнение, …
8) Сколько я ни звонила, …
9) Куда ни посмотри, …
10) Сколько я ни повторял, …
11) Где бы вы ни были, …
12) Как бы ты ни была занята, …

 4. 将括号里的词语译成俄语。(Переведите слова в скобках на русский язык.)

1) (不论我什么时候找他帮忙), он всегда охотно мне помогает.
2) (尽管大家都很努力), но ничего не получилось.
3) (尽管我非常想说出自己的看法), но приходилось молчать снова и снова.
4) (不管你想要什么), я всё достану.
5) (无论他做什么), всё выполняет хорошо.
6) (不管我怎么求他), он так и не согласился.
7) (不管路怎么难走), я думаю, что за два часа дойдём.
8) Каждый, (无论他是谁), должен соблюдать правила.
9) (无论你们想什么时候来), все мы вам будем рады.
10) (无论发生什么事情), мы будем стоять на вашей стороне и поддерживать вас.

5. 将下列句子译成汉语。(Переведите на китайский язык.)

1) Несмотря на то, что пошёл дождь, мы продолжали путь.
2) Несмотря на то, что ещё чувствуется холод в воздухе, на улице все ходят уже без пальто.
3) Несмотря на то, что город неузнаваемо изменился, я нашёл свою родную школу.
4) Хотя в магазине большой выбор товаров, я ничего не купила.
5) Когда я ни прихожу в этот магазин, там всегда много народу.
6) Как ни грустно мне покидать вас, надо идти.
7) Что бы он ни сказал, ему всё равно не поверят.
8) Как бы высоко ни оценивали вас, имейте всегда мужество сказать себе: я невежда.
9) Пусть вы этого не хотите, придётся лечь в больницу.
10) Каким бы умным и способным ты ни был, в одиночку ты не сделаешь ничего.
11) Как ни силён был мороз, он нас не испугал.
12) Учился он хорошо, за что ни брался — всё получалось.
13) Когда я ни прихожу к нему домой, всегда застаю его за книгой.
14) Что бы они ни говорили, мне всё равно.
15) Несмотря на то, что я уже ездил один раз в эту деревню, дорога показалась мне совершенно незнакомой.

6. 选择适当的词语填空。(Вставьте подходящий вариант.)

1) Как бы ни были _____ трудности, нужно упорно двигаться вперёд.
   A. великой   B. велики   C. великие   D. великими
2) Как ни _____ эта задача, мы постараемся её решить.
   A. трудная   B. очень трудная   C. трудна   D. трудно
3) Невозможно передать музыку словами, _____ был богат наш язык.
   A. какой бы ни   B. как ни   C. как бы ни   D. как бы
4) Я долго смотрел в окно, _____ уже не видно было ни мамы, ни платформы.
   A. несмотря на то   B. которое   C. хотя   D. раз
5) _____ Сашу ни спроси, он всегда охотно ответит.
   A. Что   B. Кто   C. Как   D. О чём
6) _____ делало правительство, цель у нас одна — повышение уровня и качества жизни народа.
   A. Что бы ни   B. Что бы   C. Хотя   D. Что ни
7) _____ прекрасна была эта ночь, долго оставаться на улице было нельзя.
   A. Какая ни   B. Что ни   C. Как ни   D. Чем ни
8) Не беспокойся, он тебе поможет, _____ случилось.
   A. что ни   B. как ни   C. что бы ни   D. как бы ни

9) Нужно всегда смотреть на мир с любопытством, _____ там ни происходило.
   A. что   B. что бы   C. чтобы   D. чего
10) Как бы я ни _____, я не смогу выполнить задачу в срок.
    A. стараться   B. старался   C. стараюсь   D. старайся

7. 将下列句子译成俄语。(Переведите на русский язык.)

1) 虽然老师再三强调，还是有同学上课迟到。
2) 虽然我喜欢并且尊敬您，但我不能赞同您的观点。
3) 虽然我们住在同一座城市，却很少见面。
4) 虽然这次考试我准备得很好，但还是没能得到"优秀"。
5) 无论你做什么工作，都要记得：健康才是最主要的。
6) 不管我怎么求他原谅，他还是生气地离开了。
7) 不管给他提多难的问题，他都能回答出来。
8) 不管我怎么敲门，都没有人回应。
9) 尽管运动员们拼尽全力，也没能赢得比赛。
10) 尽管太阳已经下山了，但依旧很闷热。

8. 读下面的谚语并解释其含义。(Прочитайте следующие пословицы и объясните их смысл.)

1) Сколько волка ни корми, он всё в лес смотрит.
2) Как куст ни мал, а тень даёт.
3) Как ни мостись, а на небо не влезешь.
4) Каков ни будь грозен день, а вечер настанет.
5) Сколько ни живи, а умирать надо.

9. 选择适当的词语填空。(Вставьте подходящий вариант.)

1) _____ Саша много болел, он хорошо сдал экзамены.
   A. Так как   B. Раз   C. Несмотря на то что   D. Как ни
2) _____ это слово встречалось много раз, но я никак не мог его запомнить.
   A. Хотя   B. Несмотря на то что
   C. Как ни   D. Сколько ни
3) Сколько бы я ни _____, я не забуду этого.
   A. живу   B. буду жить   C. жил   D. проживу
4) _____ он очень старался казаться весёлым, мы видели его беспокойство.
   A. Хотя   B. Несмотря на то C. Как ни   D. Сколько ни
5) _____ я только ни обращался, везде отвечали: «Не знаем, не слышали».
   A. Как   B. Кому   C. К кому   D. С кем

6) _____ он ни был, можно поручиться, что это будет хороший руководитель.

   A. Кем   B. Кем бы   C. Кто   D. Каким

7) Из окна открывался чудесный вид на вершину горы, _____ сегодня из-за тумана ничего не было видно.

   A. и   B. но   C. несмотря   D. зато

8) _____ ни бываю, не могу удержаться, покупаю то, что очень нравится.

   A. Где   B. Что   C. Кто   D. Куда

9) _____ ни говори "халва", во рту слаще не будет.

   A. Какой   B. Что   C. Кто   D. Сколько

10) Петров очень взволнован, _____ старается этого не показать.

    A. и   B. но   C. несмотря   D. так как

 10. 用下面句子中的黑体词语造句。(Составьте предложения с выделенными словами.)

1) Государственные символы — это символы, которые **имеют особое значение** для граждан какого-то государства.

2) Что **означают** эти цвета?

3) Флаг — это **то же самое, что** и имя.

4) Пока жизнь **идёт своим чередом**, мы не часто вспоминаем о государственных символах.

5) Символы государства **говорят о** величии страны.

6) **В символах заключена** преемственность поколений.

7) Когда наши спортсмены побеждают на ответственных состязаниях, мы **с гордостью** смотрим на государственный флаг.

8) Гимн — это официально принятая торжественная песня **в честь** государства.

9) У каждого государства есть свои символы, по которым эту страну **отличают от** других.

10) На нём **изображался** всадник с копьём, поражающий змея.

 11. 翻译词组。(Переведите на русский язык.)

眼含热泪 / 最重要的时刻 / 在显眼的地方 / 不可分割的部分 / 国家标志 / 双头鹰 / 识别符号 / 钞票 / 出生证明 / 中学毕业证 / 大学毕业文凭 / 重大场合 / 三色旗 / 自由和独立的象征 / 公民的平等 / 俄罗斯宗教的保护者 / 俄罗斯君主制 / 有民族自豪感

 12. 选择动词并变成正确的形式填空。(Вставьте глагол в нужной форме.)

отличать — отличаться	изображать — изображаться
считать — считаться	прославить — прославиться
сделать — сделаться	исполнять — исполняться

1) В рабо́те нам необходи́мо _____ гла́вное от второстепе́нного.

2) В свои́х произведе́ниях И.С. Турге́нев люби́л _____ ру́сскую приро́ду.

3) На карти́не худо́жника _____ дереве́нский пейза́ж.

4) П. Чайко́вский _____ на весь мир как выдаю́щийся компози́тор.

5) Бра́тья _____ друг от дру́га хара́ктером, как не́бо от земли́.

6) Мы горди́мся те́ми спортсме́нами, кото́рые _____ на́шу Ро́дину.

7) Когда́ мы пришли́, в за́ле _____ му́зыка.

8) В Росси́и пятидеся́тая годовщи́на сва́дьбы _____ золото́й сва́дьбой, и её пра́зднуют са́мым торже́ственным о́бразом.

9) Э́то произведе́ние _____ его́ широко́ изве́стным.

10) Когда́ он узна́л об э́том, его́ лицо́ _____ гру́стным.

11) Он музыка́нт, всю жизнь _____ класси́ческую му́зыку на конце́ртах.

12) Я так сде́лал не то что из любопы́тства, а _____ э́то ну́жным.

13. 参照对话和课文的内容回答下列问题。(Отве́тьте на вопро́сы по диало́гам и те́ксту.)

1) Что тако́е си́мволы госуда́рства?
2) Како́е значе́ние име́ют си́мволы госуда́рства?
3) Где изобража́ется госуда́рственный герб Росси́йской Федера́ции?
4) Когда́ появи́лся пе́рвый герб Росси́и?
5) Во вре́мя правле́ния како́го царя́ на гербе́ появи́лся двугла́вый орёл?
6) Отку́да пришёл в Росси́ю двугла́вый орёл?
7) Что тако́е герб?
8) Когда́ исполня́ется гимн Росси́и?
9) Кто а́втор ги́мна Росси́и?
10) Какова́ пе́рвая строка́ припе́ва ги́мна Росси́и?

14. 记住下列俄罗斯国家标志及与历史有关的词语。(Запо́мните сле́дующие слова́, свя́занные с росси́йской госуда́рственной симво́ликой и исто́рией.)

Ки́евская Русь 基辅罗斯
Моско́вское кня́жество 莫斯科公国
Византи́йская импе́рия 拜占庭帝国
Росси́йская импе́рия 俄罗斯帝国
правосла́вие 东正教
госуда́рственный герб 国徽

креще́ние Руси́ 罗斯受洗
приня́тие христиа́нства 接受基督教
Ива́н III 伊万三世
Пётр I 彼得一世
двугла́вый орёл 双头鹰
трёхцве́тный флаг 三色旗

15. 将下面的短文翻译成汉语。(Переведите на китайский язык.)

Законы о Государственном гимне РФ были приняты Государственной Думой 8 декабря 2000 года. На самом деле в России долгое время не было своего государственного гимна. А после его появления он несколько раз изменялся. После Октябрьской революции Государственным гимном был «Интернационал». Новый Государственный гимн СССР, начинающийся словами "Союз нерушимый республик свободных", начал исполняться с 1 января 1944 года. Музыка Государственного гимна написана А. В. Александровым. Во время правления Ельцина Государственным гимном являлась классическая музыка, написанная великим русским композитором М. Глинкой, и исполнялась она без слов. Когда В. Путин стал президентом России, было решено, что герб и флаг останутся такими же, как и при Ельцине, а в качестве гимна оставлена прежняя музыка А. В. Александрова, слова к которой написал Сергей Михалков. Новый вариант текста российского гимна начинается словами: "Россия —священная наша держава, Россия — любимая наша страна. Могучая воля, великая слава — твоё достояние на все времена!"

 16. 阅读下面有关俄罗斯国徽和国旗的文字。(Прочитайте тексты о государственном гербе и флаге России. Что нового вы узнали?)

1) Ежегодно 22 августа в России отмечается День Государственного флага Российской Федерации, установленный на основании Указа Президента Российской Федерации от 20 августа 1994 года «О Дне Государственного флага Российской Федерации». 22 августа 1991 года над Белым домом в Москве впервые был официально поднят трёхцветный российский флаг, заменивший в качестве государственного символа красное полотнище с серпом и молотом. В этот день Верховный Совет РСФСР постановил считать «полотнище из белой, лазоревой, алой полос официальным национальным флагом России».

2) 30 ноября 1993 года президент России Б. Н. Ельцин подписал указ «О государственном гербе Российской Федерации». Двуглавый орёл вновь стал гербом России. Двуглавный орёл появился ещё в 1457 году. Считается, что символ пришёл из Византии. Но была и другая версия, что двуглавый орёл прилетел в Россию из Греции. Его история отражает путь Российской державы, полный

величия и драматизма. На протяжении четырёх с половиной столетий двуглавый орёл неизменно оставался главной эмблемой русского государства, хотя облик его менялся от правителя к правителю. Сейчас двуглавый орёл, как и прежде, символизирует могущество и единство Российского государства. И мы будем надеяться, повторив слова С. А. Есенина, что Русь взмахнёт крылами.

17. 翻译下列句子。(Переведите на русский язык.)

1) 中华人民共和国国旗是中华人民共和国的象征和标志。
2) 中华人民共和国国徽，中间是五星照耀下的天安门，周围是谷穗和齿轮。
3) 台湾是中华人民共和国不可分割的领土。
4) 当人们的生命和财产受到威胁时，警察总是挺身而出。
5) 雄壮的国歌在运动场上奏响，运动员们眼含热泪望着五星红旗。
6) 在中国，红色通常被认为是吉祥喜庆的颜色。
7) 俄罗斯国徽象征着国家的强大和统一。
8) 俄罗斯国徽的图案几经变化，这也反映了国家发展的历史。
9) 2000年12月8日俄罗斯国家杜马通过了关于俄罗斯国歌的法令。
10) 俄罗斯现在的国歌保留了亚历山德罗夫所作的乐曲，由谢尔盖·米哈尔科夫填词。
11) 俄罗斯的国旗是由白、蓝、红三种颜色组成的横条旗。
12) 每当人们听见国歌时，都为自己的国家和民族感到自豪。

УРОК 8

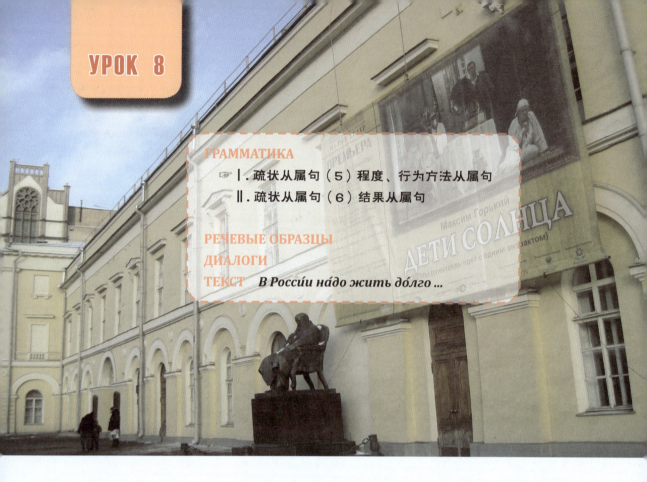

ГРАММАТИКА
- Ⅰ. 疏状从属句（5）程度、行为方法从属句
- Ⅱ. 疏状从属句（6）结果从属句

РЕЧЕВЫЕ ОБРАЗЦЫ
ДИАЛОГИ
ТЕКСТ В России надо жить долго ...

ГРАММАТИКА

Ⅰ. 疏状从属句（5）程度、行为方法从属句
Придаточные предложения степени, образа действия

程度和行为方法从属句指出主句行为的方式、方法或特征的表现程度，回答как, каким образом, в какой степени等问题。

程度和行为方法从属句通常用联系用语как或连接词что, чтобы, как будто等与主句连接。主句中通常有так, до того, такой等指示词。其结构如下：

① ... так + 动词 / 副词 , как...

② 动词 / 副词 / 形容词（短尾形式） , что / чтобы / как будто

③ ... такóй + 形容词(长尾形式),   что
                                                  чтóбы
                                                  как бýдто

1. 用联系用语 как 连接的行为方法从属句表示句中的行为按照从属句所叙述的方式进行，例如：

① Я бýду дéлать так, как обещáл.

   我说到做到。

② Мы вы́полнили рабóту так, как от нас трéбовали.

   我们按要求完成了任务。

③ Дéлайте э́то так, как вы хоти́те.

   这件事就按您自己的意愿做吧。

2. 用连接词 что 连接的从属句一般都附有一定的结果意味，说明主句的行为或特征达到的程度，例如：

① Так тяжелó на душé, что плáкать хóчется.

   心里难受得直想哭。

② У бéрега водá в мóре такáя прозрáчная, что мóжно ви́деть дно.

   海边的水清澈透明，都能看到海底。

③ Я так гóлоден, что в животé ужé урчи́т.

   我肚子饿得咕咕叫。

④ В автóбусе бы́ло так мнóго нарóду, что я́блоку нéгде бы́ло упáсть.

   公交车上人挤得满满的。

3. 用连接词 чтóбы 连接的从属句表示说话人所希望达到的行为或特征的程度，通常还附有目的或结果的意味，例如：

① Говори́те так, чтóбы всем бы́ло слы́шно.

   您说得声音大些，让大家都听得见。

② Дом нáдо пострóить так, чтóбы из óкон мóжно бы́ло ви́деть мóре.

   盖房子窗户的朝向应对着大海。

③ Я знáю рýсский язы́к не так хорошó, чтóбы свобóдно разговáривать с рýсскими.

   我俄语掌握得还不够好，不能和俄罗斯人自如地交谈。

④ Погóда не такáя тёплая, чтóбы гуля́ть без пальтó.

   天气还没有暖和到脱大衣的程度。

4. 用 как бýдто 连接的从属句通过比拟来说明主句的行为，例如：

① У тебя́ такóй вид, как бýдто ты не вы́спался.

   你的样子就像没睡醒似的。

② Онá смóтрит на меня́ так, как бýдто меня́ не знáет.

   她看着我，好像不认识我似的。

③ Они́ здорóвались так, как бýдто знакóмы мнóго лет.

   他们打招呼的样子就好像是旧相识。

Ⅱ. 疏状从属句（6）结果从属句
Прида́точные предложе́ния сле́дствия

结果从属句说明整个主句，表示主句所叙述事情的结果。从属句位于主句之后，通常用连接词так что与主句连接，例如：

① Он сказа́л всё, так что мне не́чего доба́вить.
　　他的讲话面面俱到，因此我没什么补充了。
② Маши́на до́лго стоя́ла в про́бке, так что мы не смогли́ во́время прие́хать.
　　路上堵车，所以我们没能准时到达。
③ Мы мно́го лет рабо́таем вме́сте, так что уже́ привы́кли друг к дру́гу.
　　我们在一起工作很多年了，所以彼此已经习惯了。
④ Мать ра́но умерла́, так что сестра́ замени́ла ему́ мать и уха́живала за ним.
　　母亲去世得早，因此姐姐代替了母亲照顾他。

РЕЧЕВЫЕ ОБРАЗЦЫ

1. Суп тако́й о́стрый / холо́дный , что невозмо́жно есть.

   (рома́н — интере́сный, ко́мната — ма́ленькая; не прочита́ть, жить)

2. В ко́мнате так жа́рко / ду́шно , что невозмо́жно дыша́ть.

   (общежи́тие лица — шу́мно, ваго́н — те́сно; засну́ть, пройти́)

3. Я всегда́ де́лаю так, как врач сове́тует / тре́нер говори́т .

   (преподава́тель, руководи́тель; сказа́ть, рассказа́ть, проси́ть, веле́ть)

4. Учи́тель так гро́мко / подро́бно объясня́ет, чтобы все его́ услы́шали / по́няли .

   (ти́хо говори́ть, бы́стро идти́; не меша́ть, не опозда́ть)

5. Он ведёт себя́ так, как бу́дто он ни в чём не винова́т / ничего́ не случи́лось .

   (уви́деть, рассерди́ться, оби́деться)

6. Вчера там прошёл тайфун, так что сегодня туда нельзя ехать придётся отложить нашу поездку.

(ливень, землетрясение; дорога закрыта, оказать гуманитарную помощь)

ДИАЛОГИ

1. —Знаешь ли ты что-нибудь о Дине Рубиной?
   —Совсем немного. Она родилась 19 сентября 1953 года в Ташкенте, окончила Ташкентскую консерваторию. Преподавала в местном институте культуры, начала печататься в 1971 году. А почему ты заинтересовался этой писательницей?
   —Она автор около трёх десятков книг, её произведения переведены на полтора десятка языков.
   —Она очень талантлива. Её произведения были отмечены премиями, среди них шорт-лист Букеровской премии, две израильские литературные премии.
   —В 2008 году Дина Рубина стала лауреатом премии Благотворительного фонда Олега Табакова.
   —А за что ей присудили премию?
   —За редкий по человечности и художественной точности рассказ «Адам и Марьям».
   —А в 2007 году она была удостоена третьей премии Большой книги за роман «На солнечной стороне улицы».
   —Она пишет обо всём: о смерти, о любви, о болезнях, о войне...
   —Я недавно прочитала её книжку «Чужие подъезды». Это сборник повестей, новелл, рассказов. Все произведения этого сборника о любви. Только в этом чувстве человек велик и беззащитен одновременно.
   —Да, любовь заставляет человека совершать подвиги или преступления. Мы не знаем, какая она достанется нам в нашей единственной жизни.

2. —Давайте поговорим с вами о вежливости, каким должен быть человек.
   —А что ты понимаешь под вежливостью?
   —Мне кажется, что вежливость — это моральное качество, характеризующее поведение человека, для которого уважение к людям стало повседневной нормой поведения.
   —А я уверен, что истинная вежливость заключается в доброжелательном отношении к людям.
   —Кто-то сказал: «Ничего не даётся так дёшево и не стоит так дорого, как

вежливость» .

—Я думаю, что мы с вами заговорили не только о вежливости, но и о жизненных правилах, жизненном кредо.

—Какое у вас жизненное кредо?

—Для одних жизнь — это борьба, для других — игра, а для третьих — развлечение. А какой у вас девиз жизненной позиции? Жизнь — это ...

—... движение. Нельзя останавливаться на достигнутом.

—А для меня важными являются слова «Живи и дай жить другим» .

—Но в этой простой фразе скрыта одна из первопричин существования людей в целом. Живи так, как тебе хочется, но давай жить другим. Ты и только ты — хранитель своей судьбы.

—А моим жизненным кредо стал родовой девиз Суворовых: « Должен — значит, могу».

—И мне эта фраза напоминает, что даже если всё вокруг против меня, и единственное, что у меня ещё осталось — это долг, я всё равно смогу его выполнить. Я должна это сделать. Значит, я могу.

В России надо жить долго ...

По Д. Рубиной

Возвращаясь из поездки по Италии, перед тем, как войти в салон самолёта, я взяла с тележки газету «Вести». Усевшись в кресло, я увидела некролог Лидии Борисовне Либединской.

Затем всю дорогу я смотрела на облака, вспоминая, как несколько недель назад мы сидели за столом у нас дома, и я любовалась нарядной, элегантной Лидией Борисовной. Никогда не видела её раздражённой, обозлённой на что-то или кого-то. Знаменита фраза Либединской: "Пока мы злимся на жизнь, она проходит".

Однажды я услышала от неё: "В молодости надо делать то, что хочется, а в старости НЕ делать того, что НЕ хочется". И ещё она говорила: "Запомни три НЕ: НЕ бояться, НЕ завидовать, НЕ ревновать. И ты всю жизнь будешь счастлива". Думаю, Лидия Борисовна Либединская, урождённая Толстая, была счастливым человеком.

—Лидия Борисовна! — воскликнула я однажды, обнаружив, что дверь квартиры не заперта. — Вы что, хотите, чтобы вас ограбили?! Она невозмутимо отвечала:

— Пусть лучше один раз ограбят, чем всю жизнь трястись от страха.

А когда однажды ей позвонил из Переделкино сосед, траурным голосом сообщив, что ночью Либединских, взломав дверь, ограбили, она спокойно отозвалась:

— Очень удачно, а то я как раз ключи от дачи потеряла ...

Мне повезло довольно тесно общаться с Лидией Борисовной Либединской в те три года, когда я работала в Москве. После каждой встречи я с восхищением думала, что вот от такой старости не отказалась бы.

Истинная женщина до мельчайших деталей, Лидия Борисовна всегда выглядела так, словно именно сегодня её должны чествовать в самом престижном зале столицы. Бус, колец, серёг и прочей бижутерии ко всем нарядам у неё было не меньше, чем у какой-нибудь голливудской дивы, разве что не бриллиантов и изумрудов.

Однажды Лидия Борисовна в разговоре упомянула, что восстановлено Шахматово, родовое имение Блока. Мы уговорились на ближайшие выходные и поехали. Добиралась с приключениями, но всё же нашла обгорелый фундамент пепелища Блоковской усадьбы. Посидела в тишине, под высоким серебристым тополем, подобрала осколок кирпича от фундамента и привезла Чуковскому. Старик прижал этот осколок к щеке, проговорил: «Я ни разу не выбрался туда, к Блоку, а ведь он меня звал приехать».

Лидия Борисовна спросила: "Корней Иванович, неужели никогда не восстановят этот дом?" Он ответил: "Лида, в России надо жить долго".

Этот разговор происходил в 65-ом году прошлого века. И вот минуло каких-нибудь сорок лет — и имение восстановлено.

В прихожей дома-музея я увидела на стене памятную доску с именами писателей и общественных деятелей, кто боролся за восстановление Шахматова и добился этого.

— Лидия Борисовна, тут и ваше имя!

— Ну да, ну да... — сказала она, как отмахнулась.

С того дня прошло несколько лет, и сейчас, вспоминая нашу вылазку, я ловлю себя на том, что весь этот день — весь! — ощущаю как цельный кристалл прозрачного счастья.

НОВЫЕ СЛОВА И СЛОВОСОЧЕТАНИЯ

обещать (未, 完) -аю, -аешь; кому 应许, 允诺, 答应

пообещать (完) -аю, -аешь; ~ вовремя прийти

прозрачный 透明的, 清澈的; 洁净的

дно, -а; донья, -ьев 底, 底部

голодный 饥饿的, 挨饿的

живот, -а; -ы 腹部, 肚子

урчать (未) -чу, -чишь 作呼噜声, 发咕噜声 Вода урчит.

слышно (副, 无) кого-что 听得到, 听得清 Мне вас

не слы́шно.
высыпа́ться（未）-а́юсь, -а́ешься 睡足，睡够
вы́спаться（完）-плюсь, -пишься
добавля́ть（未）-я́ю, -я́ешь; что, чего́ 添，加；补充
доба́вить（完）-влю, -вишь; ~ со́ли в суп, ~ два сло́ва к ска́занному
веле́ть（完, 未）-лю́, -ли́шь; кому́ 吩咐，嘱咐；命令 Ему́ веля́т не кури́ть.
подро́бный 详细的，详尽的
тайфу́н, -а; -ы 台风
землетрясе́ние, -ия; -ия 地震
гуманита́рный 人文学的，人文的；仁爱的
консервато́рия, -ии; -ии 音乐学院
деся́ток, -тка; -тки 十，十个 ~тки люде́й
отмеча́ть（未）-а́ю, -а́ешь; кого́-что 表扬，表彰
отме́тить（完）-е́чу, -е́тишь; ~ передовы́х люде́й и хоро́шие дела́
шорт-лист, -а 候选名单
Бу́керовская пре́мия 布克奖
изра́ильский 以色列的
лауреа́т, -а; -ы （科学、艺术等方面的）获奖者
благотвори́тельный 慈善的，募捐的
присужда́ть（未）-а́ю, -а́ешь; кому́ что 授予，颁发给，评给
присуди́ть（完）-ужу́,

-у́дишь; ~ ему́ пре́мию
челове́чность, -и （阴）人性，人道主义
удоста́ивать（未）-аю, -аешь; кого́-что чего́ 授予，颁发给，奖给
удосто́ить（完）-о́ю, -о́ишь; Моя́ рабо́та была́ удосто́ена пе́рвой пре́мии.
Больша́я кни́га "大图书"（俄罗斯文学奖）
подъе́зд, -а; -ы 通路；（建筑物的）入口，单元
нове́лла, -ы; -ы 短篇小说；故事
беззащи́тный 无保护的，无依无靠的
по́двиг, -а; -и 功勋
достава́ться（未）-таю́сь, -тае́шься; кому́ 归……所有；落到……头上
доста́ться（完）-а́нусь, -а́нешься; Действи́тельно, ро́ли ей практи́чески всегда́ достава́лись в фи́льмах небольши́е.
ве́жливость, -и （阴）客气，礼貌
ка́чество, -а; -а 品质，品格，素质
цени́ть（未）ценю́, це́нишь; кого́-что 评价，估价；重视，珍惜 Не цени́ люде́й по вне́шности.
характеризова́ть（未）-зу́ю, -зу́ешь; кого́-что 评定，评价
охарактеризова́ть（完）-зу́ю, -зу́ешь; ~ ученика́ с

положи́тельной стороны́
доброжела́тельный 善意的，友善的，同情的
кре́до （中，不变）信条，信仰
развлече́ние, -ия 娱乐，消遣
деви́з, -а; -ы 座右铭，箴言
пози́ция, -ии; -ии 观点，立场，态度
Живи́ и дай жить други́м. 相互关爱，共享生命。
скры́тый 暗藏的，隐蔽的，暗含的
первопричи́на, -ы; -ы 起因
храни́тель, -я; -и （阳）看管人，保管员
сало́н, -а; -ы （公共汽车、电车、轮船等的）乘客室，乘客舱
уса́живаться（未）-аюсь, -аешься （舒适地）坐下；坐很久
усе́сться（完）уся́дусь, уся́дешься; ~ в маши́ну
некроло́г, -а; -и 悼念文章；悼词
элега́нтный 雅致的，文雅的
злить（未）злю, зли́шь; кого́ 激怒，触怒；惹……生气
обозли́ть（完）-злю́, -зли́шь
зли́ться（未）злю́сь, зли́шься 发怒，生气
обозли́ться（完）-злю́сь, -зли́шься
ревнова́ть（未）-ну́ю, -ну́ешь; кого́ к кому́ 吃醋，猜忌，嫉妒

приревновать（完）-ную, -нуешь; ~ мужа к другой

старость, -и （阴）老年, 高龄

урождённая （用于已婚妇女娘家姓氏之前）娘家姓…… Иванова, ~ Павлова

восклицать（未）-аю, -аешь （激动、兴奋地）大声说, 呼喊

воскликнуть（完）-ну, -нешь

обнаруживать（未）-аю, -аешь; что 露出; 发现, 察觉

обнаружить（完）-жу, -жишь ~ недостатки

грабить（未）-блю, -бишь; кого-что 抢劫, 掠夺; 勒索

ограбить（完）-блю, -бишь; ~ прохожих на дороге

невозмутимый 沉着的, 镇静的

трястись（未）-сусь, -сёшься 晃动, 颤抖; 怕得发抖

тряхнуться（完）-нусь, -нёшься

траурный 悲伤的, 凄凉的

взламывать（未）-аю, -аешь; что 撬开, 凿开, 拆开

взломать（完）-аю, -аешь; ~ лёд

отзываться（未）-аюсь, -аешься; на что 应声, 回应, 响应

отозваться（完）отзовусь, отзовёшься; ~ на призыв

чествовать（未）-твую, -твуешь; кого 为……举行（隆重）庆祝活动, 祝贺

бусы（复）项链, 串珠

кольцо, -а; кольца, колец, кольцам 戒指, 指环

серьга, -и; серьги, серёг, серьгам （复）耳环

прочий 其余的, 其他的

бижутерия, -ии 妇女饰物

наряд, -а; -ы 服装, 衣服

голливудский 好莱坞的

дива, -ы; -ы 著名女演员; 女歌手

бриллиант, -а; -ы 金刚石, 钻石

изумруд, -а; -ы 绿宝石; 祖母绿

упоминать（未）-аю, -аешь; кого-что, о ком-чём 提到, 谈到

упомянуть（完）-яну, -янешь; ~ имя друга, ~ о вчерашнем случае

родовой 氏族的, 世代相传的

уговариваться（未）-аюсь, -аешься 商量好, 约定

уговориться（完）-рюсь, -ришься

обгорелый 烧毁的, 烧焦的

фундамент, -а; -ы （建筑物等的）基础, 地基

пепелище, -а; -а 火灾遗址

усадьба, -ы; -ы 庄园, 宅园

серебристый 银色的, 银白的

тополь, -я; -я （阳）白杨

осколок, -лка; -лки 碎片; 残余（部分）

кирпич, -а; -и 砖, 砖头

прижимать（未）-аю, -аешь; кого-что 挤住, 压住, 按住; 使紧贴

прижать（完）-жму, -жмёшь; ~ ребёнка к своей груди

щека, -и; щёки 面颊

проговаривать（未）-аю, -аешь; что 说出来

проговорить（完）-рю, -ришь

выбираться（未）-аюсь, -аешься 摆脱; 抽空, 有机会（去某处）

выбраться（完）-берусь, -берёшься

минуть（完）минет; минул, минула 过去, 结束

прихожая（阴, 名）-ей; -ие 外厅, 前厅

памятный 难忘的, 纪念的

деятель, -я; -и （阳）活动家

отмахиваться（未）-аюсь, -аешься 轰走; 摆（手）（表示不满、不耐烦、不愿等）

отмахнуться（完）-нусь, -нёшься; ~ рукой

вылазка, -и; -и 出击（军）; 游览, 远足

кристалл, -а; -ы 晶体, 结晶体; 水晶

УРОК 8

ВНЕАУДИТОРНЫЕ УПРАЖНЕНИЯ
课下自主练习

 1. 读下列句子，找出从句并且确定其类型。(Прочитáйте предложéния и найди́те прида́точные предложéния, определи́те их тип.)

1) Стихи́ на́до чита́ть так, что́бы ка́ждое сло́во волнова́ло слу́шателей.

2) Всё бы́ло так хорошо́, как я ду́мал.

3) Кни́га была́ така́я интере́сная, что тру́дно бы́ло оторва́ться от неё.

4) Жизнь так коротка́, что ничего́ не успева́ешь!

5) Воло́дя запла́кал так гро́мко, что услы́шали да́же во дворе́.

6) Крестья́не собра́ли тако́й хоро́ший урожа́й, что се́рдце ра́дуется.

7) Она́ так насто́йчиво приглаша́ла в го́сти, что нельзя́ бы́ло не пойти́.

8) Мать вела́ себя́ так, что́бы де́ти не беспоко́ились о ней.

9) Зри́тели так волнова́лись, что по́сле конце́рта до́лго не расходи́лись.

10) Статья́ напи́сана не так хорошо́, что́бы её мо́жно бы́ло печа́тать в журна́ле.

11) Кни́га не така́я интере́сная, что́бы чита́ть её второ́й раз.

12) У вас запа́с слов не тако́й большо́й, что́бы перевести́ текст без словаря́.

13) Он зна́ет ру́сский язы́к так, как бу́дто роди́лся и вы́рос в Росси́и.

14) Зако́нчив э́ту тяжёлую рабо́ту, Ва́ся чу́вствовал себя́ так, как бу́дто не спал тро́е су́ток.

15) Он так интере́сно расска́зывал нам э́ту исто́рию, как бу́дто он ви́дел всё свои́ми глаза́ми.

 2. 续写句子。(Зако́нчите предложе́ния.)

1) Мы должны́ поступа́ть так, как … .

2) Мы вы́полнили рабо́ту так, … .

3) Я бу́ду де́лать так, как … .

4) Говори́те так, что́бы … .

5) Мы бу́дем помога́ть ему́, как … .

6) Всё бы́ло сде́лано так, как … .

7) Нам на́до жить так, что́бы … .

8) Испо́лните его́ про́сьбу так, как … .

9) Де́лайте, как … .

10) На́до учи́ться так, что́бы … .

3. 用连接词或联系用语填空。(Вставьте подходящие союзы или союзные слова.)

1) Принимай лекарство так, _____ врач советовал.
2) Она не такая глупая, _____ тебя не понять.
3) Комната так мала, _____ в ней два человека не могут жить.
4) Она смотрит на меня так, _____ меня не знает.
5) На выставке было так много народу, _____ яблоку негде было упасть.
6) Он вёл себя так, _____ ничего не случилось.
7) Он не был так беден, _____ покупать дешёвые вещи.
8) У нас времени не так много, _____ сходить за продуктами.
9) Они здоровались так, _____ знакомы много лет.
10) Она вела себя так, _____ никто не заметил её волнение.
11) Он подошёл ко мне так тихо, _____ от неожиданности я вздрогнул.
12) Девушка не так умна, _____ понять твой намёк.
13) Она была так взволнована, _____ не могла сказать ни слова.
14) На улице не так холодно, _____ нельзя было выйти погулять.
15) Ветер был таким сильным, _____ трудно было держаться на ногах.

4. 续写句子。(Закончите предложения.)

1) Дождь лил как из ведра, так что …
2) До отъезда ещё целых два часа, так что …
3) У меня много работы, так что …
4) Чемодан был так тяжёл, что …
5) Они шли так быстро, что …
6) Я не так занят, чтобы …
7) Он ведёт себя здесь так, как будто …
8) Туман в лесу был такой густой, что …
9) Он так ясно говорил, что …
10) Он чувствует себя так плохо, что …

5. 选择适当的词语填空。(Вставьте подходящий вариант.)

1) Он разговаривает со мной так, _____ рассердился на меня.
   A. как   B. что   C. как будто   D. чтобы
2) Он не настолько опытен, _____ его можно было послать на такую работу.
   A. как   B. что   C. как будто   D. чтобы
3) Музыка была так прекрасна, _____ мы все заслушались.
   A. как   B. чтобы   C. что   D. так что

4) Работу надо переделать так, _____ не было ошибок.
   A. когда   B. если   C. что   D. чтобы

5) Если ты пришёл в гости, то следует вести себя так, _____ твой приход был приятен хозяевам.
   A. как   B. чтобы   C. что   D. так что

6) На собеседовании важно выглядеть так, _____ было видно, что вы соответствуете требованиям компании.
   A. как   B. что   C. как будто   D. чтобы

7) Вопрос не так важен, _____ обращать на него внимание.
   A. что   B. чтобы   C. как   D. насколько

8) Он бежал так быстро, _____ никто его не мог догнать.
   A. как   B. что   C. так как   D. чтобы

9) Больной вёл себя так, _____ с ним ничего не случилось.
   A. что   B. чтобы   C. как   D. будто

10) Как вы мне посоветовали, _____ я и сделал.
   A. так   B. как   C. когда   D. что

6. 将带有程度从句的主从复合句改为带结果从句的复合句。(Переделайте предложения с придаточным степени в предложения с придаточным следствия.)

Образец: Вчера я так устала, что после ужина сразу легла спать.
        Вчера я очень устала, так что после ужина сразу легла спать.

1) Вода такая прозрачная, что можно даже видеть дно реки.
2) Она так испугалась, что долго не могла прийти в себя.
3) Оля так любит музыку, что готова поступить в консерваторию.
4) Он так увлёкся чтением, что два дня не выходил из дому.
5) Он так ясно объяснял, что все его хорошо поняли.
6) На дворе так холодно, что никто не хочет выходить из дома.
7) У него в диктанте так много ошибок, что придётся переписать его.
8) В этом рассказе так много непонятных мест, что теряешь интерес к чтению.
9) Лёд на реке такой тонкий, что идти по нему опасно.
10) Дети ушли так далеко, что мы не слышали их голосов.

7. 翻译下列句子。(Переведите на русский язык.)

1) 所有的事情他都按照母亲的话做。
2) 得知这一消息，我激动得不知说什么才好。
3) 请讲得声音大一些，让坐在后面的人能听见。
4) 她同我讲话的样子就好像我们之间什么也没有发生似的。
5) 昨晚隔壁吵得我一夜都没法睡觉。

6) 这条路窄得两辆车都过不去。

7) 他那样望着我，就好像我做错了什么似的。

8) 这个问题我还不是很了解，说不出什么意见。

9) 你的知识还没有多到可以教别人的程度。

10) 友谊对我来说无比重要，没有它我无法生活。

8. 选择适当的词语填空。(Вставьте подходящий вариант.)

1) Дождь лил как из ведра, _____ о прогулке не могло быть и речи.
   A. так как   B. как будто   C. так что   D. как

2) Профессор тратит половину зарплаты на книги, _____ ему приходится отказывать себе во многом.
   A. так как   B. потому что   C. так что   D. что

3) Дети поступают так, _____ их учат родители и учителя.
   A. что   B. как   C. какому   D. когда

4) Отец всегда так интересно рассказывает всякие истории, _____ он сам был героем этих историй.
   A. как   B. как будто   C. когда   D. чтобы

5) Это настолько сложная операция, _____ не каждый врач рискнёт её делать.
   A. насколько   B. которую   C. что   D. словно

6) Мне так надоело каждый день говорить и слушать одно и то же, _____ я решил уйти с работы.
   A. как   B. как будто   C. что   D. чтобы

7) У него был _____ вид, словно он знает какую-то тайну.
   A. так   B. как   C. такой   D. какой

8) Она так волновалась, _____ ей было не тридцать шесть, а всего шесть лет.
   A. как   B. как будто   C. что   D. чтобы

9) Всё прошло именно так, _____ мы запланировали.
   A. как   B. как будто   C. что   D. чтобы

10) Информации об этом событии нигде не было, _____ мне пришлось потратить несколько часов, чтобы выяснить, что произошло.
    A. как   B. как будто   C. так как   D. так что

9. 用句子中的黑体词语造句。(Составьте предложения с выделенными словами.)

1) Возвращаясь из поездки по Италии, **перед тем, как** войти в салон самолёта, я взяла с тележки газету «Вести».

2) Ничего **не** даётся **так** дёшево и не стоит так дорого, **как** вежливость.

3) Очень удачно, **а то** я как раз ключи от дачи потеряла...

4) Лидия Борисовна всегда выглядела **так, словно** именно сегодня её должны

че́ствовать в са́мом прести́жном за́ле столи́цы.

5) Бус, коле́ц, серёг и про́чей бижуте́рии ко всем наря́дам у неё бы́ло не ме́ньше, чем у како́й-нибудь голливу́дской ди́вы, **ра́зве что** не бриллиа́нтов и изумру́дов.

6) Вспомина́я на́шу вы́лазку, я **ловлю́ себя́ на том, что** весь э́тот день — весь! — ощуща́ю как це́льный криста́лл прозра́чного сча́стья.

7) А я уве́рен, что и́стинная ве́жливость **заключа́ется в** доброжела́тельном отноше́нии к лю́дям.

8) А что ты **понима́ешь под** ве́жливостью?

9) И мне э́та фра́за напомина́ет, что **да́же е́сли** всё вокру́г про́тив меня́, и **еди́нственное, что** у меня́ ещё оста́лось — э́то долг, я всё равно́ смогу́ его́ вы́полнить.

10) Мне **повезло́** дово́льно те́сно обща́ться с Ли́дией Бори́совной Либеди́нской в те три го́да, когда́ я рабо́тала в Москве́.

10. 用俄语解释黑体词语的意义。(Объясни́те значе́ния вы́деленных слов на ру́сском языке́.)

1) Преподава́ла в ме́стном институ́те культу́ры, начала́ **печа́таться** в 1971 году́.

2) Её произведе́ния бы́ли **отме́чены** пре́миями, среди́ них шорт-лист Бу́керовской пре́мии, две изра́ильские литерату́рные пре́мии.

3) Мы не зна́ем, кака́я она́ **доста́нется** нам в на́шей еди́нственной жи́зни.

4) Пусть лу́чше оди́н раз огра́бят, чем всю жизнь **трясти́сь от стра́ха**.

5) Голова́ **идёт кру́гом** от всего́, что услы́шал.

6) А когда́ одна́жды ей позвони́л из Переде́лкино сосе́д, **тра́урным го́лосом** сообщи́в, что но́чью Либеди́нских, взлома́в дверь, огра́били, она́ споко́йно **отозвала́сь**: — Очень уда́чно, а то я как раз ключи́ от да́чи потеря́ла ...

7) В 2008 году́ Ди́на Ру́бина **ста́ла лауреа́том** пре́мии Благотвори́тельного фо́нда Оле́га Табако́ва.

8) Ду́маю, Ли́дия Бори́совна Либеди́нская, **урождённая** Толста́я, была́ счастли́вым челове́ком.

9) И вот **ми́нуло каки́х-нибудь** со́рок лет — и име́ние восстано́влено.

10) Мы **уговори́лись** на ближа́йшие выходны́е и пое́хали.

11. 阅读下面关于Л. Либеди́нская的文字。(Прочита́йте микроте́кст о Л. Либеди́нской.)

На 85-м году́ жи́зни умерла́ писа́тельница и литературове́д Ли́дия Бори́совна Либеди́нская (до заму́жества Толста́я). Оте́ц — из ро́да гра́фов Толсты́х, репресси́рованный за своё происхожде́ние в 1937 году́. Мать — писа́тельница Татья́на Толста́я, печа́тавшаяся под псевдони́мом Вечёрка. С трёх лет живёт в Москве́. Начина́ла учи́ться в исто́рико-архи́вном институ́те. Око́нчила Литинститу́т. В 1942 году́ вы́шла за́муж за писа́теля Юрия Либеди́нского и тогда́ же опубликова́ла в моско́вских газе́тах пе́рвые стихи́. С ю́ности росла́ в среде́, включа́вшей крупне́йших литера́торов и худо́жников своего́ вре́мени, её дом на протяже́нии мно́гих лет служи́л це́нтром притяже́ния широ́кого культу́рного кру́га. Встре́чи со ста́ршими совреме́нниками и све́рстниками нашли́ отраже́ние в воспомина́ниях Либеди́нской, среди́ геро́ев кото́рых — Мари́на Цвета́ева, А́нна Ахма́това, Бори́с Пастерна́к, Михаи́л Светло́в. Са́мая изве́стная её кни́га воспомина́ний — «Зелёная ла́мпа» (впервы́е и́здана в 1966 году́).

Ли́дия Либеди́нская воспринима́лась как оди́н из живы́х храни́телей тради́ций ру́сской культу́ры по́зднего Сере́бряного ве́ка, связу́ющее звено́ не́скольких поколе́ний ру́сской культу́ры. С ухо́дом э́той большо́й писа́тельницы заверши́лась це́лая эпо́ха ру́сской литерату́ры.

12. 回答下列问题。(Отве́тьте на вопро́сы.)

1) Что вы узна́ли о Л. Либеди́нской?
2) Из како́й семьи́ она́ происходи́ла?
3) Каки́е произведе́ния она́ написа́ла?
5) Ско́лько лет она́ прожила́?
6) Кто така́я Ди́на Ру́бина?
7) Каки́е пре́мии получи́ла Ди́на Ру́бина?
8) Какова́ основна́я те́ма произведе́ний Ди́ны Ру́биной?
9) В чём осо́бенности тво́рчества Ди́ны Ру́биной?
10) Кака́я же́нщина Л. Либеди́нская в глаза́х Ди́ны Ру́биной?
11) Как она́ всегда́ вы́глядела?
12) Как вы понима́ете слова́ Л. Либеди́нской: "Пока́ мы зли́мся на жизнь, она́ прохо́дит?"
13) Кака́я реа́кция была́ у Л. Либеди́нской, когда́ она́ узна́ла, что их дом огра́били?
14) От како́й пое́здки у Ди́ны Ру́биной оста́лось си́льное впечатле́ние? Почему́?
15) Почему́ текст называ́ется «В Росси́и на́до жить до́лго …»?

13. 翻译下列句子。(Переведи́те на ру́сский язы́к.)

1) 今天很不走运，口试时我抽到了最难的一个题签。
2) 书不仅给我们提供信息和知识，而且还让我们思考人生的意义。
3) 听了我的话，他摆了摆手说："算了吧。"
4) 他告诉我，他工作很好，家庭幸福，经常出国，我突然发觉自己有些嫉妒他。
5) 他真是个胆小鬼，看见有人抢劫，害怕得发抖。
6) 在谈话中她不止一次地提到那位著名的好莱坞女演员。
7) 我和他认识很多年了，从未见他发过脾气。
8) 这座寺庙曾遭破坏，解放后政府重新修复了它。
9) 我唯一拥有的就是一双勤劳的双手。
10) 这部讲述现代人生活信仰的影片，曾获奥斯卡奖。

14. 记住下列词语。(Запо́мните сле́дующие слова́ и словосочета́ния.)

ювели́рные изде́лия 珠宝首饰	украше́ние 饰物
кольцо́ 戒指	ожере́лье 项链
брошь 胸针	куло́н 吊坠
се́рьги 耳环	бу́сы 串珠项链
брасле́т 手镯	драгоце́нные ка́мни 宝石
бриллиа́нт 钻石	ага́т 玛瑙
янта́рь 琥珀	изумру́д 绿宝石
руби́н 红宝石	нефри́т 玉石
хруста́ль 水晶	же́мчуг 珍珠

 15. 阅读下面访谈节目的片断，讲述你所了解到的 Л. Б. Либеди́нская。(Прочита́йте отры́вок из интервью́ и расскажи́те, что но́вого вы узна́ли о Л. Б. Либеди́нской.)

Веду́щий: Ви́ктор Шендеро́вич: Сего́дняшнюю програ́мму, я ду́маю, мо́жно бы́ло бы назва́ть «За одни́м микрофо́ном с леге́ндой». Ли́дия Бори́совна Либеди́нская. Я ду́маю, что для на́ших радиослу́шателей объясня́ть не на́до и расшифро́вывать не на́до.

Я до́лжен сказа́ть, что хотя́ мне посчастли́вилось давно́ быть знако́мым с Ли́дией Бори́совной, гото́вясь к эфи́ру, мы всё-таки зале́зли в Интерне́т. И реда́ктор на́шей програ́ммы с удивле́нием обнару́жила: ни одного́ невосхищённого о́тзыва. Что удиви́тельно, потому́ что, когда́ кли́кнешь каку́ю-нибудь фами́лию в Интерне́те, что́-нибудь хоро́шее бу́дет и что́-нибудь плохо́е. Как получа́ется, Ли́дия Бори́совна, что ни одного́ плохо́го о́тзыва? Что, не накопи́ли враго́в, что ли?

Ли́дия Либеди́нская: Я ду́маю, что, мо́жет, вы про́сто не о́чень внима́тельно чита́ли сообще́ния в Интерне́те. Но я вообще́ не по́льзуюсь Интерне́том. Услы́шав тако́е от вас, я постара́юсь войти́ в Интерне́т.

Ви́ктор Шендеро́вич: И всё-таки... В одно́м лице́ внуча́тая племя́нница Льва Никола́евича Толсто́го, жена́ писа́теля Ю́рия Либеди́нского, одного́ из основополо́жников сове́тской литерату́ры и тёща Губерма́на. Вот как э́то самоощуще́ние — пото́мка Толсто́го и тёщи Губерма́на?

Ли́дия Либеди́нская: Вы зна́ете, насчёт пото́мка Толсто́го, ка́к-то у нас в семье́ не о́чень при́нято бы́ло горди́ться каки́м-то родство́м. Оте́ц был — Бори́с Дми́триевич Толсто́й, граф, у него́ бы́ли визи́тные ка́рточки, ещё оста́вшиеся от дореволюцио́нных лет, он припи́сывал внизу́ фиоле́товыми черни́лами: «Сотру́дник Госпла́на РСФСР». Ма́ма ему́ говори́ла: «Бо́ря, э́то пло́хо ко́нчится». Э́то ко́нчилось пло́хо: в 1937 году́ он был аресто́ван и поги́б в ла́гере.

Что каса́ется Льва Никола́евича, то э́то не совсе́м прямо́е родство́, но вот дед Льва

Николаевича, Илья Андреевич Толстой, которого он обессмертил в образе старого графа Ростова Ильи Андреевича, вот у этого Ильи Андреевича был родной брат, который был родоначальником нашей отдельной линии. Как известно, Илья Андреевич Толстой был человек очень широкого образа жизни, он, например, бельё посылал стирать из Ясной Поляны в Голландию. Но это кончилось плохо. Как известно, и в романе «Война и мир» он совершенно разорился. Вот это так. А что касается Губермана, то тоже очень приятное родство, я бы сказала, очень хорошее. И я не могу пожаловаться. Во всяком случае, с ним не соскучишься.

Виктор Шендерович: Как минимум.

Лидия Либединская: Как минимум не соскучишься.

 16. 讲述一位你喜欢的作家。(Расскажите о своём любимом писателе.)

Повторение 2

Книга — окно в мир. Открывая страницу, другую — станет видно далеко-далеко, услышишь голоса тех, кто жил давным-давно, кто теперь от тебя далеко, за лесами, за морями. Обо всём на свете рассказывает книга. Ты можешь побывать, не выходя из комнаты, в жарких и холодных странах, в морских и подземных глубинах, подняться к звёздам, прогуляться по горам, на Луне...

Ничто не может сравниться с книгой, она всегда терпеливо ждёт тебя на полке.

Любите книгу, она облегчит вам жизнь, поможет разобраться в мыслях, чувствах, научит вас уважать человека и самих себя. Любите книгу — источник знаний. Только знания могут сделать нас духовно сильными, честными людьми.

(100 слов)

 1. 听写。(Диктант)

 2. 选择最佳答案。(Выберите наилучший вариант.)

а) 语法(Грамматика)

1. Сколько времени ты сегодня _____ от университета до своего общежития?
   а. ехал   б. ездил   в. поехал   г. поездил

2. Когда я увидел тетю Таню на улице, она _____ ребенка в детский сад.
   а. вела   б. водит   в. несет   г. носила

3. Не беспокойтесь, театр недалеко. Мы _____ до него за 10 минут.
   а. дойдем   б. зайдем   в. пройдем   г. пойдем

4. Мы видели вас вчера на Тверской. Вы _____ мимо почты и разговаривали с какой-то девушкой.
   а. ходили   б. проходили   в. сходили   г. заходили

5. —Вы первый раз в Китае?
   —Нет, мы _____ сюда 3 года назад.
   а. ездили   б. ехали   в. приезжали   г. приехали

6. Ивановы поехали в Москву и _____ с собой два больших чемодана.
   а. понесли   б. носили   в. возили   г. повезли

7. Ты не _____ улицу, когда горит красный свет.
   а. переходи   б. перешёл   в. переходишь   г. переходил

8. В вашей аудитории идёт экзамен, так что вам туда нельзя _____.
   а. входить   б. войти   в. входите   г. войдите

9. Как только я _____ письмо другу, Петя постучался ко мне.
   а. писал   б. напишу   в. написал   г. пишу

10. —Кто поставил стул сюда?
    —Не знаю, но я не _____.
    а. поставил   б. ставил   в. ставлю   г. поставлю

11. Моя сестра уже решила не _____ домой на Новый год.
    а. вернуться   б. возвращаться   в. вернулась   г. возвращалась

12. Юра, пусть Наташа _____ ко мне, у меня к ней просьба.
    а. приходит   б. приходила   в. придёт   г. пришла

13. Уже неделя, как Серёжа приехал из Сибири. Давайте _____ его с нашими коллегами.
    а. познакомить   б. познакомиться   в. познакомим   г. познакомимся

14. В Китае День учителя отмечается _____ сентября.
    а. десятое   б. от десятого   в. на десятое   г. десятого

15. До начала спектакля осталось немного времени, мы не успеем _____ за букетом.
    а. сходить   б. ходить   в. идти   г. пойти

16. Экзамены во всех университетах _____ два раза в год.
    а. сдают   б. сдали   в. сдаются   г. сдавались

17. Вчера в аэропорту мы встретились с чемпионом, _____ много наград.
    а. полученным   б. полученный   в. получившим   г. получивший

18. Министр как-то не решался ответить на вопрос, _____ ему журналистом.
    а. задавший   б. задающий   в. заданный   г. задаваемый

19. Запомните: нельзя начинать новое, не _____ старого.
    а. кончающее   б. законченное   в. закончив   г. кончая

20. В Китае у всех детей _____ возможность получить образование.
    а. имеет   б. имеют   в. имеется   г. имеются

21. Маша несколько раз пробовала поступить в консерваторию, но всё не _____.
    а. получила   б. получало   в. получалось   г. получилась

22. Тогда у меня не _____ слов, чтобы выразить вам благодарность.
    а. находится   б. находилась   в. нашлось   г. найдётся

23. Перед выступлением я очень волнуюсь, и как-то не _____.
    а. сижу   б. сидится   в. сиделось   г. сидела

24. _____ статью, я чувствую, что очень нуждаюсь в твоей помощи.
    а. Переводя   б. Переведя   в. Перевожу   г. Переведу

ПОВТОРЕНИЕ 2

25. Мы в пятницу приехали в Москву, а _____ следующий день осмотрели Красную площадь.
    а. на   б. за   в. в   г. через
26. _____ своей новой пьесой писатель уже работает второй месяц.
    а. Со   б. За   в. Под   г. Над
27. Преподаватель сказал, что _____ Петрова выйдет хороший переводчик.
    а. из   б. у   в. с   г. от
28. Сашу исключили _____ школы за то, что он часто дрался с детьми.
    а. со   б. из   в. от   г. около
29. Очень жаль, что я совсем не разбираюсь _____ китайской медицине.
    а. о   б. на   в. в   г. по
30. От такого вопроса Вере стало не _____ себе, и она не знала, как ответить.
    а. по   б. в   в. к   г. при
31. Даже маленькие дети знают, что _____ 60 минут
    а. в час   б. за час   в. на час   г. в часе
32. Вчера двадцать один юноша _____ на вечере на русском языке.
    а. выступал   б. выступала   в. выступит   г. выступят
33. _____ принимать это лекарство, надо посоветоваться с врачом.
    а. С тех пор как   б. Как только   в. Пока не   г. Прежде чем
34. Наш младший сын научился читать в возрасте _____.
    а. семь лет   б. семи лет   в. к семи годам   г. в семь лет
35. Выставка электронных игрушек откроется в половине _____.
    а. десятый   б. десятого   в. десять   г. десяти
36. Каждому особенно _____ тот уголок, где он рос, где он стал человеком.
    а. дорогой   б. самый дорогой   в. дорог   г. дороже
37. Если я не _____ директора завода в кабинете, то пойду в цех его искать.
    а. застал   б. заставал   в. застану   г. застаю
38. Позвоните Олегу _____, но не позже: ровно в 11 часов он уедет.
    а. в одиннадцать часов   б. в одиннадцатом часу
    в. после одиннадцати часов   г. через одиннадцать часов
39. Почему вас так долго не было, случилось _____?
    а. что-нибудь б. чего-нибудь в. чего-то   г. кое-что
40. Есть здесь _____? Ответьте, пожалуйста!
    а. кто   б. кто-то   в. кто-нибудь г. кое-кто
41. Известно, что Земной шар вращается вокруг _____ оси.
    а. своего   б. самого   в. своей   г. сам
42. Мне тогда было очень трудно: _____ было обратиться за помощью.
    а. ни с кем   б. не с кем   в. не к кому г. ни к кому

43. Если _____ из вас нужен этот журнал, возьмите его.
    а. кто-то   б. кто-нибудь   в. кому-то   г. кому-нибудь
44. Сережа никогда _____ не ссорился в школе.
    а. с кем-то   б. не с кем   в. ни с кем   г. с кем-нибудь
45. Таких надежных людей, как _____, нигде не найдешь.
    а. Яша   б. Яши   в. Яшу   г. Яшей
46. Ваня и Паша живут в нашем доме, и мы часто видим их _____ во дворе.
    а. двое   б. обоих   в. обеих   г. двух
47. В этой современной гостинице остановилось двадцать четыре _____.
    а. китайские туристы   б. китайского туриста
    в. китайских туристов   г. китайских туриста
48. Всем известно, что океаны занимают 361 миллион _____.
    а. квадратный километр   б. квадратного километра
    в. квадратных километра   г. квадратных километров
49. В прошлом году на факультет русского языка приняли 102 _____.
    а. новых студентов   б. новые студенты
    в. новых студента   г. нового студента
50. У того юноши, _____ сегодня исполнилось 18 лет, осуществилась мечта стать летчиком.
    а. кого   б. который   в. которому   г. кто
51. _____ вы приехали в Москву, мы с удовольствием встретились бы с вами.
    а. Если   б. Если бы   в. Когда   г. Когда бы
52. Как я _____, никак не мог добиться своей цели.
    а. ни старался   б. не старался   в. ни стараюсь   г. не стараюсь
53. Я стараюсь работать отлично, _____ родители мной гордились.
    а. когда   б. чтобы   в. поэтому   г. что
54. Я буду рад, _____ ты возьмешь билеты на балет в Большой театр.
    а. пока   б. чтобы   в. если   г. так что
55. Наша деревня так сильно изменилась, _____ я ее сразу не узнал.
    а. как   б. что   в. чтобы   г. как будто
56. Музыка была так прекрасна, _____ все заслушались.
    а. что   б. когда   в. как   г. словно
57. Я решил сначала сделать самое трудное, а потом взяться за _____ полегче.
    а. чем-нибудь   б. чем   в. то   г. что-нибудь
58. Ребята рассказывали, _____ они выиграли футбольный матч.
    а. откуда   б. куда   в. как   г. какие
59. Мы поднялись на телебашню, _____ был виден весь Шанхай.
    а. на которую   б. на которой   в. куда   г. откуда

60. Каждый, _____ побывал здесь, мечтал приехать сюда еще раз.
    а. что   б. который   в. какой   г. кто

61. После института сестра поехала на юг, _____ круглый год цветут цветы.
    а. куда   б. откуда   в. где   г. когда

62. Дети поступают так, _____ их учат родители и учителя.
    а. что   б. каким   в. когда   г. как

63. _____ это слово встречалось в тексте много раз, но я никак не мог его запомнить.
    а. Хотя   б. Несмотря на   в. Как ни   г. Раз

64. Мне кажется, работа не такая простая, _____ ее выполнить за час.
    а. если   б. как будто   в. что   г. чтобы

65. На вечер пригласили писателя, _____ произведения популярны среди молодежи.
    а. какая   б. какие   в. чья   г. чьи

66. Я люблю читать, _____ появится новая книга, я сразу же ее покупаю.
    а. как   б. пока   в. до того как   г. когда

67. Эту пятизвездную гостиницу _____ уже целых 5 лет.
    а. строили   б. построят   в. строят   г. построили

68. Шесть молодых людей _____ премией за отличную работу.
    а. наградил   б. наградили   в. награжденных   г. наградивших

69. Мы часто обедаем в этом ресторане: здесь хорошо _____.
    а. готовят   б. готовить   в. приготовили   г. приготовить

70. Здесь очень удобно _____ восходом и закатом солнца.
    а. любоваться   б. любуясь   в. любуемся   г. полюбуются

71. Мне уже _____ все время слышать одно и то же.
    а. надоели   б. надоел   в. надоела   г. надоело

72. Море сильно волновалось. Лодку _____ то в одну сторону, то в другую.
    а. бросают   б. бросало   в. бросило   г. бросили

73. Это целая история, обо всем в двух словах не _____.
    а. расскажи   б. расскажет   в. расскажешь   г. рассказал

74. Раньше здесь было _____ крестьянам строить деревянные дома.
    а. запрещенным   б. запрещенными
    в. запрещены   г. запрещено

75. С Большим театром неразрывно _____ судьба многих звезд оперного искусства.
    а. связанная   б. связано   в. связана   г. связанной

б) 词汇 (Лексика)

词义辨析:

76. Наша экспедиция решила _____ ценой добиться результата.
    а. каждой   б. всякой   в. всей   г. любой

77. Я достаточно богат, чтобы _____ твое любое желание.
    а. выполнить   б. заполнить   в. наполнить   г. дополнить
78. В последний момент игры наша команда _____ решающий гол и выиграла.
    а. забила   б. побила   в. пробила   г. перебила
79. Представители сторон _____ мнениями по международным вопросам.
    а. изменялись   б. обменялись   в. сменялись   г. поменялись
80. На улице меня _____ молодой человек и спросил, где я купил свежие цветы.
    а. отстал   б. остановил   в. оставил   г. остался
81. Не _____ ошибок — мы ведь на ошибках учимся.
    а. опасайся   б. трусь   в. бойся   г. беспокойся

词汇搭配：

82. Надя очень довольна _____, привезенными мамой из-за границы.
    а. подарки   б. от подарков   в. подарками   г. с подарками
83. Мне было стыдно, что был невнимателен _____.
    а. на родителей   б. родителям   в. к родителям   г. за родителей
84. Саша вообще не считает себя виноватым _____.
    а. за подругу   б. к подруге
    в. о подруге   г. перед подругой
85. Такая высокая цена на квартиру доступна только _____.
    а. на богатых людей   б. богатым людям
    в. к богатым людям   г. богатыми людьми
86. Студенты уделяют большое внимание _____ устной речи.
    а. на развитие   б. развитию   в. к развитию   г. развитие
87. Родители потратили много времени и сил _____ сына.
    а. для воспитания б. за воспитание   в. на воспитание   г. в воспитании
88. Если вы хорошо овладеете языком, то вы сможете справиться _____.
    а. к этой работе   б. для этой работы в. с этой работой г. на эту работу
89. Такие меры нужно принимать только в том случае, _____ это необходимо.
    а. что   б. чтобы   в. если   г. раз
90. _____ интересует то, что вы видели и слышали за границей.
    а. Мы   б. Нам   в. Нас   г. Нами

в) 国情 (Страноведение)

91. Прошедший 2009 год был объявлен _____.
    а. Годом России в Китае
    б. Годом Китая в России
    в. Годом русского языка в Китае
    г. Годом китайского языка в России

92. Самое глубокое озеро в мире Байкал находится _____.
   а. на Кавказе   б. в Крыму   в. в Сибири   г. на Камчатке
93. Река _____ является главной речной магистралью российского Дальнего Востока.
   а. Амур   б. Обь   в. Лена   г. Енисей
94. _____ является основоположником современного литературного русского языка.
   а. Ломоносов   б. Пушкин   в. Горький   г. Белинский
95. Одним из произведений М. Шолохова является роман _____.
   а. «Хождение по мукам»   б. «Мертвые души»   в. «Воскресение»   г. «Тихий Дон»

г) 言语礼节 (Речевой этикет)

96. —Спектакль, который мы смотрели в среду, мне не понравился.
    — _____.
   а. А мне хорошо   б. А мне наоборот   в. А я любовался   г. А мне плохо
97. —Не могу понять, почему Саша бежит медленнее всех?
    — _____? Он же у нас самый слабый в группе.
   а. Это правда   б. Что нового
   в. А как ты бегаешь   г. Что тут удивляться
98. —Вы рады были, когда вас приняли в вуз?
    — _____! Я был очень рад.
   а. Еще бы   б. К сожалению   в. Вот и хорошо   г. Ну что ж
99. —Сергей мне показался совсем молодым.
    — _____! Ему уже за 50 лет.
   а. Действительно   б. Ну что ты   в. Достаточно   г. Конечно
100. —Вы уже целый день смотрите телевизор. Надо дать ему отдохнуть.
    — _____, я чуть не забыл.
   а. Это ты виноват   б. Хорошо, что ты приехал
   в. Спасибо, что ты напомнил   г. Это тебя не касается

3. 阅读理解。(Прочитайте тексты и выберите подходящие ответы.)

Текст 1

Если речь идет о русских сувенирах, то в числе первых обычно называют матрешку. Но не многие знают, что эта игрушка появилась в России около 100 лет назад в конце 19 века и имеет очень интересную историю.

Произошло это так.

Жена известного русского предпринимателя Александра Мамонтова ездила в Японию и привезла оттуда необычную игрушку. Это была кукла в виде фигурки японца, внутри которой находились такие же фигурки, но меньшие по размеру. Мамонтовой очень понравилась оригинальная конструкция японской игрушки, и она решила сделать похожую игрушку в русском стиле: куклу, в виде фигурки молодой девушки в русском народном костюме.

Когда кукла была готова, кто-то из друзей Мамонтовой заметил: «Ну, настоящая наша Матрена, Матренушка!» Фигурка, действительно, напоминала русскую девушку, работающую у Мамонтовой.

После этого случая игрушку, сделанную Мамонтовой, стали называть «матрешкой».

В 1900 году во Франции, в Париже, на выставке народных ремесел матрешка получила международное признание и была награждена золотой медалью. С тех пор ее любят и знают во всех странах мира и считают русским сувениром.

А недавно был установлен интересный рекорд: в маленьком русском городе Семенове, где издавна занимаются народными ремеслами, сделали самую большую матрешку, в которой помещается 56 кукол. Рост первой куклы — 1 метр, а последний — меньше 1 см.

101. Мамонтова решила сделать матрешку, потому что _____.

а. в Японии ей подарили эту красивую игрушку

б. эта игрушка имеет очень оригинальную конструкцию

в. мужу очень понравилась такая игрушка

г. игрушка похожа на красивую русскую девушку

102. Игрушку стали называть «матрешкой», потому что _____.

а. жену известного русского предпринимателя звали Матрена

б. Матрена — самое популярное русское имя

в. она была похожа на девушку по имени Матрена

г. Матрена так ее назвала

103. Матрешка стала известным русским сувениром после _____.

а. российской ярмарки в городе Семенове

б. международной выставки в Париже

в. возвращения Мамонтовой из Японии

г. выставки в Москве

Текст 2

Жила в Москве маленькая девочка. Ее звали Надя. Как и все дети, она любила играть. Только играла она по-своему — она рисовала. Рисовала и говорила: «Какое-то яблоко получается ... Или нет! Это будет теплоход. Ах, нет, нет! ... » Мама рассказывала ей сказки — она рисовала сказочных героев, читала ей историю Греции — рисовала Геракла и Троянскую войну. И так без конца.

Скоро стало ясно, что это не просто игра, это талант. Увидишь ее рисунки один раз, невозможно забыть их: они живые, свободные и прекрасные.

В одиннадцать лет девочку знали многие. О рисунках Нади рассказал журнал «Юность». Многие спрашивали тогда: «А что будет дальше? Станет ли Надя настоящим художником? Не помешает ли ей это? »

Ничто не мешало Наде развиваться. Как художник и человек она росла не по дням, а по часам. И в семнадцать лет она была уже мастером.

Она много читала, увлекалась музыкой, танцами, кино, писала интересные письма своим друзьям. А друзей у нее было много, и все любили ее. Была она доброй и открытой, и в других людях больше всего ей нравилась доброта и человечность. На вопрос «Что такое счастье» она ответила: «Дружба», «Что такое несчастье» — «Одиночество. Когда нет друга». Мы смотрим на ее милое лицо с красивыми черными глазами и не можем понять, как эта, кажется, обычная девочка могла так понимать красоту, как сумела она глубоко войти в мир Толстого и Пушкина и передать все это нам своим искусством. Десять тысяч рисунков сделала Надя. Много. И все верили, что их будет еще больше. Но так не случилось. В семнадцать лет она заболела и умерла.

104. Когда Надя уже стала настоящим художником?

а. В одиннадцать лет.

б. В семнадцать лет.

в. В двадцать один год.

г. В двадцать семь лет.

105. Какая девушка Надя?

а. Красивая, но застенчивая.

б. Добрая, но непривлекательная.

в. Некрасивая, зато талантливая.

г. Умная и открытая.

106. Какое из следующих предложений не соответствует содержанию текста?

а. О рисунках Нади рассказал журнал «Юность».

б. Она очень глубоко понимала произведения Толстого и Пушкина.

в. Друзья любили Надю за ее доброту и прекрасные картины.

г. Надя нарисовала десять тысяч рисунков.

Текст 3

Удивительно красива эта дорога: леса, горы, озера. Лежит она между Москвой и Санкт-Петербургом. День и ночь бегут по ней грузовые и легковые машины. На полпути к Санкт-Петербургу находятся Валдайские горы. Здесь берет начало величайшая река России — Волга.

Пройдя всего несколько километров, река растекается прекрасными озерами. Озера протянулись почти на 100 километров с севера на юг. На берегах озер расположились небольшие тихие деревушки, в которых можно увидеть уникальные памятники русского деревянного зодчества. Ежегодно много туристов приезжает сюда полюбоваться огромным Валдайским озером. В памяти народа живет легенда, что много лет назад на берегу этого озера жил человек по имени Валда. Давно уже нет этого человека, но память о нем сохранилась в названии уникального озера. Валдайское озеро славится обилием рыбы, прозрачностью воды и прекрасными лесами. На берегу озера находится монастырь, построенный еще в 17 веке.

Когда-то здесь проходила древняя дорога из Москвы к Новгороду Великому. При царе Алексее по этой дороге возили почту. На дороге появились почтовые станции и гостиницы. Однажды по этой дороге проехал Александр Радищев и о своих впечатлениях рассказал в книге «Путешествие из Петербурга в Москву». За книгу Радищев был сослан в Сибирь.

107. Как выглядит Волга у истоков?

 а. Это небольшая река, вытекающая из прекрасных озер.

 б. Это горный ручей, который через сотни километров стал озером.

 в. Река протекает всего несколько километров и превращается в озера.

 г. Река становится длинным озером недалеко от дороги в Санкт-Петербург.

108. Когда построили монастырь на берегу Валдайского озера?

 а. До основания Санкт-Петербурга.

 б. До основания города Москвы.

 в. После того, как через эти места проехал Радищев.

 г. После того, как легенда начала гласить о Валде.

109. Где находится тот Новгород Великий?

 а. Между Москвой и Санкт-Петербургом, но ближе к Москве.

 б. Между Москвой и Санкт-Петербургом, но ближе к Петербургу.

 в. За живописным Валдайским озером.

 г. За монастырем, построенным 400 лет назад.

110. Какой была дорога, по которой когда-то проезжал Радищев?

 а. Это была оживленная дорога, по ней ездили туристы, возили почту.

 б. Это была почтовая дорога, где появились станции и гостиницы.

 в. По ней тогда возили почту, ходили грузовые и легковые машины

 г. По ней тогда можно было увидеть, как бедно жили люди того времени.

4. 作文。(Тема для сочинения.)

Настоящий друг
План:

1. Знакомство с другом;

2. Внешность и характер друга;

3. Дружба между вами.

УРОК 9

ГРАММАТИКА
- I. 数词1000~十亿
- II. 构词知识（5）运动动词的前缀
- III. 接续从属句

РЕЧЕВЫЕ ОБРАЗЦЫ
ДИАЛОГИ
ТЕКСТ *Де́да зака́зывали?*

ГРАММАТИКА

I. 数词1000~十亿
Числи́тельные от ты́сячи до миллиа́рда

1. 定量数词的读法

俄语中1000以上的数字，读法上与汉语不同。汉语中多位大数是从个位数往前，每四位一读，而俄语则是每三位一读，即ты́сяча, миллио́н, миллиа́рд（千、百万、十亿）。试比较：假定数字为100234506700，按汉语四位一读的读法可分为三组，即一千零二亿三千四百五十万六千七百，按俄语三位一读的读法则可分为四组：100 миллиа́рдов, 234 миллио́на, 506 ты́сяч, 700。

在书写或印刷阿拉伯数字时，俄语报刊上的大数字通常每隔三位在数字之间略留空隙，例如：100 000 000 000 рубле́й.

2. ты́сяча (1000), миллио́н (100万), миллиа́рд (10亿)的变格及用法

这三个词作为数词使用时，只有单数形式，要求与其连用的名词在格上一致（第一格除外），而作为名词使用时，具有单数和复数两种形式，与其连用的名词均用于第二格复数形式。

пад.	数词 + 名词 只用单数	名词 + 名词 单数	复数
И	тысяча учеников	тысяча учеников	тысячи учеников
Р	тысячи учеников	тысячи учеников	тысяч учеников
Д	тысяче ученикам	тысяче учеников	тысячам учеников
В	тысячу учеников	тысячу учеников	тысячи учеников
Т	тысячью учениками (тысячей)	тысячей учеников	тысячами учеников
П	о тысяче учениках	о тысяче учеников	о тысячах учеников

例如：

① К тысяче килограммам свежих овощей прикупили ещё триста килограммов.
　　（他们）先买了1000公斤新鲜蔬菜，然后又买了300公斤。

② Дети поехали на экскурсию по городу с тысячей рублей (с тысячью рублями).
　　孩子们带着1000卢布去参加城市观光游。

тысяча, миллион, миллиард与名词、形容词复数第二格组合充当主语时，谓语用单数形式。例如：

① Учёные утверждают, что первая тысяча самых частотных слов охватывает около 70 процентов всех текстов.
　　学者们认定，使用频率最高的1000个单词能覆盖所有文本的70%。

② Предполагали, что в Древнем Риме был почти миллион жителей.
　　据推测，古罗马城曾经拥有近一百万居民。

谓语如果是过去时，则一般用单数阴性(тысяча)或阳性(миллион, миллиард)形式。口语中也可以用单数中性形式或复数形式。例如：

① С тех пор прошёл миллиард лет.
　　自那时起已经过去十亿年了。

② Раньше, до ремонта, в этом зале помещалась тысяча книг, а теперь количество книг увеличилось в три раза.
　　以前，也就是维修前，这个厅可存放1000册书，而现在图书的数量增加了两倍。

[附1] 定量数词的读法

一	1	один
十	10	десять
一百	100	сто
一千	1000	тысяча
一万	10 000	десять тысяч
十万	100 000	сто тысяч
一百万	1 000 000	миллион
一千万	10 000 000	десять миллионов
一亿	100 000 000	сто миллионов
十亿	1 000 000 000	миллиард

[附2] 俄语中"万"和"亿"等数词的表示方法
俄语中没有相当于"万""亿"的单位。相应的数目要用合成数词表示。

万 ＝ 十个一千
一万 ＝ де́сять ты́сяч
六万 ＝ шестьдеся́т ты́сяч
八万 ＝ во́семьдесят ты́сяч
十万 ＝ 一百个一千
十五万 ＝ сто пятьдеся́т ты́сяч
四十万 ＝ четы́реста ты́сяч
千万 ＝ 十个一百万
两千万 ＝ два́дцать миллио́нов
五千万 ＝ пятьдеся́т миллио́нов
九千万 ＝ девяно́сто миллио́нов
亿 ＝ 一百个一百万
一亿 ＝ сто миллио́нов
五亿 ＝ пятьсо́т миллио́нов
八亿 ＝ восемьсо́т миллио́нов

Ⅱ. 构词知识（5）运动动词的前缀
Словообразова́ние: приста́вки глаго́лов движе́ния

俄语中定向动词和不定向动词加上前缀后，常常构成具有新义的完成体和未完成体对偶形式。例如：

в- (во-)	войти́ / входи́ть в подъе́зд 走进单元
由外往里，向里	вбежа́ть / вбега́ть в ко́мнату 跑进房间
вы-	вы́йти / выходи́ть из ко́мнаты 走出房间
由里往外，向外	вы́бежать / выбега́ть из библиоте́ки 跑出图书馆
при-	прийти́ / приходи́ть в кабине́т (на рабо́ту, к дру́гу)
来到，到达	来到办公室（来上班，来朋友这里）
	прие́хать / приезжа́ть в Москву́ 来到莫斯科
	прилете́ть / прилета́ть к роди́телям (в Сиби́рь) 飞到父母这里（西伯利亚）
	принести́ / приноси́ть фотоальбо́м 把影集带来
	привести́ / приводи́ть дру́га в го́сти 带朋友来做客
под- (подо-)	подойти́ / подходи́ть к окну́ 走到窗前
接近某物的动作	подбежа́ть / подбега́ть к ма́тери 跑到母亲跟前
	подъе́хать / подъезжа́ть к до́му （乘车）到住宅跟前
	подплы́ть / подплыва́ть к бе́регу 游向岸边

у- 离开，去		уйти / уходи́ть с собра́ния (из шко́лы, от роди́телей) 离开会场（学校），从父母处离开
		уе́хать / уезжа́ть с ю́га 离开南方
от- (ото-) 从某物旁边离开的动作		отойти́ / отходи́ть от стола́ 从桌旁走开
		отъе́хать / отъезжа́ть от платфо́рмы（乘车）离开站台
		отплы́ть / отплыва́ть от бе́рега 游离岸边
с- (со-) 从某物表面离开的动作		сойти́ / сходи́ть со сце́ны 走下舞台
		сбежа́ть / сбега́ть с ле́стницы 跑着下楼梯
		сла́зить / слезть с кры́ши 从房顶爬下来
до- 到达某一点的动作		дойти́ / доходи́ть до ста́нции метро́ 到达地铁站
		добежа́ть / добега́ть до до́ма 跑到楼旁
		дое́хать / доезжа́ть до грани́цы（乘车）到边境
		довезти́ / довози́ть дру́га до вокза́ла（用车）把朋友送到火车站
пере- 从一边到另一边，越过， 穿过；迁移		перейти́ / переходи́ть (че́рез) у́лицу 穿过街道
		перее́хать / переезжа́ть (че́рез) мост（乘车）过桥
		перебежа́ть / перебега́ть (че́рез) доро́гу 跑过马路
		переплы́ть / переплыва́ть (че́рез) ре́ку 游过河
вз- (вс-, взо-) 向上的动作		взойти́ / всходи́ть на́ гору 上山
		взлете́ть / взлета́ть в во́здух 飞向空中
		всплы́ть / всплыва́ть на пове́рхность реки́ 浮出河面
про- 从某物旁通过；贯穿；经 过若干距离		пройти́ / проходи́ть ми́мо газе́тного кио́ска 从报亭旁走过
		прое́хать / проезжа́ть тунне́ль 驶过隧道
		пробежа́ть / пробега́ть 100 ме́тров 跑了一百米
об- (обо-) 围绕，绕行；走遍		обойти́ / обходи́ть стро́йку (все пала́ты) 绕过工地（巡视所有病房）
		объе́хать / объезжа́ть о́зеро (весь мир) 绕过湖泊（走遍全世界）
за- 顺便去某处；向……后 面；向深处或出……界 限		зайти́ / заходи́ть в кафе́（顺便）去咖啡厅
		занести́ / заноси́ть пальто́ в пра́чечную（顺便）把大衣送到洗衣店
		забежа́ть / забега́ть за зда́ние 跑到楼后
		залете́ть / залета́ть на чужу́ю террито́рию 飞入别国领土
раз- (рас-, разо-) 　+ -ся 从一处往各方散开的动 作		разойти́сь / расходи́ться по дома́м 各自回家
		разъе́хаться / разъезжа́ться по всем города́м страны́（乘车）到国内各大城市
		разбежа́ться / разбега́ться в ра́зные сто́роны 朝各个方向散开，跑开
с- (со-) + -ся		сойти́сь / сходи́ться в аудито́рию 从四处来到教室

从各方往一处聚拢的动作	съéхаться/ съезжáться на конгрéсс 从各地来开会 сбежáться/ сбегáться на мéсто авáрии 从各处跑到事故发生的地方

III. 接续从属句
Присоединительные придáточные предложéния

接续从属句是对主句内容的补充叙述和追加说明，通过联系用语что与整个主句相连。联系用语что可视作整个主句在从句中的替代词，根据在从句中的句法功能，可用于不带/或带前置词的各格形式。例如：

① Вы́лет самолёта задéрживался, что беспокóило пассажи́ров.
　 飞机延迟起飞，这令乘客感到不安。

② Все ребя́та хорошó сдáли экзáмен, чем был óчень довóлен преподавáтель.
　 所有同学都顺利地通过了考试，老师对此非常满意。

③ Я стирáла бельё, готóвила обéд, уха́живала за сестрóй, за что меня́ чáсто хвали́ла тётя.
　 那时我洗衣、做饭、照顾妹妹，为此姑姑常常夸奖我。

联系用语что替代整个主句中的内容，所以что可换成э́то (и э́то)。例如：

④ От сы́на всё нет письмá, что си́льно беспокóит мать.
　 От сы́на всё нет письмá, и э́то си́льно беспокóит мать.
　 一直都没有儿子的来信，这让母亲很担心。

联系用语也可以用某些由что构成的代副词почемý, отчегó, зачéм等充当，使从句兼有原因、目的等附加意义。例如：

⑤ Егó нé было в кабинéте, почемý я и остáвил запи́ску.
　 他不在办公室，于是我就留下了一张字条。

⑥ Нáдо расши́рить э́ту у́лицу, зачéм и пришлóсь снести́ нéкоторые стáрые домá.
　 要拓宽这条街，为此不得不拆掉一些老房子。

⑦ Он опоздáл, отчегó мы не моглú начáть собрáние вóвремя.
　 他来晚了，因此我们没能按时开始会议。

РЕЧЕВЫЕ ОБРАЗЦЫ

1. Это акционéрное объединéние вы́пустило сéмьдесят однý ты́сячу три́ста цифровы́х станкóв, что на двенáдцать ты́сяч четы́реста мéньше заплани́рованного.
(69 500; 86 200; 96 100)

2. В соста́в экспона́тов музе́я, кото́рый нахо́дится на окра́ине го́рода, вхо́дит о́коло двухсо́т ты́сяч пятисо́т трёх миллио́нов предме́тов.
(87 000; 549 300; 1 420 00)

3. В кану́н Но́вого го́да президе́нт, вы́бранный всем наро́дом, обраща́ется по телеви́зору к миллиа́рду двумста́м миллио́нам соотéчественников.
(691 500 470; 42 500 000; 1 950 324 700)

4. В четырёхста́х ты́сячах двух миллио́нах восьмиста́х ты́сячах световы́х лет от земно́го ша́ра нахо́дится э́та звезда́.
(825 100 340; 914 101 500; 3 465 400 000)

ДИАЛОГИ

1. —Что тако́е мечта́: сини́ца в руке́ и́ли ме́сяц в не́бе? Ну́жно ли мечта́ть о несбы́точном?
—Мечта́ть ну́жно, челове́к, кото́рый говори́т, что у него́ нет мечты́, неи́скренний челове́к.
—А нам, взро́слым, иногда́ сты́дно сказа́ть, о чём мы мечта́ем.
—А мне ка́жется, не на́до стыди́ться. Ведь мечта́ мо́жет преврати́ться в реа́льность. Вы хоти́те спусти́ться на дно мо́ря... А ра́зве э́то невыполни́мо?
—Ра́зные лю́ди мечта́ют по-ра́зному. То, что одни́м ка́жется нереа́льным, други́е легко́ проде́лывают.
—А ещё у мечты́ есть удиви́тельное сво́йство: на ме́сто воплощённой мечты́ прихо́дит но́вая!
—6-ле́тние де́вочки мечта́ют быть принце́ссами, име́ть ку́клу Ба́рби, а в 16 лет мечта́ изменя́ется. Они́ хотя́т стать топ-моде́лью, стать бога́той и знамени́той.
—А по́сле 25 — мечты́ о прести́жной рабо́те, дороги́х веща́х, заму́жестве. Мно́гие хотя́т похуде́ть на 5 килогра́ммов.
—А мне интере́сно узна́ть, о чём сего́дня мечта́ют россия́не? О рабо́те, о бога́тстве? И́ли о друго́м?
—То́лько 13% рабо́тающих россия́н хотя́т доби́ться успе́хов в рабо́те. 40% отно́сятся к свое́й карье́ре споко́йно. Жела́ние стать нача́льником сво́йственно молодёжи, молоды́м специали́стам от 18 до 24 лет.
—А кому́ про́ще доби́ться успе́ха в рабо́те?

—Мужчи́нам карье́ру сде́лать ле́гче, чем же́нщинам. С э́тим никто́ не собира́ется спо́рить.

2. —Ско́ро Но́вый год. Этот пра́здник не обхо́дится без Де́да Моро́за. А что вы зна́ете об э́том ска́зочном геро́е?

—Совсе́м неда́вно я узна́л, что Дед Моро́з пра́зднует свой день рожде́ния 18 ноября́. Эту да́ту ему́ приду́мали де́ти, а свя́зано э́то с тем, что и́менно в э́тот день в Вели́ком Устю́ге ударя́ют си́льные моро́зы и вступа́ет в си́лу настоя́щая зима́.

—А где живёт Дед Моро́з?

—Живёт он в лесу́ недалеко́ от го́рода Вели́кий Устю́г. Там располо́жен дом Де́да Моро́за, комфорта́бельные котте́джи, площа́дки для зи́мних игр, досу́говый ко́рпус: са́уна, бассе́йн, ками́нный зал, билья́рд. Ежего́дно ро́дину Де́да Моро́за посеща́ют деся́тки ты́сяч тури́стов.

—Говоря́т, что де́ти пи́шут Де́ду Моро́зу. Это пра́вда?

—Да, ска́зочному волше́бнику пи́шут де́ти не то́лько из всех регио́нов Росси́йской Федера́ции, но и стран бли́жнего зарубе́жья, а та́кже Ита́лии, Норве́гии, Изра́иля, Кита́я, Герма́нии. И всё же бо́льше всего́ он получа́ет ве́сточек от свои́х ма́леньких земляко́в, а та́кже ребяти́шек Москвы́, Моско́вской о́бласти и Санкт-Петербу́рга.

—А когда́ лу́чше прие́хать к Де́ду Моро́зу в го́сти?

—Мо́жно в конце́ ма́рта. Тогда́ Дед Моро́з возвраща́ется в свой лесно́й дом, что́бы со свои́ми помо́щниками отвеча́ть на пи́сьма дете́й и гото́вить пода́рки к сле́дующему Но́вому го́ду.

—Я обяза́тельно в бу́дущем году́ прие́ду в го́сти к Де́ду Моро́зу.

—Я уве́рен, что ты не пожале́ешь о своём реше́нии!

听录音请扫二维码

Де́да зака́зывали?

Запища́л домофо́н.

—Кто э́то?

—Дед Моро́з. Са́нта Кла́ус, е́сли хоти́те.

Но како́й Дед Моро́з, прихо́дит, неизве́стно когда́, да́же е́сли его́ не зову́т. Это все актёры несча́стные, де́нег, ви́дите, им не хвата́ет, надоеда́ют, постоя́нно хо́дят с подарками, деньги требуют.

Я пошёл к двери и надавил кнопку.

—Входите. Пятый этаж, там лифт.

Дед Мороз был одет как-то вызывающе. Красный халат не выглядел поношенным, воротник оторочен мехом...

—Здравствуйте! С Новым годом! — пробасил Дед, улыбаясь.

—Проходите, сейчас мой Петька выйдет. А где Снегурочка?

—Я один работаю. Специфика...

Что за специфика, думать было некогда. Дед легко шагнул, не оставив на ковре мокрых следов, наверное, вытер хорошо у двери обувь. Вежливый.

В гостиной Петька сидел за столом. Жена стояла у сына за спиной.

—С Новым годом, Петя. С Новым годом вас, хозяюшка.

Дед Мороз плавно пошёл вокруг стола, красиво улыбаясь, и вдруг запел своим народноартистским голосом:

—В лесу родилась ёлочка. В лесу она росла...

Пел он неплохо, сочно.

—А теперь подарки.

Дед сбросил на пол мешок и запустил туда руку. Петькины глаза блестели.

Артист вытащил большую коробку. Я не успел сообразить, что она как-то мало похожа на упаковку железной дороги, но Петька понял всё первым. Его глаза просто вспыхнули синим огнём. Он схватил коробку, прижал её к груди. И тут я разглядел, что это не железная дорога, а... роликовые коньки. Петька давно мечтал о них, но мы как-то не очень реагировали. Что-то здесь не так, я ведь заказывал железную дорогу, вовсе не коньки.

Дед повернулся к жене и снова полез в мешок. И на свет появилась большая коробка, на которой золотом сверкнула надпись Chanel №5. Нет, так мы не договаривались... Я решительно двинулся к самозванцу, но взглянул на жену. Её глаза светились точно таким же пламенем, как и у сына. Я улыбнулся жене и даже развёл руками, вот так, мол, сюрприз... А Дед Мороз уже поворачивался ко мне: он достал ещё одну коробку. Мне и смотреть не надо было, и надпись читать, я и так знал, что там — цифровой фотоаппарат.

—Спасибо, большое спасибо. И за сына, и за Катю... И от меня...

Дед опять церемонно поклонился.

—Счастливого и весёлого Нового года!

Он повернулся и неторопливо пошёл к выходу. Я бросился за ним, нащупывая в кармане последнюю сотню долларов.

—Я ведь заказывал всего только железную дорогу, но ... Спасибо, что заменили. Петька давно о коньках мечтал. А как вы о фотоаппарате узнали?

171

УРОК 9

—Специфика...

Я достал сотню.

—Вот этого не надо... Счёт из магазина за коньки получите позже. Оплатите, пожалуйста, а то неловко получится.

—О чём речь, конечно! Но духи, фотоаппарат?

—А это подарки.

Я опять стал совать сотню. Снова Дед перехватил мою руку. Пальцы у него оказались железными, прямо каратист какой-то...

—Ну, тогда, может, рюмочку за Новый год? У меня есть отличная водочка...

—Не принимаю на работе. У нас с этим строго. Ни-ни... А вот воды я бы попил. Погода какая-то не новогодняя, тепло...

—Это мы мигом... Петька, принеси минералки!

—Пап, у нас минералки нет. Ты забыл купить.

Я покраснел. Неудобно стало перед Дедом Морозом, но тот пришёл мне на выручку.

—Не надо минералки. Мне обыкновенной воды из-под крана.

Петька быстро принёс стакан воды. Дед выпил воду, поставил стакан на столик рядом с телефоном и на этот раз поклонился в пояс.

—Будьте здоровы, живите богато! Ещё раз — с Новым годом! Счастья и здоровья в ваш дом!

—Странный Дед Мороз. Песни поёт хорошо, не пьяный, без Снегурочки, даже деньги отказался взять. Странный какой-то...

—Ну, что ты, — возражала жена, — хороший Дед Мороз. Я никогда таких не видела. Мягкий, вежливый. И Петьке коньки подарил... Странный, правда...

—Эй, вы, родители, посмотрите сюда... Никакой он не странный Дед Мороз, он — настоящий.

Недопитая Дедом вода замёрзла, а стакан покрылся тончайшими льдинками инея, сверкавшими, как далёкие новогодние звёздочки.

НОВЫЕ СЛОВА И СЛОВОСОЧЕТАНИЯ

миллион, -а; -ы 百万
миллиард, -а; -ы 十亿
прикупать（未）-аю, -аешь;
　кого-что 及 чего 补买，添购

прикупить（完）-уплю, -упишь
утверждать（未）-аю, -аешь; кого-что 批准，依法确认；确立，确定

утвердить（完）-ржу, -рдишь; ~ план работы
охватывать（未）-аю, -аешь; кого-что 搂住，抱住

охвати́ть（完）-ачу́, -а́тишь; ~ ребёнка рука́ми

предполага́ть（未）-а́ю, -а́ешь; что或接说明从属句 推测，假定；初步认为 предположи́ть（完）-ожу́, -о́жишь; Предполо́жим, что ты прав.

помеща́ться（未）-а́юсь, -а́ешься; 放得下；装得下 помести́ться（完）-ещу́сь, -ести́шься; Все ве́щи не поместя́тся в одну́ корзи́ну.

ремо́нт, -а 维修，修理 капита́льный ~; отда́ть часы́ в ~

увели́чиваться（未）（第一、二人称不用）-ается 增加，扩大；放大；提高，加强 увели́читься（完）-ится; Расстоя́ние увели́чилось. За́работок увели́чился.

акционе́рное объедине́ние 股份联合企业

стано́к -а́; -и́ 机床，机器 Стано́к останови́лся. 车床停了。

соста́в -а 一个复杂整体各部分的综合；（某一集体、某一类人的）全体人员 в соста́в чего́ войти́ 总数（共计）有；прийти́ в по́лном ~е; Растёт соста́в экспона́тов музе́я.

свотово́й год 光年
Земно́й шар 地球

соотéчественник, -а; -и〈书〉同胞

сини́ца, -ы; -ы 山雀

несбы́точный 无法实现的，做不到的

неи́скренний 不自然的，假装的

стыди́ться（未）-ыжу́сь, -ыди́шься; кого́-чего́ 感到惭愧； постыди́ться（完）

невыполни́мый 无法实现的

нереа́льный 不现实的

проде́лывать（未）-аю, -аешь; что 做成，完成 проде́лать（完）-аю, -аешь ~ большу́ю рабо́ту

воплоща́ть（未）-а́ю, -а́ешь; кого́-что 使具体表现出，体现 воплоти́ть（完）-ощу́, -оти́шь; ~ в жизнь

принце́сса, -ы; -ы 公主

ку́кла Ба́рби 芭比娃娃

топ-моде́ль[дэ], -и; -и（阴）超级时装模特

ударя́ть（未）-я́ю, -я́ешь;（自然现象）（突然）来临，降临 уда́рить（完）-рю, -ришь; Уда́рили моро́зы. Уда́рил гром.

вступа́ть в си́лу 生效；到来

Вели́кий У́стюг 大乌斯秋克

комфорта́бельный 舒适的

котте́дж [тэ], -а; -и（郊区）单幢小楼

досу́говый 业余的，闲暇的

ками́нный 壁炉的

билья́рд, -а; -ы 台球

стра́ны бли́жнего зарубе́жья 周边国家

ве́сточка, -и; -и, -чек 消息，音信

запища́ть（完）-щу́, -щи́шь 开始发出吱吱声；При́нтер переста́л рабо́тать и запища́л.

домофо́н, -а; -ы 门铃；（楼门外与住宅内的）对讲机

Са́нта Кла́ус, -а; -ы 圣诞老人

надоеда́ть（未）-а́ю, -а́ешь; кому́-чему́ 令人厌烦，使腻烦，使讨厌 надое́сть（完）-е́м, -е́шь, -е́ст, -еди́м, -еди́те, -едя́т; -е́л, -е́ла, -е́ли; Она́ надое́ла мне ра́зными про́сьбами. Они́ надое́ли друг дру́гу.

нада́вливать（未）-аю, -аешь; кого́-что, на кого́-что 按，压 надави́ть（完）-авлю́, -а́вишь; ~ кно́пку (на кно́пку)

вызыва́юще 挑衅性地

поно́шенный 半新不旧的

воротни́к, -а́; -и́ 衣领，领子

оторо́ченный 镶……边的

мех, -а; меха́ 皮毛

баси́ть（未）-шу́, -си́шь 用低沉的嗓音说话 проба́сить（完）

шага́ть（未）-а́ю, -а́ешь; че́рез кого́-что 迈过，跨过 шагну́ть（完，一次）-ну́, -нёшь; ~ че́рез поро́г

хозя́юшка, -и; -и 女主人（хозя́йка 的表爱形式）
пла́вно 平稳地
запева́ть（未）-а́ю, -а́ешь 开始唱
запе́ть（完）-пою́, -поёшь
народноарти́стский 人民艺术家的
со́чно 嘹亮地，响亮地
сбра́сывать（未）-аю, -аешь; кого́-что 扔掉
сбро́сить（完）-о́шу, -о́сишь; ～ бума́гу на пол
запуска́ть（未）-а́ю, -а́ешь что куда́ 伸入，插入
запусти́ть（完）-ущу́, -у́стишь; ～ ру́ку в карма́н
выта́скивать（未）-аю, -аешь; что 拉出，拽出，拖出
вы́тащить（完）-щу, -щишь; ～ про́пуск
сообража́ть（未）-а́ю, -а́ешь; что 猜到，弄明白
сообрази́ть（完）-ажу́, -ази́шь; Он сра́зу сообрази́л, что э́то бу́дет о́чень вы́годно.
упако́вка, -и; -и, -вок 包装盒子，包装材料
вспы́хивать（未）-аю, -ешь（突然）燃烧起来；突然发生；突然发怒
вспы́хнуть（完）-ну, -нешь; Ого́нь вспы́хнул на четвёртом этаже́ зда́ния.
схва́тывать（未）-аю, -ешь; кого́-что 抓住；（很快就）理解，领悟

схвати́ть（完）-ачу́, -а́тишь; Ма́льчик не мог схвати́ть смы́сла э́того предложе́ния.
коро́бка, -и; -и, -бок 匣子，盒子
ро́ликовый 滚轮的；～ые коньки́
мол（插）〈口〉他说，她说，他们说
сюрпри́з, -а; -ы 意想不到的事，出乎意料的情况；意外的礼物
повора́чиваться（未）-аюсь, -ешься 转身
поверну́ться（完）-ну́сь, -нёшься; Если поверну́ться ещё праве́е и пойти́ пря́мо, мо́жно попа́сть в це́рковь.
поле́зть（完）-зу, -зешь; -ле́з, -ла; куда́（伸手）去掏，去拿；攀上去，爬上去；钻进去；～ в карма́н; ～ на де́рево; ～ в во́ду
сверка́ть（未）-а́ю, -а́ешь（发光体等）闪烁，闪光；[常用未完成体] чем 显眼，夺目
сверкну́ть（完）-ну́, -нёшь; Звёзды сверка́ют. Он сверка́ет тала́нтом.
на́дпись, -и [阴]（封面或某物上的）简短词句；题词 ～ на конве́рте, кни́га с ～ью
самозва́нец, -нца; -нцы 冒名者

взгля́дывать（未）-аю, -аешь; на кого́-что 或 во что 看，注意
взгляну́ть（完）-яну́, -я́нешь; ～ на неё
свети́ться（未）（第一、二人称不用）-е́тится 发光，发亮，照耀；容光焕发；В о́кнах свети́лись огоньки́.
пла́мя, -мени 火焰，火苗 языки́ ～мени
разводи́ть（未）-ожу́, -о́дишь; что или чем 摊开，分开
развести́（完）-еду́, -едёшь; -вёл, -ела́; ～ руко́й густы́е ве́тви, ～ рука́ми
церемо́нно 正式地
кла́няться（未）-яюсь, -яешься; кому́-чему́ 鞠躬
поклони́ться（完）-оню́сь, -о́нишься; ～ святы́м места́м
неторопли́во 不慌不忙地，从容不迫地
нащу́пывать（未）-аю, -аешь; что 摸到，发现
нащу́пать（完）-аю, -аешь; Он нащу́пал в карма́не ме́лкие де́ньги.
сова́ть（未）сую́, суёшь; что（胡乱、仓促地）放，塞，插（到……里面）
су́нуть（完）-ну, -нешь; ～ ру́ки в карма́н, ～ ве́щи в чемода́н; Не суй нос в чужо́е де́ло.
перехва́тывать（未）-аю, -аешь; кого́-что（重新）

抓住，（换个方式）抓住
перехвати́ть（完）-ачу́,
-а́тишь; Она́ хоте́ла перехвати́ть его́ взгляд.
карати́ст, -а; -ы 练空手道的人
рю́мочка, -и; -и 一小杯
во́дочка, -и; -и, -чек 伏特加（во́дка的指小）

попи́ть（完）попью́, попьёшь; что 喝一点儿，喝一阵；~ во́дку, ~ вино́
рожде́ственский 圣诞节的
ми́гом 一瞬间地
минера́лка, -и; -и 矿泉水
вы́ручка, -и; 救助，搭救; взаи́мная ~, проси́ть ~у
недопи́тый 没有喝完的

покрыва́ться（未）-а́юсь,
-ешься; чем 覆盖了一层；给自己盖上（蒙上）
покры́ться（完）-ро́юсь,
-ро́ешься; Не́бо покры́лось ту́чами.
льди́нка, -и; -и 一小块冰
и́ней, -я 霜

ВНЕАУДИТОРНЫЕ УПРАЖНЕНИЯ
课下自主练习

 1. 读出下列数字。(Прочита́йте сле́дующие ци́фры.)

541; 327; 958; 1 254; 2 693; 3 597; 4 0001; 5 012; 12 587; 34 913; 87 609; 40 375; 100 460; 257 008; 300 672; 324 617 005; 612 398 504; 219 046 506; 314 690 420; 1 352 479 682; 9 005 369 231; 8 809 735 231; 6 708 415 384; 7 851 374 190

 2. 用给出的词构成带前置词的结构并正确读出。(Образу́йте констру́кции с предло́гами и прочита́йте вслух.)

о́коло, 32, день; о́коло, 90, год; о́коло, 850, метр; о́коло 1 254, кубоме́тр;
к, 157, студе́нт; к, 1 596, горня́к; к, 1 458 932 135, соотéчественник;
с, 2 148, рубль; с, 4 395, юа́нь; в, 321, метр; в, 8 361, киломе́тр;
о, 4 812, ю́ноша; о, 1 498, журнали́ст; о, 200 093 595, экспона́т

 3. 读下列句子，注意数词的使用。(Прочита́йте предложе́ния. Обрати́те внима́ние на коли́чественные числи́тельные.)

1) В переда́че говори́ли о 1 500 спортсме́нах из ра́зных стран ми́ра.

2) За́ год че́рез за́лы Третьяко́вской галере́и прохо́дит о́коло 1 000 000 экскурса́нтов.

3) По телеви́дению за игро́й футбо́льных кома́нд наблюда́ли 3 500 000 боле́льщиков.

4) За су́тки в э́той стране́ услу́гами возду́шного тра́нспорта по́льзуются в сре́днем о́коло 300 ты́сяч челове́к, а за́ год — бо́лее 100 миллио́нов.

5) В э́том прести́жном университе́те у́чится 32 ты́сячи студе́нтов и магистра́нтов, рабо́тают 1 400 челове́к нау́чно-педагоги́ческого персона́ла, из них — 83 до́ктора нау́к и профессора́, о́коло 650 кандида́тов нау́к и доце́нтов.

6) В совреме́нную эпо́ху информацио́нного взры́ва ежего́дно появля́ется 1,5 миллио́на публика́ций в деся́тках ты́сяч нау́чных журна́лов и сбо́рниках.

7) Трибу́ны спортко́мплекса Лужники́ вмеща́ют бо́лее 100 000 зри́телей. За вре́мя рабо́ты Дворца́ спо́рта в нём побыва́ло бо́лее 50 000 000 челове́к.

8) Са́мая далёкая из изве́стных плане́т — Плуто́н. Расстоя́ние от Плуто́на до Со́лнца 5 929 миллио́нов киломе́тров, то есть в 40 раз бо́льше, чем расстоя́ние ме́жду Землёй и Со́лнцем.

9) Вне́шний госуда́рственный долг Гре́ции дости́г 300 миллиа́рдов е́вро.

10) Су́мма офе́рты Дуба́йского госуда́рственного инвестицио́нного хо́лдинга Dubai World соста́вила 125 миллиа́рдов рубле́й (5,34 миллиа́рдов до́лларов США).

11) Рома́н Льва Толсто́го «Война́ и мир» вы́шел в свет в 1897 году́, он состои́т из 4 одина́ковых то́миков, по 520 страни́ц в ка́ждом. Всего́ в нём 2 080 страни́ц.

4. 将句子译成俄语。(Переведи́те на ру́сский язы́к.)

1) 第四册《俄语》教材中给出了1 000多个单词。
2) 校长在2 657名新生面前简单讲述了学校的发展历史。
3) 今年这所高校有毕业生近6 000人，目前已经有3 700多人与未来的工作单位签订了就业合同。
4) 据相关数据统计，参加2008年北京奥运会的运动员数量为11 468人，而2004年雅典奥运会运动员的数量为11 099人。
5) 这是一座现代化的综合体育场馆，全年开放，可以容纳15 000名观众。
6) 在这座距离省城两千公里的小镇有一座非常不错的图书馆，我父母在那里工作。
7) 据说，这种动物二亿五千万年前就在地球上存在了。
8) 据英国路透社(Аге́нтство Ре́йтер)报道，中国将在5年间划拨1 270亿元人民币（约150亿美元）在本国西部兴建铁路网，以加快西部地区发展。

5. 读句子，注意带前缀运动动词的使用。(Прочита́йте предложе́ния и обрати́те внима́ние на глаго́лы движе́ния с приста́вками.)

1) Алексе́й **прие́хал** в Омск по́здно ве́чером, получи́л но́мер в гости́нице, лёг спать, и, когда́ просну́лся, был уже́ по́лдень.

2) Объяви́ли поса́дку, и мы **внесли́** ве́щи в ваго́н.

3) Маши́на **перее́хала** че́рез мост и останови́лась.

4) Мы **дое́хали** до перекрёстка и останови́лись пе́ред кра́сным сигна́лом светофо́ра.

5) По доро́ге в университе́т Ива́н Ива́нович **зашёл** в кафе́ вы́пить ча́шечку ко́фе.

6) — Ско́лько вре́мени Вади́м затра́тил на то, что́бы **дойти́** до университе́та?
— Он **прошёл** путь от до́ма до университе́та за полчаса́.

7) **Вы́йдя** из ваго́на электропо́езда, мы **пошли́** по доро́жке в посёлок.

8) Неда́вно мы купи́ли маши́ну. И тепе́рь ка́ждое воскресе́нье е́здим за́ город. Мы уже́

объе́хали ближа́йшие при́городы.

9) Почтальо́н всегда́ **разноси́л** по́чту по утра́м.

10) Ми́тинг ко́нчился ра́но, и мы не торопя́сь **разошли́сь** с него́ по дома́м.

6. 将下列句子译成汉语。(Переведи́те на кита́йский язы́к.)

1) Тури́сты прилете́ли из Нью-Йо́рка в Санкт-Петербу́рг ра́но у́тром.

2) Кора́бль пропла́вал не́сколько су́ток без захо́да в порт.

3) По́сле экза́менов студе́нты разъе́хались в ра́зные края́ на кани́кулы.

4) Услы́шав кри́ки о по́мощи, все сбежа́лись к реке́.

5) Алёша вы́нул из карма́на ключ, откры́л дверь и вошёл.

6) Когда́ оте́ц уходи́л по дела́м, Ива́н откла́дывал уче́бники и чита́л рома́ны.

7) — Где де́ти?

— Ма́ма отвела́ их в другу́ю ко́мнату: они́ сли́шком шуме́ли и меша́ли взро́слым.

8) Ма́льчики о́чень лю́бят смотре́ть, как взлета́ют самолёты.

9) Корреспонде́нты подбежа́ли к ме́сту приземле́ния самолёта.

10) По́сле до́лгого собра́ния мы с удово́льствием вы́шли из ду́шной ко́мнаты на све́жий во́здух вече́рней у́лицы.

7. 读短文，用所给动词填空。(Прочита́йте текст, вста́вьте вме́сто то́чек глаго́лы *пойти́ — прийти́ — уйти́ — войти́ — подойти́ — отойти́ — зайти́ — дойти́ — перейти́ — пройти́ — обойти́ — вы́йти* в ну́жной фо́рме.)

Одна́жды Макси́м пе́рвый раз оди́н шёл по Тверско́й у́лице. На метро́ он дое́хал до ста́нции «Проспе́кт Ми́ра», ... из метро́ на Тверску́ю у́лицу к магази́ну «Пода́рки». Сра́зу уви́дел кио́ск «Моро́женое», ... к нему́, купи́л моро́женое, ... немно́го в сто́рону, съел моро́женое и ... да́льше. Коне́чно, ... в магази́н «Пода́рки», посмотре́л, что там продаётся, ... из магази́на, ... ми́мо апте́ки и уви́дел на друго́й стороне́ у́лицы Центра́льный телегра́ф, ... на другу́ю сто́рону по подзе́мному перехо́ду, ... на телегра́ф за откры́тками, пото́м ... ми́мо магази́нов, ... до зда́ния Моссове́та, опя́ть ... на другу́ю сто́рону, к па́мятнику основа́телю Москвы́ Ю́рию Долгору́кому, ... вокру́г па́мятника, ... да́льше, ... на Пу́шкинскую пло́щадь, ... в метро́ «Пу́шкинская» и на метро́ верну́лся домо́й.

8. 选择适当的词语填空。(Вста́вьте подходя́щий вариа́нт.)

1) В сре́ду ре́ктор на́шего университе́та вме́сте с тремя́ ты́сячами _____ встре́тил Но́вый год.

A. студе́нт B. студе́нты C. студе́нтам D. студе́нтов

2) Я могу́ предложи́ть _____ ра́зных спо́собов реше́ния э́той зада́чи.

A. ты́сяча B. ты́сяче C. ты́сячу D. ты́сячей

3) Когда Иван _____ с собрания, он просил передать тебе это письмо.
   A. уходил   B. ушёл   C. заходил   D. зашёл
4) Дедушка часто вспоминает войну, через которую он _____.
   A. пошёл   B. перешёл   C. прошёл   D. пришёл
5) Конверты у меня кончились. Мне надо _____ на почту.
   A. выходить   B. походить   C. приходить   D. сходить
6) У них было тесно, пока они не _____ на новую квартиру.
   A. переехали B. переезжали C. переедем   D. переезжаем
7) Дед с нетерпением ждал внуков. Часто подходил к окну и смотрел, не _____ ли машина.
   A. пришла   B. приходила   C. придёт   D. приходит
8) Почему вы _____ с последнего места работы?
   A. вышли   B. пошли   C. пришли   D. ушли
9) На следующей не выходите? Разрешите _____.
   A. сойти   B. зайти   C. пройти   D. пойти
10) —До какой остановки мне надо _____, чтобы попасть в Исторический музей?
   A. переехать B. приехать   C. доехать   D. проехать

9. 将句子译成汉语，注意联系用语的使用。(Переведите предложения на китайский язык, обратите внимание на союзные слова.)

1) Павлу стало ужасно стыдно, что редко случалось в его жизни.
2) Она громко говорила по телефону, что всех раздражало (激怒).
3) Я жив и здоров, чего желаю и вам.
4) Он аккуратно выполнял все советы врача, благодаря чему он быстро выздоровел.
5) В лесу уже становилось темно, почему и пришлось возвратиться домой.
6) Мария долго опаздывала, чем заставила всех волноваться.
7) Мы хорошо работали, за что нас и наградили.
8) Иван плохо знал город, отчего и взял такси.
9) Отцу надо было оформить документы в городе, зачем он и приехал сюда.
10) Волосы женщины наполовину скрывали лицо, отчего её глаза казались ещё больше.

10. 判断复合句的类型。(Определите типы придаточных предложений.)

1) Он получил хорошее образование, что помогло ему в будущем.
2) Он сообщил нам, что сегодня будет доклад.
3) Анне нужно было срочно выполнить работу, зачем она и обратилась к друзьям за помощью.
4) Маша никому не сказала, зачем она так поступила.
5) Он был слишком серьёзен, почему мы и не решились начать разговор.

6) Я не знаю, почему девочка обиделась.

7) Дети добились успехов, чем очень гордились родители.

8) Дети ещё маленькие, пока не знают, чем будут заниматься.

9) Мысль о том, что нас ожидает интересное путешествие, радовала всех.

10) Мой друг давно не звонит, что меня очень огорчает.

11. 选择适当的词语填空。(Вставьте подходящий вариант.)

1) После длительного ожидания пришла настоящая холодная зима, _____ очень обрадовало любителей охоты.

   A. так как   B. так что   C. что   D. поэтому

2) Все студенты нашей группы хорошо сдали экзамен, _____ и был доволен декан.

   A. за что   B. что   C. чем   D. о чём

3) Первокурсники сделали заметные успехи в интонации, _____ очень радует преподавателя.

   A. так что   B. поэтому   C. что   D. которая

4) Мне нужно было добраться до вокзала к восьми, _____ я сильно спешил.

   A. отчего   B. сколько   C. чтобы   D. когда

5) Мой брат так и не открыл книгу за всё это время, _____ не давало мне покоя.

   A. что   B. когда   C. что   D. которое

6) Бабушка _____ улицу и остановилась около киоска.

   A. вышла   B. перешла   C. отошла   D. пришла

7) На улице человеку стало плохо, я _____ к нему и спросил, нужна ли ему помощь.

   A. пошёл   B. пришёл   C. подошёл   D. вошёл

8) Василий здесь больше не живёт, он _____ на новую квартиру.

   A. проехал   B. заехал   C. переехал   D. уехал

9) В следующее воскресенье я первый раз _____ в Летний сад.

   A. буду   B. пойду   C. пройду   D. буду ходить

10) По дороге домой я решил _____ в магазин за продуктами.

   A. зайти   B. отойти   C. уйти   D. обойти

12. 将下列词语译成俄语。(Переведите на русский язык.)

幻想不可能实现的东西 / 羞于说出 / 变为现实 / 潜入海底 / 成为超级时装模特 / 干事业 / 严寒突降 / 冬天当令 / 严寒老人的领地上 / 冬日游乐场地 / 休息场所 / 周边国家 / 国外同仁 / 民间游园会 / 俄罗斯美食节 / 戏剧表演节目 / 为做出的决定感到后悔

13. 读句子。判定动词 лить 加不同前缀的意义。(Прочитáйте предложéния. Определи́те значéния глагóла *лить* с пристáвками.)

1) Налéйте мне, пожáлуйста, чáшку чáя.
2) На завóде автомáт разливáет молокó в буты́лки.
3) Он вы́лил гря́зную вóду из тáза.
4) Чáйник непóлный, долéйте воды́.
5) Пóсле у́тренней заря́дки полéзно обливáться холóдной водóй.
6) Сегóдня óчень жáрко, нáдо поли́ть цветы́.
7) В самолёте на большóй высотé из авторýчки вылывáются черни́ла.
8) Больнóму вли́ли кровь донóра（献血者）.
9) Грýппа нáших студéнтов влилáсь в колóнну демонстрáнтов（游行队伍）.
10) Нáдо нали́ть в вáзу воды́ и постáвить в неё цветы́.

14. 为动词 лить 加上合适的前缀并用其适当形式填空。(Встáвьте глагóл *лить* с пристáвками в нýжной фóрме.)

1) Лéтом специáльные маши́ны _____ городски́е у́лицы.
2) Вóду в бассéйн _____ с пóмощью двух насóсов.
3) Андрéй ведёт здорóвый óбраз жи́зни: в любóе врéмя гóда занимáется бéгом, _____ холóдной водóй, поэ́тому и фигýра у негó краси́вая, и здорóвье крéпкое.
4) Во врéмя лéтней жары́ мы чáсто _____ дóма цветы́.
5) Два и́ли три рáза больнóму дéлали переливáние крóви. Всегó, как сказáл емý дóктор, в негó _____ почти́ два ли́тра.
6) Нáдо _____ всю вóду из бáнки. Бáнка должнá быть сухóй.
7) Óсенью мы заготóвили сок из я́год и _____ егó на зи́му по буты́лкам.
8) В чáйнике оставáлось мáло воды́, и мы _____ воды́ в негó, чтóбы хвати́ло всем.
9) В преподавáтельский состáв нáшего университéта кáждый год _____ нóвые сотрýдники.
10) Я урони́ла флакóн, и духи́ _____ из негó.

15. 读句子，对带前置词的结构提问。(Прочитáйте предложéния и задáйте вопрóсы к предлóжным констрýкциям.)

1) Я пошёл к двéри и надави́л кнóпку.
2) Дед легкó шагнýл, не остáвив на коврé мóкрых следóв, навéрное, вы́тер хорошó у двéри óбувь.
3) В гости́ной Пéтька сидéл за столóм. Женá стоя́ла у сы́на за спинóй.
4) Дед сбрóсил нá пол мешóк и запусти́л тудá рýку.
5) Я не успéл сообрази́ть, что корóбка кáк-то мáло похóжа на упакóвку желéзной дорóги,

но Петька понял всё первым.

6) Петя схватил коробку, прижал её к груди.

7) Петька давно мечтал о роликах, но мы как-то не очень реагировали.

8) Счёт из магазина за коньки получите позже. Оплатите, пожалуйста.

9) Выпью обыкновенной воды из-под крана.

10) Дед выпил воду, поставил стакан на столик рядом с телефоном и на этот раз поклонился в пояс.

16. 找出课文中的比较短语并给出3个带比较短语的例子。记住下列带**как**的常见比较短语。看一下第四课的语法讲解。(Найдите в тексте сравнительные обороты и приведите свои примеры (не менее трёх) со сравнительными оборотами. Запомните следующие распространённые устойчивые сочетания с союзом **как**. Посмотрите грамматические материалы Урока 4.)

белый как бумага (как мел, как полотно, как снег);

бледный как смерть;

голодный как волк;

грязный как свинья;

злой как собака;

лёгкий как пёрышко;

медлительный как черепаха;

мокрый как мышь;

мрачный как туча;

острый как бритва (как нож);

преданный как собака;

сладкий как мёд;

твёрдый как гранит (как камень);

холодный как лёд;

чёрный как сажа (как трубочист, как чёрт).

17. 参照课文回答问题。(Ответьте на вопросы по тексту.)

1) Какое чувство испытывает автор к Деду Морозу?

2) Как выглядит Дед Мороз?

3) Как Дедушка Мороз поёт?

4) Какой подарок Петя получил от Деда Мороза? Что автор заказал Деду Морозу для сына на Новый год?

5) Какой новогодний подарок получила жена автора от Деда Мороза? Заказал ли автор своей жене подарок?

6) Был ли автор доволен подарком от Деда Мороза?

7) Почему́ а́втор сова́л со́тню до́лларов Де́ду Моро́зу?

8) А́втор до́лжен оплати́ть все пода́рки от Де́да Моро́за?

9) Како́й должна́ быть нового́дняя пого́да, по мне́нию Де́да Моро́за?

10) Что Дед Моро́з вы́пил вме́сто минера́льной воды́?

11) Почему́ а́втор и жена́ счита́ют Де́да Моро́за стра́нным?

12) Почему́ Пе́тя ве́рит, что э́тот Дед Моро́з настоя́щий?

 18. 借助词典读短文并用划线的词和结构造句。(Прочита́йте текст со словарём, соста́вьте предложе́ния с вы́деленными слова́ми и́ли констру́кциями.)

Как сде́лать карье́ру?

Вопро́с совсе́м не пра́здный и **чем** ра́ньше он возника́ет, **тем** лу́чше. **Идеа́льно, е́сли** карье́рные устремле́ния появля́ются ещё в подростко́вом во́зрасте и подкреплены уси́ленной подгото́вкой челове́ка к предстоя́щему движе́нию **по карье́рной ле́стнице**.

Плох тот солда́т, кото́рый не мечта́ет стать генера́лом, — э́та посло́вица **име́ет отноше́ние** не то́лько к арме́йской слу́жбе, она́ отража́ет норма́льное челове́ческое стремле́ние **сде́лать карье́ру** и заня́ть максима́льно высо́кую пози́цию в вы́бранной о́трасли.

Так с чего́ же начина́ть свою́ карье́ру?

Са́мый пе́рвый эта́п — вы́бор направле́ния движе́ния. **Нет ничего́ бо́лее** безгра́мотного и бесполе́зного, **чем** сформули́ровать цель вот таки́м о́бразом: Я хочу́ быть нача́льником. Така́я формулиро́вка не задаёт никако́го направле́ния, а сле́довательно бессмы́сленна и бесполе́зна.

Гла́вное при плани́ровании свое́й бу́дущей карье́ры — **вы́брать** то де́ло, **кото́рое** наибо́лее по душе́, заня́тие кото́рым прино́сит удово́льствие. Э́то **свя́зано с тем, что** движе́ние по карье́рной ле́стнице начина́ется с нулевы́х пози́ций и **е́сли** челове́к на дух не перено́сит рабо́ту с мета́ллом (тока́рное де́ло, фрезеро́вочное и т. п.), **то** ша́нсов сде́лать карье́ру вот по тако́му ти́пу у него́ нет:

тока́рь → ма́стер → нача́льник сме́ны → нача́льник це́ха → ... → Генера́льный дире́ктор предприя́тия

Но э́то не означа́ет, что ша́нсов **заня́ть до́лжность** Генера́льного дире́ктора того́ же предприя́тия нет, про́сто ну́жно выбира́ть друго́й путь к э́той пози́ции. И вариа́нтов тако́го пути́ не ма́ло: э́то и рабо́та в отде́лах прода́ж и́ли марке́тинга, отде́ле ка́дров и́ли ОТК. **Есть, коне́чно**, тупико́вые пози́ции, **но** об э́том по́зже.

Есть то́лько одно́ крити́чески ва́жное усло́вие — на ка́ждой из занима́емых пози́ций челове́к до́лжен стать лу́чшим, тогда́ у него́ име́ется шанс передви́нуться на сле́дующую ступе́ньку карье́рной ле́стницы. А лу́чшим мо́жно стать то́лько **тогда́, когда́** выполня́емая рабо́та **прино́сит удовлетворе́ние**, когда́ она́ нра́вится.

19. 借助词典读短文并描述严寒老人的装扮。(Прочита́йте текст с по́мощью словаря́ и расскажи́те, как вы́глядит Дед Моро́з.)

Пре́жде всего́, у настоя́щего Де́да Моро́за — густы́е серебри́стые во́лосы и седа́я борода́ (дли́нная). Оде́т он в дли́нную шу́бу, кото́рая должна́ быть кра́сной, расши́той серебро́м и оторо́ченной лебеди́ным пу́хом и́ли бе́лым ме́хом. У Де́да Моро́за шу́ба подпоя́сана бе́лым по́ясом с кра́сным орна́ментом.

У Де́да Моро́за под шу́бой бе́лые льняны́е руба́шка и брю́ки, кото́рые укра́шены бе́лым геометри́ческим орна́ментом (си́мвол чистоты́). Сейча́с на цвет брюк Де́да Моро́за уже́ не обраща́ют осо́бого внима́ния и́ли де́лают их кра́сными, под цвет шу́бы, что непра́вильно.

На голове́ у Де́да Моро́за — кра́сная ша́пка, расши́тая серебро́м и же́мчугом. Фо́рма ша́пки — полуова́льная; оторо́чка ша́пки — бе́лым ме́хом и́ли лебеди́ным пу́хом, с треуго́льным вы́резом надо лбом. На рука́х — трёхпалые бе́лые перча́тки и́ли ва́режки, расши́тые серебро́м. На нога́х — сере́бряные и́ли кра́сные сапоги́ с припо́днятым носко́м, каблу́к небольшо́й, ско́шенный, и́ли во́все отсу́тствует. В моро́зный день Дед Моро́з надева́ет бе́лые ва́ленки.

В рука́х у Де́да Моро́за — по́сох, хруста́льный и́ли сере́бряный, с вито́й ру́чкой, заверша́ется он изображе́нием ме́сяца и́ли головы́ быка́ (си́мвол вла́сти, плодоро́дия и сча́стья).

 20. 说出俄罗斯的严寒老人和欧洲的圣诞老人不同之处. (Как вы ду́маете, чем отлича́ется ру́сский Дед Моро́з от европе́йского Са́нты Кла́уса?)

УРОК 10

ГРАММАТИКА
I. 集合数词
II. 成语性复合句（1）

РЕЧЕВЫЕ ОБРАЗЦЫ
ДИАЛОГИ
ТЕКСТ *Студéнческие суевéрия*

ГРАММАТИКА

I. 集合数词
Собирáтельные числúтельные

1. 集合数词将事物的数量作为一个统一的整体来表示。常用的集合数词有 двóе（两个），трóе（三个），чéтверо（四个），пятеро（五个），шéстеро（六个），сéмеро（七个）。另外还有三个集合数词：вóсьмеро（八个），дéвятеро（九个），дéсятеро（十个），但这三个词不常用。

变格：
集合数词没有性、数范畴，只有格的变化。двóе, трóе 的各间接格词尾同形容词软变化复数形式，其他集合数词的间接格词尾同形容词硬变化复数形式。

И	двóе	трóе	чéтверо
Р	двоúх	троúх	четверы́х
Д	двоúм	троúм	четверы́м
В		как И. úли Р. падéж	
Т	двоúми	троúми	четверы́ми
П	о двоúх	о троúх	о четверы́х

用法：
集合数词和名词、形容词的连用规则与数词пять相同。这类集合数词通常用于下列情况：

1) 与表示人的阳性名词连用，如тро́е друзе́й, ше́стеро госте́й①：

① В кабине́т дире́ктора вошли́ все тро́е кандида́тов на до́лжность гла́вного инжене́ра.
   厂长办公室走进了竞聘总工程师职位的三个候选人。

② Под де́ревом сиде́ли дво́е бе́дных старико́в — ста́рый бы́вший матро́с и его́ жена́.
   树下坐着两个穷苦的老人：从前的老水手和他的妻子。

2) 与名词де́ти, ребя́та以及表示动物幼崽的名词连用，如че́тверо дете́й, дво́е ребя́т, се́меро козля́т：

① Пришли́ на нового́днюю ёлку то́лько че́тверо дете́й, остальны́е ребя́та сиде́ли до́ма: они́ опаса́лись гри́ппа.
   来参加新年庆祝活动的只有四个孩子，其他孩子都待在家里：他们害怕流感。

② Дво́е у́мных котя́т и́щут хозя́ина.
   两只聪明的小猫崽在寻找主人。（广告词）

3) 与只有复数形式以及表示成对事物的名词连用，如дво́е но́жниц, тро́е сане́й, че́тверо воро́т, пя́теро носко́в②：

① Ма́ша схвати́ла с собо́й дво́е перча́ток и вы́бежала из ко́мнаты.
   玛莎抓起两副手套就跑出了房间。

② Они́ вдвоём провели́ тро́е су́ток в лесу́.
   他们两个人在森林里度过了三个昼夜。

4) 与人称代词мы, вы, они́连用，如нас дво́е：

① Нас бы́ло дво́е.
   我们只有两人。

② Оста́лось их че́тверо: все остальны́е пое́хали на авто́бусную экску́рсию по го́роду.
   只剩下他们四个人了，其他人都去乘车游览市容了。

5) 单独做名词使用，表示"几个人"。例如：

① Пришли́ ещё тро́е: дво́е мужчи́н и одна́ краси́вая де́вушка.
   又来了三个人：两个男的和一个漂亮的姑娘。

② Вну́ки Мари́и — тро́е, то́же живу́т в большо́м го́роде. Дво́е у́чатся, оди́н рабо́тает, жена́т.
   玛丽亚有三个孙子，他们也住在大城市里。两个在上学，一个已经工作，并已结婚。

③ Три челове́ка подняли́сь на́ борт корабля́. Дво́е из них бы́ли в вое́нной фо́рме.
   三个人登上了军舰的甲板，其中两人穿着军装。

① 与表示人的阳性名词连用时，数量数词和集合数词通用，但是表示具有高级军衔、职称的人时，常用数量数词：четы́ре генера́ла, пять ма́ршалов, шесть профессоро́в，而不说пя́теро генера́лов, ше́стеро ма́ршалов, че́тверо профессоро́в.

> ② 只有复数形式以及表示成对事物的名词与数词的组合，用于间接格时（四格除外），经常使用数量数词：двух воро́т, двум воро́там; не хвата́ет двух пар перча́ток, трёх пар чуло́к, 而不是集合数词：двои́х воро́т, двои́м воро́там; нет двои́х пар перча́ток, трои́х перча́ток.

2. óба (óбе) 的变格和用法

óба 表示两个已知的人或物，强调两者都进行某种动作或具有某种特征。
óба 为阳性和中性，óбе 为阴性。

变格：

И	Р	Д	В	Т	П
óба	обо́их	обо́им	как И. и́ли Р. паде́ж	обо́ими	об обо́их
óбе	обе́их	обе́им		обе́ими	об обе́их

用法：

1) óба (óбе) 与名词、形容词的连用规则同 два (две)。例如：

   óба дру́га, óба бли́зких дру́га; óбе сёстры, óбе двою́родные сёстры.

   ① В бу́дущем году́ óбе э́ти стра́ны бу́дут сотру́дничать в проведе́нии ря́да мероприя́тий по слу́чаю 35-й годовщи́ны взаи́много дипломати́ческого призна́ния.
   明年这两个国家将在建交35周年之际合作举办一系列活动。

   ② Татья́на была́ похо́жа на обо́их свои́х роди́телей, но была́ значи́тельно краси́вее ка́ждого из них.
   塔季亚娜长得像自己的父母，但比他们两个人漂亮得多。

óба (óбе) 可以单独做主语；人称代词 мы, вы, они́ 的第一格和 óба (óбе) 连用，共同作句子的主语。例如：

   ① В э́той семье́ дво́е дете́й, и óба уже́ у́чатся в девя́том кла́ссе.
   这个家庭有两个孩子，而且两个都已经上九年级了。

   ② Не мига́я, смотре́л Ива́н на танцо́вщицу, та смотре́ла на него́, и óба они́ молча́ли.
   伊万目不转睛地看着跳舞的女子，那女子也在看他，两个人都默不出声。

2) óба (óбе) 用于间接格时，与连用的名词、代词等在格上一致。例如：

   ① По обе́им сторона́м широ́кого проспе́кта расту́т кусты́ сире́ни.
   宽阔街道的两侧生长着丁香树。

   ② За э́то вре́мя отноше́ния ме́жду обе́ими стра́нами бы́ли доста́точно стаби́льными.
   这段时间里两国之间的关系相当稳定。

Ⅱ. 成语性复合句 (1)
Фразеологизи́рованные сло́жные предложе́ния

俄语中有一类特殊的复合句，两个分句中包括一些固定的词汇和语法手段，它们与连接词一起作为分句间语法联系的表达手段。此外，两个分句的位置、意义联系也固定不变，形成一种句子模式。从构成形式和意义上看，应当是主从复合句，但有时难以分出主从。这样的复合句叫做成语性复合句。

常见的成语性复合句，例如：

1. только и + знать (де́лать), что...

两个分句主体一致，但后一分句的主语通常省略。全句表示一种多次（经常）重复进行的行为，即"不干别的，只干某一件事"。例如：

① С де́душкой они́ то́лько и де́лали ка́ждый день, что игра́ли в ша́хматы.
   他和祖父整天一起下国际象棋。

② Сейча́с Ма́ша то́лько и зна́ет, что спит. Она́ бо́льше ничего́ не де́лает.
   玛莎现在就知道睡觉，其他什么事情都不做。

③ Ма́ло кому́ прия́тно име́ть де́ло с таки́м, как он. Так как он то́лько и уме́ет, что спо́рить.
   没有谁喜欢和他这样的人打交道，因为他就会争论。

④ Муж то́лько и ду́мает, что о рабо́те.
   丈夫就只想着工作。

⑤ Це́лый день они́ то́лько и разгова́ривали, что о теку́щих собы́тиях.
   他们一整天都在谈论时事。

2. не успе́ть + 完成体动词不定式, как...

该结构表示两分句的行为紧接着一前一后发生。多数情况下не已经失去否定意义，因此要借助上下文来判断两个分句中行为发生的先后顺序。例如：

① Не успе́ли мы вы́йти из са́да, как стари́к захло́пнул за на́ми воро́та.
   我们刚刚走出花园，老人就在我们身后"砰"的一声关上了大门。

② Не успе́л Па́вел Ива́нович приказа́ть шофёру останови́ться, как тот сра́зу затормози́л.
   巴维尔·伊万诺维奇刚一命令司机停车，司机立刻就踩了刹车。

此时，可以用как то́лько来替换。试比较：Как то́лько мы вы́шли из са́да, стари́к захло́пнул за на́ми воро́та; Как то́лько Па́вел Ива́нович приказа́л шофёру останови́ться, тот сра́зу затормози́л.

但有时很难根据上下文判定两分句行为的发生顺序。例如：

③ Не успе́л Анто́н отве́тить на пе́рвый вопро́с, как Влади́мир Петро́вич за́дал второ́й и тре́тий вопро́сы.
   安东刚（还没来得及）回答完第一个问题，弗拉基米尔·彼得罗维奇就提出了第二、第三个问题。

④ Не успе́л он сде́лать двух шаго́в, как уви́дел бегу́щих навстре́чу сосе́дей.
   他刚（还没来得及）迈出两步，就看到了迎面跑来的邻居。

3. не пройти́ и + 表时间段的名词（或数名组合）二格, как...

该结构表示：在说话人认为间隔较短的时间内连续发生意料之外的两个行为。例如：

① Не прошло́ и двух мину́т, как он опя́ть помаха́л руко́й.
   还没过两分钟，他就又挥了挥手。

② Не прошло́ и ча́су по́сле их разгово́ра, как прие́хала делега́ция спортсме́нов.
   他们谈话后还不到一个小时，运动员代表团就到了。

③ Не прошло́ и неде́ли, как роди́тели уже́ прие́хали из дере́вни: беспоко́ятся за дочь, кото́рую оста́вили у сосе́дки.

还不到一周父母就从农村回来了：他们不放心把女儿一个人留在女邻居那里。

4. не проходи́ть (и) + 表时间段的名词, что́бы не ...

前一分句中通常用表示时间意义的名词二格，如 мину́ты, ча́са, дня, неде́ли, ме́сяца, го́да 等，后一分句通常是否定结构，但不表示否定意义。整个结构表示有规律重复发生的行为，意思是：没有……时间内不发生某事的。

① Он вспы́льчивый челове́к. Не прохо́дит дня, что́бы он не выходи́л из себя́.
  他是一个脾气暴躁的人，没有一天不发火。

② Де́ти как де́ти. Не прохо́дит и обе́да, что́бы они́ не шуме́ли.
  孩子就是孩子，没有哪顿饭不吵闹的。

③ Не проходи́ло дня, что́бы в почто́вых я́щиках не оказывалось спа́ма.
  邮箱里天天都有垃圾邮件。

④ Нет дня, что́бы э́ти влюблённые не звони́ли друг дру́гу.
  这对恋人没有一天不通电话。

РЕЧЕВЫЕ ОБРАЗЦЫ

1. У Наде́жды Ива́новны дво́е   де́тей / знако́мых   .
   (бра́тья, племя́нники)

2. Среди́ прие́хавших к нам бы́ло   че́тверо / дво́е   иностра́нцев.
   (тро́е, пя́теро)

3. На рабо́ту   пое́дет   то́лько   нас ше́стеро   .
   (быть до́ма — вы тро́е, оста́ться — они́ се́меро)

4. Оба бра́та / Оба они́   у́чатся в политехни́ческом институ́те.
   (о́ба его́ бра́та, о́бе мои́ подру́ги)

5. В пра́здничные дни де́ти то́лько и   де́лали / зна́ли   , что   гуля́ли в па́рке / смотре́ли телеви́зор   .
   (игра́ть в компью́тер, слу́шать му́зыку, петь и танцева́ть)

6. В дни Олимпиады① по радио, по телевизору только и передавали говорили , что

    о напряжённых соревнованиях

    о больших переменах в Пекине .

    об известных спортсменах мира

    (достигнутые Китаем успехи в спорте, новые мировые рекорды)

7. Не успел я прочитать полстраницы / поздороваться с Машей , как заснул / она прошла мимо .

    (оглянуться, каникулы уже закончились; выйти из аудитории, раздался звонок)

8. Не прошло и недели / часа , как Пётр Михайлович уже приехал / Лена опять позвонила .

    (пяти минут, постучать в дверь; месяца, получить ответ из банка)

9. Не проходит недели / часа , чтобы он не звонил домой / жена не шумела .

    (месяц, ездить в командировку; день, заходить в Интернет)

ДИАЛОГИ

1. —А есть ли у студентов праздники?
   —В России у студентов есть свой праздник — Татьянин день. Он, как и всякий другой, имеет свои особенности и традиции.
   —А когда отмечается этот праздник?
   —25 января, в морозный январский день. Его отмечают практически все, кто когда-то учился или учится сейчас. В первой половине дня в актовых залах университетов и институтов проходят торжественные мероприятия, а во второй — начинается настоящее веселье.
   —Праздник зародился ещё в 1755 году, но он не забывается и не меняется.
   —Идут годы. Студенты становятся врачами, адвокатами, учителями, писателями, а бытовая сторона праздника остаётся прежней: торжественные речи, театрализованные представления, фейерверки, угощения.
   —А этот праздник является официальным?
   —Сейчас да! В 1995 году День студентов был узаконен в России. Татьянин день② — это праздник не только студентов. Это праздник всех тех, кто

независимо от национальности и возраста до сих пор чувствует в себе дух студенчества.

— Главное — весело и шумно отметить праздник под девизом: «Будем веселы и пьяны в день красавицы Татьяны!»

2. — Каким должен быть хороший студент?

— Чтобы ответить на этот вопрос, хочу спросить вас: знаете ли вы, что обозначает слово «студент»?

— Слово «студент» латинского происхождения, в переводе на русский язык означает усердно работающий, занимающийся, то есть овладевающий знаниями.

— Ну вот мы и ответили на ваш вопрос. Конечно, студент должен быть пытливым, вдумчивым, инициативным.

— Студент проводит в стенах университета, возможно, лучшие годы своей жизни, поэтому должен желать приобрести за это время как можно больше знаний, умений, навыков.

— Любой ли студент может стать хорошим студентом? Что для этого надо?

— Хорошим студентом может стать только тот, у кого есть интерес к избранной профессии. Главное, верить в себя. Становится выше ростом тот, кто постоянно тянется вверх.

— Да, трудно быть студентом!!! У него практически нет свободного времени. Чтобы много знать, надо много учиться.

— Но чтобы хорошо учиться, надо уметь хорошо отдыхать. Поэтому, как правило, во всех университетах большое внимание уделяется проблемам организации студенческого досуга.

ТЕКСТ

Студенческие суеверия

Студенческие суеверия — это реакция студента на шоковое состояние, вызванное приближением сессии. Когда не остаётся времени на подробное и систематизированное изучение материала, студенты прибегают к суевериям, которые как бы способны помочь им успешно сдать экзамены. Каждый студент хоть раз в своей жизни слышал слово — «Халява». Что же оно означает? "Халява" — это некое студенческое божество, позволя́ющее успе́шно сдать экза́мен, да́же е́сли на оби́лие зна́ний в голове́ рассчи́тывать не прихо́дится. С вы́зовом "Халя́вы" свя́зано мно́жество разли́чных ритуа́лов. Са́мый изве́стный из них и получи́вший наибо́льшее распростране́ние в студе́нческой среде́ ритуа́л вы́глядит сле́дующим о́бразом.

На́до в ночь пе́ред экза́меном ро́вно в 12 часо́в вы́глянуть в откры́тую фо́рточку и произнести́ три ра́за подря́д фра́зу: "Халя́ва, приди́!" При э́том в рука́х на́до держа́ть зачётку, развёрнутую на той страни́це, где на экза́мене до́лжен бу́дет расписа́ться преподава́тель. По́сле произнесе́ния заклина́ния на́до обмота́ть зачётку ни́тками, положи́ть в паке́т и засу́нуть на оста́вшуюся ночь в морози́льную ка́меру холоди́льника. До экза́мена открыва́ть зачётку никто́ не до́лжен — "Халя́ва" мо́жет улете́ть! Но сле́дует сказа́ть, что са́мые у́мные студе́нты вме́сто э́того сидя́т и зубря́т, пока́ ещё есть вре́мя до экза́мена.

Мно́жество студе́нтов познако́мились друг с дру́гом, благодаря́ э́тому обы́чаю. Предста́вьте фаса́д студе́нческого общежи́тия в 12 часо́в но́чи пе́ред экза́меном и студе́нтов, кото́рые повылеза́ли из фо́рточек и дру́жно зову́т "Халя́ву".

Сле́дующая гру́ппа ритуа́лов каса́ется поведе́ния студе́нта в аудито́рии, где прохо́дит экза́мен. Счита́ется, что биле́т на́до брать пра́вой руко́й, е́сли зашёл в аудито́рию с пра́вой ноги́, и, соотве́тственно наоборо́т — е́сли зашёл с ле́вой ноги́, то и биле́т бери́ ле́вой руко́й. Не́которые счита́ют, что и встава́ть с посте́ли на́до то́же с соотве́тствующей ноги́.

Та́кже про́чно закорени́лась в студе́нческой среде́ тради́ция не мы́ться пе́ред экза́меном. Счита́ется, что вода́ смыва́ет со студе́нта все зна́ния, полу́ченные ночны́м сиде́нием пе́ред уче́бниками. То же са́мое каса́ется отка́за от бритья́, состига́ния воло́с и ногте́й. Здесь есть оди́н положи́тельный моме́нт — преподава́тель, посмотре́в на небри́того студе́нта, поду́мает, что студе́нт, поглощённый изуче́нием люби́мого предме́та, да́же побри́ться пе́ред экза́меном не успе́л, и пожале́ет его́.

Ещё одно́ стра́нное пове́рье — е́сли студе́нта во вре́мя сда́чи экза́мена бу́дет руга́ть кто́-нибудь из бли́зких ему́ люде́й, то на экза́мене его́ ждёт кру́пный успе́х. Коне́чно, руга́тельства на́до подбира́ть с умо́м. Так, наприме́р, нельзя́ обзыва́ть его́ тупы́м и дурако́м и вообще́ нельзя́ испо́льзовать слова́, ука́зывающие на интеллектуа́льную неполноце́нность экзамену́емого студе́нта.

Есть ста́рая приме́та — идя́ на экза́мен положи́ть под пя́тку ле́вой ноги́ пятикопе́ечную моне́ту. Специали́сты по студе́нческим суеве́риям счита́ют, что но́вые моне́тки для э́того не годя́тся — нужна́ моне́та непреме́нно ста́рого образца́.

Любопы́тно, что на вре́мя се́ссии не́которые студе́нты стано́вятся приме́рными ве́рующими. На экза́мены хо́дят с изображе́нием свои́х покрови́телей. Э́то ста́ло популя́рно осо́бенно в после́днее вре́мя.

Ещё считается, что за хорошие поступки обязательно воздастся. За день перед экзаменом надо совершить как можно больше хороших дел: подать нищим, перевести бабушку через дорогу, сделать уборку в квартире, не ссориться с родителями. Вознаграждение обеспечено, только не ясно КОГДА.

Эти способы являются наиболее популярными у современных студентов, причём со временем они совершенствуются и приобретают всё новые и неожиданные формы. Но самый лучший из всех способов получить хорошую оценку на экзамене — заблаговременно всё выучить!!!

КОММЕНТАРИИ

① Олимпиа́да —这里指奥林匹克运动会(Олимпи́йские и́гры)。
② Татья́нин день — 1月25日是俄罗斯的大学生节(День студе́нта)，即塔季亚娜日。大学生们通过滑冰、听音乐会等娱乐方式，庆祝这个属于自己的节日。

НОВЫЕ СЛОВА И СЛОВОСОЧЕТАНИЯ

дво́е 两个
тро́е 三个
пя́теро 五个
ше́стеро 六个
се́меро 七个
во́сьмеро 八个
де́вятеро 九个
де́сятеро 十个
кандида́т, -а; -ы 候选人，后补
матро́с, -а; -ы 船员，水手；水兵
козлёнок, -нка; -ля́та, -ля́т 小山羊，山羊羔
опаса́ться（未）-а́юсь, -а́ешься; кого́-чего́ 或接不定式 担心，害怕；禁忌

~ моро́зов, ~ мы́ться холо́дной водо́й; ~ жи́рной пи́щи; Чего́ я опаса́лся, то и случи́лось.
воро́та, -о́т, -о́там 大门，外门，院门
борт, -а, о бо́рте, на борту́; -а́ 船舷，船侧
фо́рма, -ы; -ы 制服
сотру́дничать（未）-аю, -аешь; с кем 合作，共事，在一起工作
ни дня́ не хоте́ть ~
мероприя́тие, -ия; -ия 活动
по слу́чаю чего́（前）由于，因为；торжество́ ~ юбиле́я теа́тра

дипломати́ческий 外交的
призна́ние, -ия 坦白，承认；认同，认可
значи́тельно （与形容词、副词比较级连用）……得多；在很大程度上
стаби́льный 稳定的
теку́щие собы́тия 时事
захло́пывать（未）-аю, -аешь; что （把门、盖等）砰的一声关上，合上
захло́пнуть（完，一次）-ну, -нешь; ~ дверь, ~ кры́шку я́щика, ~ кни́гу
тормози́ть（未）-ожу́, -ози́шь; что 或无补语 制动，刹（车）；遏止，制

止

затормозить（完）-ожу, -озишь; ~ работу; При спуске с горы нужно тормозить.

навстречу 迎面, 迎头

помахать（完）-ашу, -ашешь; чем 挥几下, 挥一阵, 摇几摇 ~ рукой

слышаться（未）（第一、二人称不用）-шится;（声音）听得见, 传来

послышаться（完）-шится; Издали слышится гудок поезда.

вспыльчивый 爱发火的, 好发脾气的; 暴躁的, 急躁的

влюблённый 爱上……的, 钟情于……的

спам, -а; -ы 垃圾邮件

напряжённый 紧张的; 拉紧的

перемена, -ы; -ы 变化, 变动; 转变

рекорд, -а; -ы 纪录, 记录; установить мировой ~; побить ~

полстраницы 半页

раздаваться（未）-даётся（声音）传来, 响起

раздаться（完）-астся, -адутся; -ался, -лась, -лось; Раздался стук в дверь.

стучать（未）-чу, -чишь（敲击得、碰撞得）作响; 敲, 叩（门、窗等）

постучать（完）-чу, -чишь; Зубы стучат.

Дождь стучит в стекло.

актовый 典礼的

театрализованный 使戏剧化的; 使适于上演的

фейерверк, -а; -и 烟花, 焰火

веселье, -я 乐趣, 快活; 娱乐, 游戏

зарождаться（未）（第一、二人称不用）-ается 生出来; 发生, 产生, 起源

зародиться（完）-одится; Зародилась новая идея.

узаконивать（未）-аю, -аешь; что 使合法化, 使有法律根据

узаконить（完）-ню, -нишь; ~ фактический брак

независимо от кого-чего（连）不管, 不论

студенчество, -а（集）大学生（们）

происхождение, -ия 起源, 来历; 出身

усердно 勤奋地, 尽心竭力地

пытливый 好问的, 好寻根问底的, 求知心切的

вдумчивый 善于思索的; 深思熟虑的; 深思的, 沉思的

инициативный 有首创精神的

как можно（后面接比较级形式）尽可能

навык, -а; -и 技能, 熟巧

тянуться（未）тянусь, тянешься 能拉长, 能抻宽; 伸展; 伸懒腰

потянуться（完）-янусь, -янешься; Кожа тянется.

Проснулся и потянулся в постели.

как правило（插）一般地说; 通常

уделяться（未）-яется; кому-чему 分给, 分出, 拨给

уделиться（完）-лится

досуг, -а 闲暇, 闲空

суеверие, -ия; -ия 迷信

шоковый 休克的

систематизированный 系统化的

прибегать（未）-аю, -аешь 跑到, 跑来; 借住

прибежать（完）-егу, -ежишь; ~ первым к цели, ~ к помощи

халява, -ы 泛指可以免费、不费力气得到的东西, 本课指帮助学生不花费时间、精力复习就能得到好分数的神灵

некий（代, 不定）某某, 有一个（人）

божество, -а; 同 бог 神, 神灵; 赞美和崇拜的对象

обилие, -ия 大量, 很多 ~ знаний, ~ еды

форточка, -и; -и, -чек 气窗, 小窗户

подряд 接连不断地, 连续地

зачётка, -и; -и, -ток 记分册, 学业成绩册

развёртывать（未）-аю, -аешь; что 展开, 铺开, 打开

развернуть（完）-ну, -нёшь; ~ карту

УРОК 10

распи́сываться（未）-аюсь, -аешься 签字（证明）；署名（认可、同意）

расписа́ться（完）-ишу́сь, -и́шешься; ~ на докуме́нте

заклина́ние, -ия; -ия 咒语；咒骂，诅咒

обма́тывать（未）-аю, -аешь; кого-что чем 缠上, 围上

обмота́ть（完）-аю, -аешь; ~ ше́ю ша́рфом

засо́вывать（未）-аю, -аешь; что 插入；放进去

засу́нуть（完）-ну, -нешь; ~ бума́ги в стол, ~ ру́ку в карма́н

морози́льный 冷冻用的

ка́мера, -ы; -ы （仪器、机器、建筑物等内部密闭的）室，舱，箱

возду́шная ~

зубри́ть（未）-рю́, -ри́шь 及 зу́бришь; что （口）读死书，死记硬背

зазубри́ть（完）-рю́, -ри́шь 及 зазу́бришь; ~ стихи́

фаса́д, -а; -ы （建筑物的）正面；前面

повылеза́ть（完）（第一、二人称单数不用）-а́ет〈口〉（全部或许多）一个接一个地爬出

соотве́тственно 相应地

закорени́ться（完）-и́тся 扎下根，生出根须；Закорени́лась но́вая тради́ция.

смыва́ть（未）-а́ю, -а́ешь; что 洗去，冲洗掉（多指脏东西）；洗清，洗雪（耻辱等）；

смыть（完）смо́ю, смо́ешь; ~ пя́тна со стекла́, ~ с себя́ позо́р

бритьё, -я́ 剃，修面，刮脸

сострига́ние, -ия 剪去，剪掉

но́готь, -гтя; но́гти, ногте́й（阳）指甲；趾甲

положи́тельный 积极（方面）的；正面的；有益的

небри́тый 没有刮脸的

поглоща́ть（未）-а́ю, -а́ешь; что 吸引住，占据；吞食

поглоти́ть（完）-ощу́, -о́тишь; ~ внима́ние, ~ ду́шу

пове́рье, -я; -я 迷信，迷信传说

руга́тельство, -а; -а 骂人话，骂街话

подбира́ть（未）-а́ю, -а́ешь; кого-что 挑选，选配；

подобра́ть（完）-дберу́, -дберёшь; -а́л, -ла́, -ло

обзыва́ть（未）-а́ю, -а́ешь; кого кем, каки́м 骂（某人）是……，称以（丑名）；

обозва́ть（完）обзову́, обзовёшь; -а́л, -ла́, -ло; ~ дурако́м

неполноце́нность, -и（阴）不合格，不合乎要求；有缺陷

пя́тка, -и; -и, -ток 脚后跟；（袜或鞋的）后跟

годи́ться（未）гожу́сь, годи́шься 适用，中用；合适；合格，胜任；Эти сапоги́ мне не годя́тся. Я гожу́сь на э́то де́ло.

приме́рный 模范的，示范的

ве́рующий, -его（用作名）信徒；信教的人

изображе́ние, -ия; -ия（画出、摄出、雕出的）像；图形；图画

покрови́тель, -я; -и（阳）庇护者，保护者，靠山

воздава́ться（无，未）-даётся; -а́лось〈文〉得到报偿；受到报应

возда́ться（无，完）-а́стся; -а́лось; ~ по заслу́гам; Престу́пникам возда́стся за их злодея́ния.

ни́щий, -его（用作名）乞丐

вознагражде́ние, -ия 奖励；报酬，酬金

обеспе́чивать（未）-аю, -аешь; что кому-чему 保障；保证

обеспе́чить（完）-чу, -чишь; ~ выполне́ние пла́на, ~ разви́тие эконо́мики

заблаговре́менно 预先，提前，事先

ВНЕАУДИТОРНЫЕ УПРАЖНЕНИЯ
课下自主练习

1. 读句子，注意集合数词的使用。(Прочитайте предложения и обратите внимание на употребление собирательных числительных.)

1) Пассажиров в машине было трое. Их могло бы быть и двое, если бы утром в Москве моя жена не поехала провожать меня.
2) Зал был почти пустой. Впереди меня сидело человек одиннадцать, справа — трое, в середине — пятеро и в предпоследнем ряду — двое.
3) Он человек самостоятельный, на земле стоит обеими ногами, за него не надо беспокоиться.
4) После столкновения обоим футболистам судья показал жёлтую карточку.
5) Троим здесь делать нечего, с этой работой может справиться и один человек.
6) Двое пашут, а семеро руками машут.
7) Семеро одного не ждут.
8) В лес идут, а на троих один топор берут.
9) На ту сложную работу послали вас четверых.
10) Нет троих студентов: они поехали в городскую библиотеку.
11) Целых четверо суток они ждали письмо от родителей.

2. 选择合适的集合数词并变成适当形式。(Вставьте слова в нужной форме.)

1) Больному забинтовали (оба, обе) ноги.
2) Пешеходы шли по (оба, обе) сторонам улицы.
3) Отец одинаково любил (оба, обе) сыновей.
4) Мы попробуем выполнить (оба, обе) варианта.
5) Прочитав письмо от родителей, девушка вдруг закрыла лицо (оба, обе) руками.
6) В октябре планируются конференции в Нижнем Новгороде и в Смоленске, Сергей Петрович хочет принять участие в (оба, обе) конференциях.
7) Учитель литературы уже знаком с твоими (оба, обе) сёстрами.
8) В кассе предварительной продажи Антон купил билет в (оба, обе) направления: туда и обратно.
9) В квартире было две комнаты. (Оба, Обе) комнаты были одинаковых размеров.
10) В спортивном зале ученики занимались одновременно на (оба, обе) турниках, (оба, обе) концах длинного бревна, (оба, обе) кольцах и брусьях, но (оба, обе) коня пустовали.

3. 抄写句子，将数字变成集合数词的适当形式。(Перепишите предложения, употребляя вместо цифр собирательные числительные в нужной форме.)

1) Только мы 4 ездили вчера на экскурсию.

2) Мне понадобится ещё 5 помощников, чтобы закончить эту работу до вечера.

3) Вам 2 я, к сожалению, ничем не могу помочь.

4) Стол был накрыт на 2.

5) Лифт рассчитан только на 4, а их 5, кому-то придётся подождать.

6) Максим — человек сильный, если надо, работает за 10.

7) На экскурсии по городу нас было 6.

8) 2 всегда проще справиться с проблемой, чем одному.

9) Всего вас будет 7, не считая 3, которые присоединятся к вам в середине пути.

10) Для 6 здесь достаточно места, а вот 7, пожалуй, будет тесно.

4. 翻译下列句子，注意集合数词的译法。(Переведите предложения на русский язык, обратите внимание на перевод собирательных числительных.)

1) 编辑部人员连续工作了整整三昼夜。

2) 考察队乘坐五架雪橇去考察，每架雪橇上坐四个人。

3) 彼得罗夫教授强调，三个人无论如何也不可能在两个月内完成如此复杂的任务。

4) 我曾经用过两个名字，两个我都不喜欢，后来就改了。

5) 哥俩都学过花样滑冰，哥哥学成了，弟弟却没学成。

6) 伊万有两个好朋友，他们两个人都在北京大学俄语系就读。

7) 两个人永远都比一个人更容易克服困难。

8) 小河两岸生长着各种树木。

9) 新年安娜收到了两样礼物，两样礼物她都非常喜欢。

10) 我们三个人都正确翻译了孔子的话："己所不欲，勿施于人"。

5. 选择适当的词语填空。(Вставьте подходящий вариант.)

1) У дяди два сына, _____ они сейчас учатся в Англии.

　　A. оба　　B. обе　　C. два　　D. двое

2) Я держал вазу _____ руками, так как боялся её разбить.

　　A. обеими　　B. обеим　　C. обоими　　D. обоим

3) По _____ сторонам дороги цветут красивые цветы.

　　A. обоим　　B. двум　　C. двоим　　D. обеим

4) Олег и Юра учатся в одном институте, и _____ играют в футбольной команде.

　　A. оба　　B. двое　　C. обе　　D. два

5) Вчера в аэропорту были арестованы _____ мужчин, собравшихся ехать в Париж.

　　A. два　　B. двое　　C. оба　　D. двоих

6) Друзья поехали в Россию учиться, их было _____.
   A. четвёртое   B. четыре   C. четырёх   D. четверо

7) У меня две двоюродные сестры и _____ кандидаты наук.
   A. два   B. двое   C. оба   D. обе

8) Навстречу идут _____: юноша и девушка.
   A. два   B. двое   C. обе   D. оба

9) В автобусе, кроме нас _____, пассажиров не было.
   A. трёх   B. троих   C. три   D. трое

10) Все его _____ детей получили высшее образование.
   A. четыре   B. четырёх   C. четверо   D. четверых

6. 读成语性复合句并将其译成汉语。(Прочитайте следующие фразеологизированные сложные предложения и переведите их на китайский язык.)

1) Вообще-то говоря, мы весь день только и делали, что ходили по городу.
2) Маша только и думает, что о большой квартире и богатом женихе.
3) Не успел он сделать и двадцати шагов, как серый заяц выскочил из-за пня.
4) Не успел Юра заснуть, как приехали отец и мать.
5) Кот смело бросился на обидчика. Тот не успел сообразить, что произошло, как резкая боль заставила его обеими руками схватиться за лицо.
6) Не прошло и года, как в городе снова заговорили об этом замечательном человеке.
7) Не прошло и месяца, как брат получил назначение на работу.
8) Не прошло и десяти минут, как журналист выяснил, что свидетель жив и здоров.
9) Не проходит дня, чтобы он не плавал в бассейне. Поэтому фигура у него красивая, здоровье крепкое.
10) Не проходило и часа, чтобы мальчик не шумел, не мешал другим.

7. 续写句子。(Закончите предложения.)

1) Марина каждый день только и делала, что ...
2) Родители только и мечтают, что ...
3) Не успел Боря выполнить и первого упражнения, как ...
4) Бывает так, не успевает Иван Иванович пообедать, как ...
5) Не прошло и недели, как ...
6) Не прошло и месяца, как ...
7) Маша и Витя познакомились недавно. Теперь не проходит и недели, чтобы ...
8) Мама каждый день занята. Не проходит дня, чтобы ...

8. 将下列句子译成俄语。(Переведите на русский язык.)

1) 时间过得飞快。一转眼，寒假就结束了。
2) 同学们刚刚结束实习，就马上开始学习理论课程。
3) 我还没有来得及写完一页练习题，弟弟就打电话催我去买今天的报纸。
4) 有人说，现在的大学生天天想的就是休息、娱乐。
5) 娜杰日达·伊万诺夫娜一年前退休了。她现在所做的事就是照料丈夫和孩子们。
6) 我的女友玛莎去北京工作了。她走了还不到半年，我就收到了朋友的来信，说玛莎在北京结婚了。
7) 不到一周时间小男孩就学会了滑冰。
8) 不到一年谢廖沙就忘掉了所有不快。
9) 孩子还小，没有哪天不哭闹的。
10) 沃洛佳在学校外事处工作，没有哪个月不出差的。

9. 选择适当的词语填空。(Вставьте подходящий вариант.)

1) Не успели мы выйти из парка, _____ за нами закрыли ворота.
   A. что   B. когда   C. где   D. как

2) Не прошло и часа, _____ он позвонил мне.
   A. когда   B. пока не   C. пока   D. как

3) Не успел старик сесть в поезд, _____ он тронулся.
   A. чтобы   B. когда   C. как   D. как бы

4) Не проходит дня, _____ он не звонил домой.
   A. что   B. чтобы   C. когда   D. как

5) Не прошло и недели, _____ Володя приехал с юга.
   A. как   B. пока   C. когда   D. пока не

6) Кому приятно иметь дело с ним?! Он только и делает, _____ болтает.
   A. чтобы   B. что   C. о чём   D. как

7) Этот молодой учёный только и думает, что _____.
   A. о работе   B. с работой   C. к работе   D. работы

8) Не прошло и месяца, _____ Вася забыл про своё обещание.
   A. пока   B. как   C. когда   D. пока не

9) Не _____ и десяти минут, как нам подали все заказанные блюда.
   A. проходило   B. прошло   C. проходит   D. пройдёт

10) Не успел я _____ на первый вопрос, как он задал мне второй.
    A. ответить   B. отвечать   C. отвечу   D. отвечаю

10. 利用对话中的信息续写句子。(Закончите предложения, используя информацию из диалогов.)

1) В России у студентов есть свой праздник — ...
2) День студентов отмечается ...
3) В первой половине дня праздника в актовых залах всех университетов и институтов проходят торжественные собрания, а во второй — ...
4) Татьянин день зародился ещё в 1755 году, но ...
5) Бытовая сторона Татьяниного дня остаётся прежней: ...
6) В 1995 году День студентов был...
7) Татьянин день — это праздник всех тех, кто ...
8) Студент проводит в университете, возможно, лучшие годы своей жизни, поэтому...
9) Хорошим студентом может стать только тот, ...
10) Во всех университетах большое внимание уделяется ...

11. 将下列句子译成俄语。(Переведите на русский язык.)

1) 尽管天气寒冷，大家仍旧按时赶到了集会地点。
2) 庆祝盛大节日的时候，会举办民众游园、表演节目、放焰火等活动。
3) 大学生学习非常用功，他们不是为了文凭而是为自己、为自己的未来学习。
4) 从2009年起，以前的民间节日清明节、端午节和中秋节被定为法定节日，成为正式的全民节日。
5) 相信自己，始终向上进取，对所选职业感兴趣的大学生，步入社会后能够较快地找到自己在生活中的位置。

12. 讲一讲中国大学生喜欢过的节日。(Расскажите, пожалуйста, какие праздники пользуются популярностью у китайских студентов.)

13. 将括号中的内容译成俄语。(Переведите на русский язык.)

1) Всем студентам нашего института сделали прививку от ковид-19 на прошлой неделе. Хорошо, что ни у кого не было （对疫苗的不良反应）.
2) По телевизору предупредили, что в столице ожидается ухудшение погоды, будут дожди （连续3天）.
3) Во всём мире распространяется финансовый кризис, поэтому немало государств （寄希望于金融支持） Всемирного банка.
4) Я знаю, ты сейчас читаешь новый роман Д. Рубиной. Когда прочитаешь, дай мне эту книгу （哪怕有一天）.
5) Проверьте, пожалуйста, и （请您签收） здесь.

6) Все студе́нты доби́лись больши́х успе́хов за четы́ре го́да учёбы, приобрели́ (丰富的知识) и бу́дут служи́ть о́бществу.

7) Холоди́льник у роди́телей уже́ ста́рый, (冷藏室) иногда́ пло́хо рабо́тает.

8) Этот университе́т име́ет хоро́шую репута́цию (由于有着优良传统).

9) Библиоте́ка перее́хала в но́вое просто́рное помеще́ние, (相应地提高了) и у́ровень предоставля́емых чита́телям услу́г.

10) Мысль о том, что из сы́на вы́йдет настоя́щий лётчик, (在意识中扎下根来) ма́мы неда́вно.

11) В откры́том совсе́м неда́вно кни́жном магази́не (开始销售) сбо́рник но́вых расска́зов изве́стного молодо́го писа́теля го́рода.

12) (随着时间的推移) всё бо́льше ю́ношей занима́ется аэро́бикой (有氧运动).

13) Обы́чно студе́нты из (条件好的家庭) веду́т себя́ бо́лее уве́ренно, чем те, кото́рые вы́шли из бе́дной семьи́.

14) Технологи́ческие проце́ссы (逐渐得以完善) благодаря́ нау́чно-техни́ческому прогре́ссу.

15) У моего́ сосе́да по ко́мнате хоро́шая привы́чка: всё (预先准备好).

14. 用给出的词和结构造句。(Соста́вьте предложе́ния с да́нными слова́ми, констру́кциями.)

несмотря́ на ..., зароди́ться, овладе́ть зна́ниями, как мо́жно, ве́рить в себя́, тяну́ться вверх, незави́симо от кого́-чего́, под деви́зом, оста́ться, отме́тить пра́здник, уделя́ться

15. 判定下列句中动词的意义。(Определи́те значе́ния вы́деленных глаго́лов в предложе́ниях.)

1) Молодо́й писа́тель **написа́л** интере́сный расска́з о жи́зни молодёжи.

2) **Запиши́**, пожа́луйста, мой но́мер моби́льника на вся́кий слу́чай.

3) Ребя́та из пе́рвой гру́ппы хотя́т пойти́ на экску́рсию, но ещё не успе́ли **записа́ться**.

4) Юля бы́стро **вы́писала** из те́кста все глаго́лы с приста́вкой "вы-".

5) У двух первоку́рсников, сидя́щих ря́дом, одина́ковые оши́бки в перево́де. Наве́рное, оди́н **списа́л** у друго́го.

6) **Перепиши́те**, пожа́луйста, сочине́ние, по́черк совсе́м не разбо́рчивый.

7) Осмотре́в больно́го, врач **прописа́л** ему́ лека́рство на три дня.

8) Пилоти́руемый полёт кита́йских космона́втов, совершённый в 2007 году́, **вписа́л** но́вую страни́цу в исто́рию на́шей страны́.

9) Оле́г **исписа́л** все карандаши́.

10) На́ша семья́ всегда́ **подпи́сывается** на газе́ты.

11) Мы **выпи́сываем** журна́лы, учи́тывая вку́сы и интере́сы всех чле́нов семьи́.

12) По́сле сда́чи зачёта преподава́тель **подписа́л** зачётную ве́домость.

13) Принесли́ посы́лку моему́ сосе́ду, но так как его́ не́ бы́ло до́ма, **расписа́лся** за него́ я.

14) **Опиши́те**, пожа́луйста, портре́т геро́я э́того рома́на.

15) Он **исписа́л** не́сколько страни́ц, но разорва́л их, так как ему́ не удало́сь раскры́ть те́му, как хоте́лось.

16. за *писа́ть (пи́сывать)* 选择合适的前缀并用其适当形式填空。(Вста́вьте глаго́л *писа́ть (пи́сывать)* с приста́вками в ну́жной фо́рме.)

1) Ста́роста _____ меня́ в спи́сок на авто́бусную экску́рсию.

2) На́до идти́ в магази́н, я уже́ _____ все свои́ тетра́ди и ру́чки.

3) Студе́нты пое́хали на Се́вер: их цель — _____ ме́стные диале́кты.

4) Ли́дия Алекса́ндровна _____ на приём к врачу́ на понеде́льник.

5) Соглаше́ние о сотру́дничестве _____ о́бе догова́ривающиеся сто́роны.

6) Два листа́ бы́ли _____ ме́лким по́черком.

7) Гла́вный врач _____ больно́го из больни́цы.

8) В пя́тницу у Петро́вых бу́дет новосе́лье. Я _____ их но́вый а́дрес на перекидно́м календаре́, что́бы не забы́ть.

9) Преподава́тель попроси́л _____ с доски́ то́лько пе́рвые два предложе́ния.

10) Вчера́ вы́дали стипе́ндию. Все _____ в её получе́нии.

11) Роди́тели лю́бят чита́ть «Вече́рнюю Москву́», и мы им _____ её.

12) _____ спи́сок жела́ющих пойти́ на вы́ставку, я пропусти́л одну́ фами́лию.

13) Геро́й поэ́мы, оказа́лось, был _____ с моего́ дру́га.

14) Я простуди́лся, и врач _____ мне лека́рство.

15) Ма́льчик _____ сочине́ние и сдал его́ учи́тельнице.

17. 按课文内容回答问题。(Отве́тьте на вопро́сы по те́ксту.)

1) Что тако́е студе́нческие суеве́рия по мне́нию а́втора?

2) Почему́ студе́нты прибега́ют к суеве́риям, когда́ не остаётся вре́мени на повторе́ние про́йденных уро́ков?

3) Сло́во "халя́ва" име́ет значе́ние не́что беспла́тное. А како́е значе́ние име́ет э́то сло́во в да́нном те́ксте?

4) Расскажи́те, что студе́нты де́лают, что́бы "Халя́ва" помогла́ им сдать экза́мен?

5) Как до́лжен вести́ себя́ студе́нт в аудито́рии, где прохо́дит экза́мен?

6) Почему́ тради́ция не мы́ться пе́ред экза́меном уже́ про́чно укорени́лась в студе́нческой среде́?

7) Каки́е суеве́рия свя́заны с бритьём, сострига́нием ногте́й и стри́жкой воло́с? Почему́ не́которые студе́нты не бре́ются пе́ред экза́меном?

8) Каки́ми слова́ми нельзя́ руга́ть экзамену́емого студе́нта?

9) Почему́ не́которые студе́нты кладу́т пятикопе́ечную моне́ту ста́рого образца́ под

пятку левой ноги, идя на экзамен?

10) Почему некоторые студенты становятся примерными верующими на время сессии?

11) С какой целью некоторые студенты совершают как можно больше хороших дел за день перед экзаменом?

12) Назовите самый лучший способ получить хорошую оценку на экзамене.

 18. 请讲一下，要想考出好成绩，该如何备考。(Расскажите, пожалуйста, как вы готовитесь к экзаменам, чтобы сдать их успешно.)

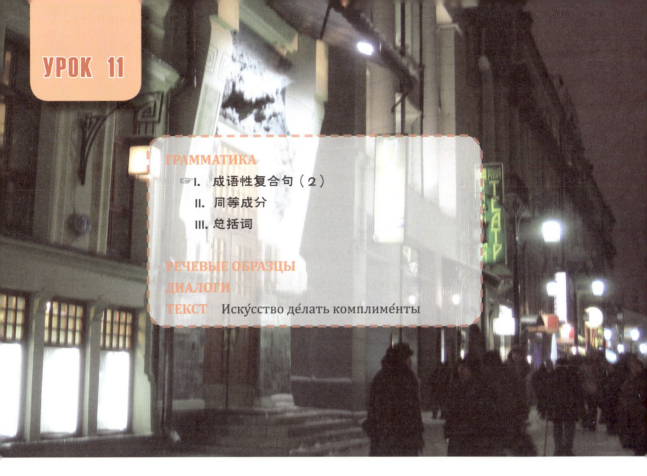

УРОК 11

ГРАММАТИКА
- I. 成语性复合句（2）
- II. 同等成分
- III. 总括词

РЕЧЕВЫЕ ОБРАЗЦЫ
ДИАЛОГИ
ТЕКСТ Искусство делать комплименты

ГРАММАТИКА

I 成语性复合句 (2)
Фразеологизированные сложные предложения

1. стоит (стоило) кому + 完成体动词不定式, как (и) ...

前一分句是无人称句，主体用第三格。后一分句用как或и（在意义上没有区别），两个分句之间的关系是条件结果或时间先后的关系，即"只要……就……"。例如：

① Стоит Лене сказать "скучно", как Андрей придумывает какую-нибудь шутку, чтобы развлечь её.
只要列娜一说"没意思"，安德烈就马上想出一个笑话，逗她开心。

② В трезвом виде Иванов очень симпатичный человек, но стоит ему выпить, и он превращается в зверя.
伊万诺夫清醒的时候是个非常可爱的人，可只要他一喝酒就会变成野兽。

③ Стоит тебе очень захотеть, и твоё желание исполнится.
只要你非常渴望，你的愿望就会实现。

④ Стоило младшей сестре пожаловаться маме на него, как мама начинала упрекать его.
只要妹妹向妈妈告他的状，妈妈就开始责备他。

2. Достáточно (Довóльно).., чтóбы...; Слúшком (Чересчýр).., чтóбы...

第一个结构的前一个分句可以细化为三种情况：1) достáточно + 动词不定式，构成无人称句，主体用第三格；2) достáточно + 名词二格；3) достáточно作为从属词表示特征的程度。该结构表示特征达到足够程度，可以实现чтóбы引出的后一分句的内容。例如：

① Достáточно создáть нормáльные услóвия температýры и питáния, чтóбы клéтки срáзу же восстановúли свои фýнкции.

只要达到正常的温度和营养条件，细胞立刻就会恢复自己的功能。

② Достáточно емý пошевелúться, чтóбы медсестрá подошлá к немý.

只要他动一下，护士马上就会来到他跟前。

③ Достáточно пятú минýт, чтóбы прочитáть эту статью́.

只要五分钟就足以读完这篇文章。

④ Достáточно малéйшего шóроха в коридóре, чтóбы он пóднял гóлову и стал прислýшиваться.

只要走廊里有一点点声音，他就会抬起头开始仔细听。

⑤ Он достáточно талáнтлив, чтóбы решúть такúе задáчи.

他相当有才华，足可以解出这些题。

⑥ Этот журналúст достáточно дóлго жил здесь, чтóбы ознакóмиться со здéшними обы́чаями.

这位记者在这里生活的时间相当久，足以熟悉这里的习俗。

当表示特征达到过分程度，以至于无法实现后一分句所表述的内容时，使用第二个结构。例如：

① Откóс слúшком крутóй, чтóбы удержáться на нём.

斜坡实在太陡，在上面站不住。

② Рабóта слúшком глубокó захватúла учёного, чтóбы он мог замéтить изменéния, котóрые произошлú с женóй.

工作如此牢牢地拴住了科学家，以至于他无法发现妻子的变化。

③ Мы пóняли, что две недéли — срок слúшком мáлый для тогó, чтóбы действúтельно сыгрáть роль óпытного программúста.

我们明白了：两周的期限实在太短，程序员经验再丰富也无法真正发挥作用。

Ⅱ. 同等成分
Однорóдные члéны предложéния

同等成分是指具有并列关系、与同一成分发生联系并起相同句法作用的句子成分。句子的主要成分、次要成分都可以有同等成分。例如：

① В садý растýт я́блони, грýши и слúвы.（同等主语）

果园里苹果树、梨树和李子树都开花了。

② На Новогóднем вéчере первокýрсники читáли стихú, пéли, танцевáли.（同等谓语）

新年晚会上一年级大学生朗诵诗歌、唱歌、跳舞。

③ Наконец-то кончилась та однообразная, скучная и тяжёлая работа.（同等定语）
那项单调、无聊又繁重的工作终于结束了。

④ Дети украсили ёлку цветными фонариками, гирляндами, стеклянными шарами.（同等补语）
孩子们用小彩灯、彩带和大玻璃彩球装扮圣诞树。

⑤ Лев писал быстро, но плохо.（同等状语）
列夫写得快，但写得不好。

1. 句子中的同等成分通常用并列连接词连接。例如：

1) 联合连接词： и; и..., и...; да; ни..., ни...; не только..., но и...; как..., так и...等。例如：

① На свадьбу пришли родственники, друзья и знакомые молодожёнов.
来参加婚礼的有新人的亲朋好友。

② Володя любит читать. Он читает и рассказы, и повести.
瓦洛佳喜欢看书。短篇小说、中篇小说他都看。

③ Пока он ничего не знает о русском языке: не умеет ни читать, ни писать, ни говорить.
眼下他对俄语一窍不通：不会读、不会写，也不会说。

④ Сергей не только плавает, но и играет в баскетбол.
谢尔盖不仅会游泳，还打篮球。

⑤ Как взрослым, так и детям, всем понравился этот фильм. Он был снят с участием известного гонконгского артиста Джеки Чана.
无论大人，还是孩子，所有人都喜欢上了这部电影。香港著名演员成龙参演了这部影片。

2) 对别连接词： а, но, да, однако, зато 等。例如：

① Геологи нашли не золото, а уран.
地质人员找到的不是金矿，而是铀矿。

② Работа была выполнена вовремя, но не качественно.
工作按时完成了，但质量不好。

③ Всякую работу он делал чрезвычайно медленно, зато добросовестно.
他做任何一项工作都很慢，但都勤勤恳恳。

④ На выставке мой сосед заметил одну очень интересную картину, да денег мало взял с собой.
展会上我的邻居发现了一幅非常有意思的画，但他没带太多钱。

⑤ Комната маленькая, зато светлая и уютная.
房间虽小，但明亮、舒适。

3) 区分连接词： или; либо; то..., то...; не то..., не то...等。例如：

① На Новый год каждому ребёнку от Деда Мороза достался подарок: или яблоко, или груша, или пряник.
新年每个孩子都得到了严寒老人给的一份礼物：或者一个苹果，或者一个梨，或者一个甜饼。

② Летом либо осенью студенты пойдут в горы в поход.
夏天或是秋天大学生们一定去山里远足。

③ Вот тебе́ и выходны́е дни: то стира́й бельё, то убира́й ко́мнату, то гото́вь для всех госте́й.

这也叫休息日：又是洗衣服，又是收拾房间，又是给所有客人准备食物。

④ Не зна́ю, у кого́ Ва́ня оста́вил библиоте́чную кни́гу, не то у Ко́ли, не то у Ли́лии.

我不知道万尼亚把图书馆的书落在谁那里了：不是在科利亚那儿，就是在丽莉娅那儿。

2. 带同等成分的句子中的一致关系

谓语和同等主语的一致关系

1) 如果同等主语都是复数形式或离谓语最近的主语是复数形式，则谓语用复数形式。例如：

① Тетра́ди, уче́бники, газе́ты и журна́лы лежа́т на пи́сьменном столе́.

练习册、课本、报纸和杂志都在写字台上。

② Всю́ду ви́дны бы́ли я́блони, ви́шни и сли́вы.

到处都看得见苹果树、樱桃树和李子树。

2) 如果离谓语最近的主语是单数或所有主语都是单数，则主语在前、谓语在后时，谓语用复数；主语在后、谓语在前时，谓语既可用复数，也可用单数。例如：

① Гла́вный врач Ива́н Влади́мирович и медсестра́ На́дя обхо́дят пала́ты ка́ждый день.

院长伊万·弗拉基米罗维奇和护士娜佳每天都巡视病房。

② В эксперимéнте при́няли уча́стие инжене́р Серге́й Григо́рьевич и его́ помо́щники.

参加试验的有工程师谢尔盖·格里戈里耶维奇及其助手。

③ На на́шей ка́федре рабо́тает Татья́на Андре́евна и Евге́ний Васи́льевич.

在我们教研室工作的有塔季娅娜·安德烈耶夫娜和叶甫盖尼·瓦西里耶维奇。

3) 如果同等主语是单数并且由对别或区分连接词连接，则根据"就近"原则，谓语通常用单数且与最近的主语一致。例如：

① Сту́лья принесла́ не Лю́ба, а Анто́н.

椅子是安东拿来的，不是柳芭。

② Или тётя Мари́я, и́ли дя́дя Пётр позвони́л мне.

不是玛丽娅姨妈，就是彼得叔叔给我打过电话。

4) 如果同等主语中有第一或第二人称代词，且同等成分用连接词и连接，则谓语用相应的第一或第二人称复数。例如：

① Ма́ма и я пое́дем в го́род на вы́ставку карти́н на сле́дующей неде́ле.

妈妈和我下周去市里看画展。

② Ты и То́ля пойдёте поигра́ть в ша́хматы?

你和托利亚去下国际象棋吗？

③ Я и ты вме́сте бу́дем выполня́ть э́то сло́жное зада́ние.

我和你一起来完成这个复杂的任务。

III. 总括词
Обобща́ющие слова́

总括词是指概括同等成分所列举的事物或现象的句子成分。总括词可以用具有概括意义的代词、名词等表示。例如：

① Лицо́, похо́дка, взгляд, го́лос — всё вдруг измени́лось в де́вочке.
面容、步态、目光、声音——小女孩的这一切突然间发生了变化。

② Всем понра́вился э́тот фильм: и взро́слым, и де́тям.
所有人都喜欢这部电影，无论是大人还是孩子。

③ Он испо́льзовал в карти́не то́лько мра́чные тона́: чёрный, кори́чневый, се́рый.
他作画时使用的都是暗色（调）：黑色、棕色和灰色。

④ Ничего́ нельзя́ откла́дывать: ни рабо́ту, ни соревнова́ние.
什么都不能拖延，无论是工作还是比赛。

⑤ Повсю́ду: в куста́х, в траве́ — запе́ли пти́цы.
灌木丛中、草丛里，到处都响起了鸟儿的鸣叫声。

РЕЧЕВЫЕ ОБРАЗЦЫ

1. Сто́ит нам сплоти́ться как оди́н, и мы преодоле́ем любы́е препя́тствия / одержи́м оконча́тельную побе́ду .
(сде́лать больши́е успе́хи; быть непобеди́мы<ми>; доби́ться це́ли)

2. Рабо́чие э́того совреме́нного заво́да доста́точно квалифици́рованы / сильны́ , что́бы вы́полнить э́то сро́чное зада́ние / победи́ть в трудово́м соревнова́нии .
(спосо́бные, реши́ть э́ту пробле́му; о́пытные, преодоле́ть э́ти тру́дности)

3. Он сли́шком хитёр / глуп , что́бы ве́рить всему́ э́тому / поня́ть э́то .
(скро́мный, говори́ть о себе́; че́стный, смотре́ть на э́то сквозь па́льцы)

4. За после́дние го́ды мы доби́лись огро́мных успе́хов как в о́бласти градострои́тельства / промы́шленности , так и в сфе́ре бытово́го обслу́живания / в се́льском хозя́йстве .
(нау́ка и те́хника, вое́нная промы́шленность, косми́ческая промы́шленность, нанотехноло́гия, судострои́тельство)

5. Почему́-то Воло́дя до сих пор не пришёл, не то заболе́л / забы́л о приглаше́нии, не то где́-то задержа́лся / куда́-то зашёл.

(зачита́ться в библиоте́ке, перепу́тать вре́мя свида́ния)

6. Рюкзаку́ ма́льчика никогда́ не лежи́т на ме́сте: то на крова́ти / подоко́ннике, то на столе́ / сту́ле.

(по́лка, ковёр, дива́н, та́хта)

7. Ничто́ не меша́ло э́тим ребя́там рабо́тать: ни му́зыка / гудки́ маши́н, ни кри́ки дете́й / шум с у́лицы.

(пе́сни, переда́ча по телеви́зору, конце́рт по ра́дио, лай соба́ки)

8. Ежего́дно посеща́ют Вели́кую кита́йскую сте́ну тури́сты из ра́зных стран ми́ра: америка́нцы, англича́не, не́мцы, япо́нцы, россия́не.

(израильтя́нин, корее́ц, испа́нец, италья́нец)

ДИАЛОГИ

1. —Дава́йте поговори́м сего́дня об этике́те.
—Я не о́чень хорошо́ понима́ю, что тако́е этике́т.
—Этике́т — э́то пра́вила поведе́ния, включа́ющие мане́ры, оде́жду, фо́рмы приве́тствий и обраще́ний. Ина́че говоря́, э́то уме́ние краси́во и воспи́танно вести́ себя́ в разли́чных ситуа́циях.
—Сего́дня в сре́дствах ма́ссовой информа́ции (СМИ) то́лько и говоря́т о том, что этике́т помога́ет молоды́м лю́дям стать нра́вственно краси́выми, а та́кже сде́лать успе́шную карье́ру.
—Да, хоро́шие мане́ры — э́то характе́рный при́знак хоро́шего воспита́ния.
—Я ду́маю, вы понима́ете, что форма́льное зна́ние хоро́ших мане́р недоста́точно, что́бы действи́тельно быть воспи́танным челове́ком.
—Э́то очеви́дно. На́до не то́лько знать, как вести́ себя́ в о́бществе, но и уме́ть и хоте́ть э́то де́лать.
—Сейча́с э́то о́чень тру́дно де́лать, потому́ что лю́ди ста́ли грубе́е, -чем ра́ньше. Сто́ит посмотре́ть телеви́зор, прочита́ть газе́ту и́ли послу́шать

соседку по лестничной клетке, и ты увидишь очень много неприглядного вокруг.

—Плохое всегда бросается в глаза и больше запоминается. Попробуйте посмотреть на мир с улыбкой, вы увидите очень много хорошего.

—А лучше не смотреть по сторонам, а самому делать добрые дела.

—А что такое добро?

—Сложное это дело — определение добра. По-моему, добро — это то, что мы хотим для себя, а делаем для других. Поддержи кого-нибудь в трудную минуту, порадуйся чужой удаче...

—Пожалей ребёнка, проведи через улицу старика, уступи место в трамвае, будь вежлив и обходителен и т. д.

—Если благодаря вам жизнь окружающих станет хоть немного лучше — это и будет добро.

2. —Продолжим наш разговор об этикете.

—Я предлагаю поговорить сегодня о телефонном этикете.

—Это очень интересная тема. Но, мне кажется, все знакомы с этими правилами, потому что сегодня трудно представить себе жизнь без телефона.

—А вот сейчас мы и проверим, насколько хорошо вы знаете эти правила. Ответьте на мои вопросы. Есть ли специальное телефонное слово для начала телефонного разговора?

—Это слова "алло", "слушаю вас", "у телефона", "да". Правильно?

—Не совсем. Слова "да", "у телефона" не годятся — они дают повод усомниться в вашей воспитанности. Второй вопрос: "В какое время разрешается звонить знакомым?"

—С 9 до 22 часов.

—А есть ли исключения из этого правила?

—Отступить от правила могут только близкие люди, однако лучше договориться заранее, хотя в любом случае звонить после 23 часов считается неприличным.

—Можно ли в гостях пользоваться телефоном?

—Нет. Если у вас возникли крайние обстоятельства, то нужно спросить разрешения у хозяев и разговор должен быть предельно кратким.

—Мобильный телефон и театр. Чего мы не должны забыть сделать в театре, на концерте?

—Как только мы приходим в театр, мы должны отключить свой телефон на время спектакля.

—Ну что ж, вы достаточно хорошо знаете правила ведения телефонного разговора, чтобы я мог гордиться вами.

Искусство делать комплименты

Ничто так не поднимает настроение, как искренний комплимент, полученный одним человеком от другого. Если комплименты говорят умно и тонко, они производят благоприятное впечатление, придают беседе грациозность.

Очень важны комплименты родных и близких людей. Моя знакомая рассказывает:

Сын никогда не отпустит меня из дома, не отметив: "Ты самая красивая! Как тебе идёт эта шляпка (или платье)!" — в этот момент я самая счастливая из женщин.

Несколько внимательных слов, взгляд, жест одобрения... Но на это способны немногие. Иногда мне кажется, что некоторые мужчины за всю свою жизнь ни разу не сделали комплимент женщине. Даже своей жене или дочери, матери, соседке, коллеге... Конечно, женщины это переживут, но где радость общения, счастья?

Однако комплименты самых близких людей порой обесцениваются. В искренности подруг тоже иногда можно сомневаться. Как бы хорошо к вам подруга ни относилась, всегда остаётся загадкой, что подвигло её на комплимент.

Комплименты на улицах, в общественных местах удовлетворяют нашу потребность в искреннем признании нашей красоты, оригинальности. Они превозносят наш публичный образ и дают уверенность в том, что общество нас одобряет.

Однажды летним вечером я возвращалась с дачи домой. Незнакомец поднёс мне цветы и произнёс: "Вы просто прелесть!" Это был счастливый момент в моей жизни. Я была уверена, что выгляжу так себе: почти без макияжа, в стареньком свитере. Но мне сказали, что я выгляжу чудесно, и у меня сразу поднялось настроение. А красота, как известно, наполовину зависит от расположения духа. Домой я пришла радостная и легко поверила: "Ты сегодня просто красавица!"

Невинный уличный комплимент от случайного встречного — это не больше, чем мимолётная благодарность за нашу женственность, неповторимость. Подобные комплименты способны сотворить чудеса. Они делают нас счастливее и красивее.

Как принимать комплименты?

Улыбнитесь, советую не отвечать одним словом "спасибо". Скажите лучше: "Спасибо за добрые слова", "Спасибо, что заметили", "Спасибо, приятно слышать", "Спасибо, то, что вы говорите, важно для меня». Не следует отказываться от добрых слов, говоря: "Да ну, что вы, этот костюм такой дешёвый и совсем вышел из моды" — в ответ на комплимент "Как вам идёт этот костюм".

Что можно сказать о значении комплиментов? Они придают уверенность в себе, укрепляют чувство собственного достоинства, поднимают самооценку. Люди нуждаются в таких знаках одобрения. Т. Пейн[①] принадлежат слова: "Если одно-два приветливых слова могут сделать человека счастливым, надо быть негодяем, чтобы отказать ему в этом."

Очень важно умение делать комплименты:

— произносить комплименты надо уверенным тоном, не смущаясь;

— правильно выбирайте время и обстановку, чтобы сказать комплимент;

— комплимент должен быть оригинальным. «Штампы», заезженные фразы могут вызвать у человека отрицательные эмоции.

Комплименты и похвалы не только допустимы, но и желательны. Что же касается реплик противоположного свойства — неприязненных замечаний или "шпилек", от которых ваш собеседник чувствует себя неловко, — они однозначно свидетельствуют о дурном воспитании. Старая пословица "Если не можешь сказать ничего хорошего, лучше промолчи" справедлива и в наши дни.

Нам нравится, когда говорят что-нибудь приятное, а стало быть, симпатичен и тот, кто это делает. Я всегда удивляюсь, почему мы так скупы на похвалы. Большинство просто-напросто не удосуживается задуматься над тем, что вовремя сказанное доброе слово может создать хорошее настроение на целый день. Не отказывайте себе в удовольствии похвалить кого-нибудь. Хвалите! Если каждый из нас будет делать комплименты чаще, наш мир станет немного счастливее. И радостно будет у нас на душе.

КОММЕНТАРИЙ

① Т. Пейн (Thomas Paine, 1737~1809) 潘恩，英国激进派启蒙学者。

НОВЫЕ СЛОВА И СЛОВОСОЧЕТАНИЯ

трезвый 清醒的
превращаться（未）-аюсь, -аешься; в кого-что 变成，变为
превратиться（完）-ащусь, -атишься; Вода превращается в пар.

восстанавливать（未）-аю, -аешь; что 恢复，复原；修复；重建
восстановить（完）-овлю, -овишь; ~ производство, ~ порядок
шевелиться（未）-люсь, -лишься 微动；（身体某部）颤动
пошевелиться（完）-люсь, -лишься; Листья шевелятся.
малейший 最小的，极小的
шорох, -а 沙沙声，簌簌声

прислу́шиваться（未）-аюсь, -аешься; к кому́-чему́ 留心听，仔细听

прислу́шаться（完）-аюсь, -ашься; ~ к разгово́ру

ознакомля́ться（未）-я́юсь, -я́ешься; с чем 熟悉，熟识，了解

ознако́миться（完）-млюсь, -мишься; ~ с обстано́вкой; Ну́жно хороше́нько ознако́миться с но́вым ме́тодом.

отко́с, -а; -ы 斜坡

круто́й 陡峭的，险峻的

уде́рживаться（未）-аюсь, -аешься 站得住，站稳，支持住；仍然留在（原地）

удержа́ться（完）-ержу́сь, -е́ржишься; е́ле ~ на нога́х

однообра́зный 单调的

фона́рик, -а; -и 小灯

гирля́нда, -ы; -ы 彩带

стекля́нный 玻璃的

молодожёны, -ов 新婚夫妇

гонко́нгский 香港的

ура́н, -а 铀

ка́чественно 好质量地，高质量地

экспериме́нт, -а; -ы 试验，实验

повсю́ду 到处，处处

спла́чиваться（未）（第一、二人称不用）-ается 团结

сплоти́ться（完）-и́тся; ~ вокру́г ли́дера, ~ про́тив о́бщего врага́

преодолева́ть（未）-а́ю, -а́ешь; кого́-что 战胜；克服

преодоле́ть（完）-е́ю, -е́ешь; ~ тру́дности, ~ препя́тствия

непобеди́мый 不可战胜的

квалифици́рованный 技能熟练的

сквозь（前）кого́-что 透过，穿过~ занаве́ску, ~ па́льцы, ~ слёзы

зачи́тываться（未）-аюсь, -аешься; чем或无补语 读得入迷；长时间地读

зачита́ться（完）-а́юсь, -а́ешься; ~ рома́ном

перепу́тывать（未）-аю, -аешь; кого́-что 使混淆，弄混乱

перепу́тать（完）-аю, -аешь; ~ бума́ги на столе́, ~ поня́тия

та́хта, -ы; -ы （无靠背）长沙发；沙发床

градострои́тельство, -а 城市建设

сфе́ра бытово́го обслу́живания 日常生活服务领域

нанотехноло́гия, -ии 纳米技术

судострои́тельство, -а 造船业

израильтя́нин, -а; -я́не, -я́н, -я́нам 以色列人

мане́ры, -ов 姿态；举止的态度

ина́че говоря́（插）换句话说，换言之

воспи́танный 受过良好教育的；有教养的；有礼貌的

сре́дства ма́ссовой информа́ции 大众传媒手段

нра́вственно 道德伦理上

форма́льный（只用全）正式的

недоста́точно（无，用作谓）кого́-чего́ 缺少，不足，不够

очеви́дно 显然

ле́стничный 梯子的；楼梯的

кле́тка, -и; -и, -ток 笼子；方格；细胞

непригля́дный（口）不好看的，丑陋的

броса́ться в глаза́ 触目，惹人注目

запомина́ться（未）-а́юсь, -а́ешься; кому́ 记得，记住

запо́мниться（完）-нюсь, -нишься; Мне хорошо́ запо́мнилось э́то собы́тие.

подде́ржка, -и 帮助，支援

обходи́тельный 有礼貌的，和气的

благодаря́（前）кому́-чему́ 多亏；因为，由于

людско́й 人的

наско́лько 到何种程度，多少

по́вод, -а; -ы 借口；理由

усомни́ться（完）-ню́сь,

-ни́шься; в ком-чём感到可疑，怀疑起来 ~ в пра́вдивости расска́за, ~ в дру́ге

исключе́ние, -ия; -ия 例外

отступа́ть（未）-а́ю, -а́ешь; от чего 放弃（自己的观点、信仰、计划、打算等）；不遵守

отступи́ть（完）-уплю́, -у́пишь; ~ от свои́х взгля́дов, ~ от обы́чая

счита́ться（未）-а́юсь, -а́ешься; кем-чем 被认为是……；以……而知名；算是；Он счита́ется хоро́шим инжене́ром.

неприли́чный 不体面的，有碍观瞻的

кра́йний 极端的；非常的

преде́льно 极其

отключа́ть（未）-а́ю, -а́ешь; что 切断（电线等）

отключи́ть（完）-чу́, -чи́шь; ~ телефо́н

горди́ться（未）-ржу́сь, -рди́шься; кем-чем 以……而自豪，以……为荣 ~ больши́ми успе́хами

комплиме́нт, -а; -ы 恭维话

то́нко 细致地；委婉地，含蓄地

грацио́зность, -и（阴）优美，优雅

отпуска́ть（未）-а́ю, -а́ешь; кого́-что 放……走开，准……离去

отпусти́ть（完）-ущу́, -у́стишь; ~ дете́й гуля́ть;

Я хоте́л уйти́, одна́ко меня́ не отпусти́ли.

жест, -а; -ы 手势；姿势

одобре́ние, -ия; -ия 赞许，称赞

обесце́ниваться（未）-аюсь, -аешься 丧失价值，贬值，变得不值钱

обесце́ниться（完）-ится; Де́ньги обесце́нились.

подви́гнуть（完）-ну, -нешь; -иг, -гла; кого́-что на что 或接不定式 促使（去做某事）~ на борьбу́ за свобо́ду

удовлетворя́ть（未）-я́ю, -я́ешь; кого́-что 使满意，使满足

удовлетвори́ть（完）-рю́, -ри́шь; ~ про́сьбу, ~ потре́бности наро́да

потре́бность, -и（阴）в ком-чём 需要，需求；渴望 ~ в воде́, ~ в то́пливе, ~ в лека́рстве

оригина́льность, -и（阴）新颖；独创

превозноси́ть（未）-ошу́, -о́сишь; кого́-что（书）评价很高，过分称赞

превознести́（完）-су́, -сёшь; -нёс, -есла́; ~ (чей) тала́нт

уве́ренность, -и（阴）信心，确信；深信不疑

публи́чный 当众的，公开的

одобря́ть（未）-я́ю, -я́ешь; кого́-что 赞成，赞同；赞

许，称赞，嘉许

одо́брить（完）-рю, -ришь; ~ мне́ние; Все одо́брили э́ту иде́ю.

подноси́ть（未）-ошу́, -о́сишь; что кому 献上，赠送

поднести́（完）-су́, -сёшь; -нёс, -есла́; ~ буке́т цвето́в

макия́ж, -а 化妆；勾脸谱

чуде́сно 神奇地，美妙地

наполови́ну 一半；不完全地

расположе́ние, -ия 位置；配置；好感，好意；同情

неви́нный 无罪（过）的，无辜的

мимолётный 一闪而过的，瞬息即逝的，短暂的

благода́рность, -и（阴）感谢，感激

же́нственность, -и（阴）柔弱

неповтори́мость, -и（阴）独一无二，独特性，特殊性

твори́ть（未）-рю́, -ри́шь; что（雅）（或无补语）创造，创立，创作

сотвори́ть（完）; ~ но́вую жизнь

укрепля́ть（未）-я́ю, -я́ешь; что 加强，巩固

укрепи́ть（完）-плю́, -пи́шь; ~ своё положе́ние, ~ дисципли́ну

самооце́нка, -и; -и, -нок（阴）自我鉴定，自我评定

негодя́й, -я; -и 坏蛋，恶棍

отка́зывать（未）-аю, -аешь; кому́ в чём 拒绝

отказа́ть（完）-кажу́, -ка́жешь; Не отка́зывай себе́ в удово́льствии сказа́ть лю́дям прия́тное, е́сли тебе́ что́-то нра́вится в них!

смуща́ться（未）-а́юсь, -а́ешься 发窘，窘迫，不好意思

смути́ться（完）-ущу́сь, -ути́шься; ~ от неожи́данного вопро́са

зае́зженный〈口〉尽人皆知的，老生常谈的

отрица́тельный 否定的；消极的

жела́тельный〈文〉称心如意的，所希望的；合乎需要的

каса́ться（未）-а́юсь, -а́ешься; кого́-чего́ 涉及，触及

косну́ться（完）-ну́сь, -нёшься; ~ руко́й стены́; Они́ стоя́ли так бли́зко, что пле́чи их каса́лись.

ре́плика, -и（对交谈对方的）答话，反驳的话；（对发言者的简短的）插话

замеча́ние, -ия; -ия 意见

неприя́зненный 不友好的，不和睦的，怀有敌意的

противополо́жный 相反的，对立的

шпи́лька, -и; -и, -лек〈口〉刻薄话，挖苦话

однозна́чно 同义地

свиде́тельствовать（未）-твую, -твуешь; о чём 证明，说明 Результа́ты свиде́тельствуют о пра́вильности ме́тода иссле́дования.

промолча́ть（完）-чу́, -чи́шь 默不作声，缄默（若干时间）~ весь ве́чер

скупо́й 吝啬的；菲薄的

похвала́, -ы́; -ы́ 称赞，赞扬，嘉许

про́сто-на́просто〈口〉简直（是）；不过是

удосу́живаться（未）-аюсь, -аешься〈口〉得暇，有工夫儿，抽出工夫儿

удосу́житься（完）-жусь, -жишься; Он не удосу́жился рассказа́ть.

ВНЕАУДИТОРНЫЕ УПРАЖНЕНИЯ
课下自主练习

1. 读下列成语性复合句并注意连接手段。(Прочита́йте сле́дующие фразеологизи́рованные сло́жные предложе́ния и обрати́те внима́ние на сре́дства свя́зи.)

1) **Сто́ит** вам то́лько о́чень си́льно захоте́ть, **и** вы полу́чите всё.

2) **Сто́ит** ребёнку запла́кать, **как** ма́ма берёт его́ на́ руки.

3) Да́же телефо́нного разгово́ра с Ве́рой бы́ло **доста́точно, что́бы** Фёдор Васи́льевич перестава́л чу́вствовать себя́ забро́шенным и одино́ким.

4) Он **сли́шком** хитёр, **что́бы** его́ обману́ть, и **сли́шком** здоро́в, **что́бы** его́ извести́（使变得虚弱）!

5) Мне ка́жется, ты **сли́шком** молода́, **что́бы** всех суди́ть!

6) Вы **сли́шком** встрево́жены и не́рвны сейча́с, **что́бы** обсужда́ть случи́вшееся.

7) Он **сли́шком** расчётлив, **что́бы** не обраща́ть внима́ние на таки́е расхо́ды.

8) Вы вы́глядите **сли́шком** уж ю́ной, **что́бы** учи́ть таки́х взро́слых дете́й, как мой сын.

9) Этот писа́тель **сли́шком** че́стен, **что́бы** не ви́деть наро́дных страда́ний.

10) Одного взгляда на реку было **достаточно, чтобы** убедиться, что это очень быстрая, опасная река.

2. 将下列句子译成汉语。(Переведите на китайский язык.)

1) Стоит ему взяться за дело, и всё пойдёт как по маслу.
2) Стоит ему прийти на помощь, и сразу всё решается.
3) Стоило мне почитать медицинскую энциклопедию, как я сразу начинал чувствовать себя слабым и больным.
4) Жизнь слишком коротка, чтобы тратить её на скучные дела.
5) Ты слишком молод, чтобы учить нас.
6) Он был слишком занят, чтобы обращать внимание на своих домашних.
7) Лифт был достаточно велик, чтобы семеро вместе поднялись.
8) Учителю было достаточно одного взгляда на детей, чтобы узнать, кто виноват.
9) Ему достаточно увидеть человека на фотографии, чтобы понять его характер.
10) Отец думает, что сын достаточно взрослый, чтобы самому отвечать за себя.

3. 选择适当的词语填空。(Вставьте подходящий вариант.)

1) Вася был слишком добр, _____ не помочь мне.
   A. чтобы   B. что   C. так что   D. как будто
2) Серёжа слишком плохо знает грамматику, _____ сдать экзамен.
   A. если   B. чтобы   C. как   D. что
3) Стоило девочке сказать родителям о своём желании, _____ оно сразу исполнилось.
   A. что   B. чтобы   C. как   D. как только
4) Стоит профессору начать лекцию, _____ все студенты замолкают.
   A. и   B. как только   C. так что   D. так как
5) Достаточно ещё двух месяцев, _____ закончить это задание?
   A. что   B. чтобы   C. как   D. да
6) Мир достаточно велик, чтобы удовлетворить нужды любого человека.
   A. чтобы   B. и   C. так что   D. так как
7) _____ мне помыть машину, как на следующий день обязательно идёт дождь.
   A. Стоят   B. Стоит   C. Стоило   D. Стоил
8) Достаточно малейшего шороха, _____ Маша подняла голову и стала прислушиваться.
   A. чтобы   B. пока   C. когда   D. что
9) Стоит мне открыть рот, _____ возле меня собирается толпа. Все хотят меня послушать.
   A. однако   B. а   C. но   D. и

10) Он _____ глуп и наивен, чтобы понять это.

  A. слишком B. достаточно C. очень D. так как

 4. 将下列句子译成俄语。(Переведите на русский язык.)

1) 只要大家共同努力，就一定能克服困难。
2) 只要给列娜一个机会，她一定会让你感到惊喜。
3) 只要你仔细思考，就会想出答案。
4) 只要有人一夸我们有幽默感，我们就特别开心！
5) 米沙是一个非常聪明的小孩。一个眼神、一个暗示就足以让他明白该怎么做。
6) 时间足够，可以周五之前交作文参加俄语竞赛。
7) 伊琳娜·伊万诺夫娜从事俄语教学已经15年了。她有足够的经验完成这项复杂的教学任务。
8) 伊利亚太狡猾了，不会相信你说的话。
9) 他们走得太远了，以至于无法按时回到学校。
10) 第九题太难了，不可能每个人都能做对。
11) 我们大家都觉得，他实在太年轻了，不可能得癌症的。但现实就是现实。
12) 王菲是著名歌手。接受记者采访时，她说：''女儿太小，不可能复出。''

 5. 读句子并找出句中的同等成分，说出其连接手段。(Прочитайте предложения. Найдите однородные члены предложения и скажите, как они связаны между собой.)

1) Анна говорила негромко, медленно, серьёзно.
2) День был жаркий, душный.
3) Мальчики очень быстро выучили язык — как французский, так и трудный немецкий.
4) Валентин сказал это не то в шутку, не то всерьёз.
5) Девушка хотела что-то сказать, но не сказала, а только махнула рукой.
6) Тень от облаков изредка проплывает то тут, то там по траве.
7) Гости остались довольны как приёмом, так и угощением.
8) В тишине утра дремали не только леса, но и лесные реки и озёра.
9) Он покраснел не столько от обиды, сколько от смущения.
10) Лида сидела теперь то у сестры, то в столовой, то на любимой скамейке в саду.
11) Каждый приносил другому или кусочек яблочка, или конфетку, или орешек.
12) Чёрные, зелёные и синие пятнышки забегали перед его глазами.
13) Завод работал, рос, обстраивался.
14) Воспитывает ребёнка решительно всё, что его окружает: родители, родственники, соседи и знакомые, дом, в котором он живёт, улица, по которой он ходит, вещи, которые он видит, и слова, которые он слышит.

6. 按示例改动句子。(Переде́лайте предложе́ния по образцу́.)

А.

Образе́ц: В движе́ниях пловца́ чу́вствовалась уста́лость, волне́ние. — В движе́ниях пловца́ **не** чу́вствовалось **ни** уста́лости, **ни** волне́ния.

1) Мы разгова́ривали о го́роде, о знако́мых, о дела́х.
2) В ма́рте по доро́гам уже́ мо́жно пройти́, прое́хать.
3) На пути́ тури́стов встре́тились и река́, и о́зеро.
4) Здесь мо́жно купи́ть и газе́ты, и журна́лы.
5) В вече́рних леса́х па́хло сы́ростью, ди́кими трава́ми.
6) В понеде́льник второку́рсники вы́полнили и перево́д, и сочине́ние.

Б.

Образе́ц: Ни первоку́рсники, ни старшеку́рсники — никто́ не смотре́л спекта́кля на ру́сском языке́. — И первоку́рсники, **и** старшеку́рсники — **все** смотре́ли спекта́кли на ру́сском языке́.

1) Ни лу́чшие, ни сла́бые ученики́ — никто́ не написа́л ещё контро́льную рабо́ту.
2) Ни голоса́ в сосе́дней ко́мнате, ни пе́сня, доноси́вшаяся с у́лицы, ни гро́мкие шаги́ в коридо́ре — ничто́ не меша́ло ему́ спать.
3) Ни ну́жных уче́бников, ни тетра́дей, ни словаря́ — ничего́ у меня́ ещё нет.
4) За́втра никто́ не смо́жет пойти́ в теа́тр: ни мои́ това́рищи, ни я.
5) Ната́ша никому́ ничего́ не сказа́ла: ни друзья́м, ни сестре́, ни ма́тери.
6) На вы́ставку карти́н молодо́го худо́жника никто́ не сходи́л: ни Ма́ша, ни Ни́на.

В.

Образе́ц: Мы сиди́м за столо́м ти́хо, не шути́м, не смеёмся. — Мы сиди́м за столо́м ти́хо, не то́лько не шути́м, но да́же не смеёмся.

1) В деся́том кла́ссе шко́льники сдаю́т пи́сьменные, у́стные экза́мены.
2) Де́вушке хоте́лось знать то́чное объясне́ние явле́ний, улови́ть скры́тую поэ́зию э́того зи́мнего дня.
3) Бори́с смотре́л на нас с удивле́нием, с не́которым испу́гом.
4) В коридо́рах, в гости́ных станови́лось всё светле́е и светле́е.
5) Но́вая нанотехноло́гия удешеви́т, уско́рит рабо́ту.
6) На ве́чер Дру́жбы мы пригласи́ли преподава́телей, магистра́нтов и студе́нтов.

 7. 读句子并指出总括词。(Прочита́йте предложе́ния и укажи́те обобща́ющие слова́.)

1) И трава́, и ли́стья на дере́вьях, и цветы́ — всё пожелте́ло от недоста́тка вла́ги.
2) Уже́ на́чали рабо́тать теа́тры: и Большо́й, и Ма́лый, и Худо́жественный.
3) В э́той библиоте́ке все мо́гут брать кни́ги: и студе́нты, и шко́льники, и рабо́чие.

4) И одежда, и волосы, и брови — всё покрылось инеем.

5) Вся мебель: диваны, столы и стулья — была сделана из красного дерева.

6) В это время года цветы были всюду: в поле, в лесу, в садах, на окнах домов.

7) Пригласите к себе всех: и родственников, и знакомых.

8) Он побывал всюду: и в центральных областях страны, и в отдалённых от центра местах.

9) Всех мальчиков было трое: Федя, Паша и Ваня.

10) Мы нигде не могли его найти: ни в библиотеке, ни в общежитии.

8. 指出总括词并解释标点的使用规则。(Укажите обобщающие слова и объясните расстановку знаков препинания.)

1) Она берегла всё, что могло напомнить о муже: книги, им некогда прочитанные, его рисунки, ноты и стихи.

2) Всё было хорошо: и костёр, и люди, и старые ели.

3) Отремонтированы все учебные помещения: аудитории, лаборатории, библиотека, кабинеты.

4) Максим Петрович вдруг появлялся на каком-нибудь собрании, на митинге — везде, где было много народу.

5) На плечах его куртки, в волосах, на лице — всюду блестели капли дождя.

6) Весь мой наряд: дешёвый костюм, простые новые ботинки и серое кепи — был очень прост.

7) В степи, за рекой, по дорогам — везде было пусто.

8) Туристы осмотрели весь город: и центральные улицы, и площади, и окраины, и даже пригород.

9) От детства ничего не осталось в памяти: ни спектаклей, ни цирка, ни ёлки, ни кинокартины, ни вкуса чего-нибудь сладкого.

10) Собралась вся деревня: мальчишки, девчонки, бабы и мужики.

9. 续写句子。(Закончите предложения.)

1) И студенты, и магистранты, и преподаватели …

2) Ни студенты, ни магистранты, ни преподаватели …

3) И в аудиториях, и в коридорах …

4) Ни в аудиториях, ни в коридорах …

5) И луна, и звёзды …

6) Ни луны, ни звёзд …

7) И зимой, и летом …

8) Ни зимой, ни летом …

9) И одежда, и посуда, и мебель — …

10) Ни одежда, ни посуда, ни мебель — …

10. 填上总括词。(Вставьте обобщающее слово.)

1) Мы выписываем _____: и «Литературную газету», и «Правду», и «Известия», и «Комсомольскую правду».

2) _____ было мокро от дождя: и одежда, и обувь, и вещи.

3) И жилые дома, и театр, и школы — _____ уже восстановлено.

4) И потолок, и стены, и пол — _____ заново выкрашено.

5) _____ мебель осталась на прежних местах: и кровать, и стол, и большой книжный шкаф, и старинные часы.

6) И провожающие, и отъезжающие — _____ были веселы и оживлены.

7) Вы должны сдать _____ взятые в библиотеке книги: словарь, сборник упражнений и хрестоматию.

8) Родные, друзья и знакомые — _____ поедут тебя провожать.

11. 选择适当的词语填空。(Вставьте подходящий вариант.)

1) Нам всем дали _____ право работать, _____ право отдыхать.
   A. и... и   B. ни... ни   C. или... или   D. не... не

2) Дяде Лёне хотелось снять дачу, _____ у моря, _____ на берегу реки.
   A. и... и   B. то... то   C. ни... ни   D. либо... либо

3) _____ тётя, _____ жители села ничего не знали об этом мужчине.
   A. Ни... ни   B. И... и   C. Или... или   D. То... то

4) Иру все хвалят. Она хорошо _____ танцует, _____ поёт.
   A. ни... ни   B. то... то   C. или... или   D. не только... но и

5) Ничто не мешает маме работать: _____ музыка, _____ крики детей.
   A. ни... ни   B. или... или   C. то... то   D. то ли..., то ли

6) Никак не могу поехать к бабушке: _____ погода плохая, _____ работы много.
   A. да..., да   B. не то..., не то   C. то... то   D. то ли..., то ли

7) Летом _____ осенью студенты пойдут в горы в поход.
   A. то ли   B. или   C. ли   D. не то

8) _____ понравилась эта книга: и взрослым, и детям.
   A. Всем   B. Всему   C. Все   D. Всё

9) _____ нельзя откладывать: ни отпуск, ни соревнование.
   A. Ничего   B. Ничто   C. Всего   D. Всё

10) _____ цветут цветы: и в саду, и в кустах, и перед домом.
    A. Повсюду   B. Где   C. Куда   D. Нигде

12. 读句子。解释形容词 *ра́зный* 和 *разли́чный* 的意义。(Прочита́йте предложе́ния. Определи́те ра́зницу в значе́ниях прилага́тельных *ра́зный* и *разли́чный*.)

1) Мы говори́м с ва́ми о *ра́зных* ме́тодах реше́ния э́той зада́чи.

   Для реше́ния э́той зада́чи применя́ются *разли́чные* ме́тоды.

2) Эти два расте́ния бы́ли вы́ращены в *ра́зных* усло́виях.

   Это расте́ние мо́жет выра́щиваться в *разли́чных* усло́виях, да́же при отсу́тствии со́лнечного све́та.

3) Это *ра́зные* лека́рства, смотри́, не перепу́тай их.

   Для лече́ния э́той боле́зни испо́льзуются *разли́чные* лека́рства.

4) В конфере́нции при́няли уча́стие стра́ны с *ра́зными* культу́рными тради́циями.

   В э́той кни́ге бы́ли опи́саны *разли́чные* культу́рные тради́ции стран Юго-Восто́чной Азии.

5) Все костю́мы у Валенти́на Ива́новича одного́ цве́та, но *ра́зных* отте́нков.

   В но́вой колле́кции оде́жды моего́ бра́та бы́ли испо́льзованы *разли́чные* отте́нки жёлтого и кори́чневого цве́та.

6) У люде́й мо́гут быть *ра́зные* взгля́ды на одну́ и ту же пробле́му.

   В статье́ нашли́ отраже́ние *разли́чные* взгля́ды на э́ту пробле́му.

7) Соба́ки отлича́ются от волко́в, и осо́бенности поведе́ния у них *ра́зные*.

   В зоопа́рке нам рассказа́ли о *разли́чных* осо́бенностях поведе́ния волко́в.

8) Южные и центра́льные райо́ны Кры́ма отлича́ются *ра́зным* кли́матом.

   С по́мощью специа́льных карт мо́жно получи́ть да́нные о *разли́чных* климати́ческих зо́нах Земли́.

9) В музе́е бы́ло мно́го карти́н *ра́зных* худо́жников: И.Е. Ре́пина, В.И. Су́рикова, В.А. Серо́ва и др.

   На стене́ висе́ли *разли́чные* карти́ны: гравю́ры, акваре́ли (水彩画).

13. 用形容词 *ра́зный* 和 *разли́чный* 填空并指出在哪些句子里二者可以通用。(Вста́вьте прилага́тельные *ра́зный* и́ли *разли́чный* в ну́жной фо́рме. Укажи́те, где возмо́жны вариа́нты.)

1) Стра́нно, что э́ти соверше́нно _____ по свои́м взгля́дам лю́ди бы́ли свя́заны многоле́тней дру́жбой.

2) У э́тих двух учёных _____ мето́дика проведе́ния опера́ций на се́рдце.

3) Тру́дно бы́ло предста́вить, что они́ сёстры: до тако́й сте́пени они́ бы́ли _____.

4) Колёса у тако́го велосипе́да _____: пере́днее ма́ленькое, а за́днее большо́е.

5) Неуже́ли э́ти _____ я́блоки одного́ со́рта?

6) Порази́ли меня́ глаза́ ко́шки: они́ бы́ли _____ — оди́н ка́рий, а друго́й каза́лся соверше́нно чёрным.

7) Мета́ллы и спла́вы — основны́е материа́лы для изготовле́ния _____ механи́змов, маши́н и констру́кций.

8) Из _____ ви́дов спо́рта, по мне́нию опро́шенных, в Росси́и наибо́лее популя́рными явля́ются футбо́л (48%) и хокке́й (34%). Эти ви́ды спо́рта выбира́ют, в основно́м, мужчи́ны, же́нщины предпочита́ют фигу́рное ката́ние (3-е ме́сто в ре́йтинге) и лы́жи.

9) На конгре́ссе бы́ло вы́сказано нема́ло _____ то́чек зре́ния по э́тому вопро́су.

10) Журнали́ст побыва́л в _____ стра́нах.

11) По э́тому вопро́су существу́ют _____ то́чки зре́ния.

12) Они́ рабо́тают в одно́м зда́нии, но на _____ этажа́х.

13) Мы специа́льно вы́писали два _____ журна́ла, что́бы обме́ниваться и́ми друг с дру́гом.

14) В магази́не вы найдёте са́мые _____ сувени́ры.

15) В дипло́мной рабо́те Бори́са ва́жно бы́ло проанализи́ровать специ́фику _____ ви́дов иску́сства.

16) Для ра́зных це́лей испо́льзуют _____ поро́ды дере́вьев: дуб идёт на изготовле́ние ме́бели, а берёза для декорати́вных постро́ек.

14. 将括号中的词语译成俄语。(Переведи́те слова́ в ско́бках на ру́сский язы́к.)

1) Никто́ из нас не（怀疑这位科学家的才能）, он внесёт большо́й вклад в нау́ку.

2) Ле́на была́ на вы́ставке карти́н молодо́го худо́жника. Одна́ карти́на（给她留下了深刻的印象）.

3) Прави́тельство уделя́ет большо́е внима́ние градострои́тельству, что́бы（满足人们对住房的需求）.

4) Смо́жешь ли ты доби́ться це́ли, э́то（取决于你自己）.

5) Кита́йское прави́тельство（赋予重要意义）разви́тию эконо́мики среди́ национа́льных меньши́нств.

6) Ива́н вы́шел из семьи́ худо́жников: о́ба роди́теля изве́стные худо́жники в на́шем го́роде, но он（画画一般）, зато́ краси́во танцу́ет.

7) Они́ ду́мают, что сосе́д（能干出这样的事儿）, ведь они́ не оди́н год живу́т на одно́м этаже́.

8) Как са́мая бли́зкая подру́жка, я должна́ сде́лать всё, что́бы（改善她的心情）.

9) Приме́рьте, пожа́луйста, пла́тье бе́лого цве́та. Вам о́чень（白色非常适合）.

10) Сын（拒绝去听音ыкон́церта）, тогда́ па́па сра́зу предложи́л ему́ пойти́ в кино́.

15. 将下列句子译成汉语。(Переведи́те на кита́йский язы́к.)

1) Сего́дня в сре́дствах ма́ссовой информа́ции (СМИ) то́лько и говоря́т о том, что этике́т помога́ет молоды́м лю́дям стать нра́вственно краси́выми, а та́кже сде́лать успе́шную карье́ру.

2) Формальное знание хороших манер недостаточно, чтобы действительно быть воспитанным человеком.

3) Стоит посмотреть телевизор, прочитать газету или послушать соседку по лестничной клетке, и ты увидишь очень много неприглядного вокруг.

4) Улыбки бывают не только радостные, сияющие, широкие, застенчивые, но и неискренние, дежурные.

5) Сейчас мы проверим, насколько хорошо вы знаете правила телефонного этикета.

6) Если у вас возникли крайние обстоятельства, то нужно спросить разрешения у хозяев.

7) Как только мы приходим в театр, мы должны отключить свой телефон на время спектакля.

8) Вы достаточно хорошо знаете правила ведения телефонного разговора, чтобы я мог гордиться вами.

9) Как бы хорошо к вам подруга ни относилась, всегда остаётся загадкой, что подвигло её на комплимент.

10) Если одно-два приветливых слова могут сделать человека счастливым, надо быть негодяем, чтобы отказать ему в этом.

16. 续写句子。(Закончите предложения.)

1) Этикет — это ...

2) Хорошие манеры — это ...

3) Плохое всегда ...

4) По-моему, добро — это ...

5) Улыбка — это ...

6) Ничто так не поднимает настроение, как ...

7) Есть пословица: "Если не можешь сказать ничего хорошего, ..."

8) Если каждый из нас будет делать комплименты чаще, ...

9) Нам нравится, когда ...

10) Большинство просто-напросто не удосуживается задуматься над тем, что ...

17. 回答问题。(Ответьте на вопросы.)

1) Какие комплименты производят благоприятное впечатление?

2) Чьи комплименты очень важны?

3) Все ли, по мнению автора, способны на комплименты?

4) Какие комплименты удовлетворяют потребность в искреннем признании женской красоты, оригинальности?

5) Что случилось однажды с автором летним вечером?

6) Какие комплименты способны сотворить чудеса и почему?

7) Как надо принимать комплименты?

8) Что можно сказать о значении комплиментов?

9) Как надо делать комплименты?

10) О чём свидетельствуют неприязненные замечания?

11) Как вы думаете, почему некоторые скупы на похвалы?

12) Делаете ли вы комплименты своим родным, друзьям, даже незнакомым?

18. 读短文并转述主要内容。**(Прочитайте текст. Перескажите главное содержание.)**

Умеете ли вы делать комплименты?

Умение делать комплименты — наука не сложная, но весьма полезная. Общение с людьми, умеющими делать комплименты, доставляет огромное удовольствие, ведь у какой из женщин не поднимет настроение услышанная в свой адрес фраза "Как хорошо этот новый костюм гармонирует с цветом твоих глаз". Да и мужчину ничуть не меньше порадуют, например, слова "Как легко тебе удаётся добиваться желаемого!"

Не стесняйся говорить комплименты, думая о том, какое впечатление ты производишь. Даже, если твой комплимент будет оставлен без внимания, в любом случае, нет ничего плохого в том, что ты отметил в человеке то, что тебе понравилось. Помни, что сделанный тобой комплимент ни к чему не обязывает, просто это один из способов выразить человеку симпатию. И всё же, говоря комплименты, следует придерживаться некоторых правил.

Первое и главное среди них: комплимент должен быть искренним. Хвали всегда только то, что действительно заслуживает похвалы и очевидно для того человека, кому делается комплимент. Предположим, не стоит подруге, недовольной своей фигурой говорить, что она стройна. Ведь каждый человек знает о своих недостатках.

Не пытайся сделать комплимент длинным, чересчур сложным. Слишком возвышенные похвалы могут вызвать смущение у того человека, кому они говорятся, лучше, если твой комплимент будет кратким.

Не используй для комплимента общие слова или фразы. Например, для девушки не говори "Ты сегодня чудесно выглядишь!", а постарайся отметить именно ту деталь внешнего вида, которая действительно тебя привлекла, это, может быть, новое платье, причёска или южный загар.

Говори комплименты как можно чаще! Ведь настоящий комплимент улучшает настроение и всегда вызывает только положительные эмоции, которые так необходимы каждому человеку в любое время.

Умеете ли Вы делать комплименты? Когда, в какой ситуации и как их нужно делать? Ведь, нет ничего лучше, чем получить тёплый дружеский комплимент с утра. Вместо того чтобы ждать, когда вам сделают комплимент, сделайте его сами.

УРОК 12

ГРАММАТИКА
- I. 呼语和插入语
- II. 无连接词复合句

РЕЧЕВЫЕ ОБРАЗЦЫ
ДИАЛОГИ
ТЕКСТ *О чудеса́х те́хники*

ГРАММАТИКА

I. 呼语和插入语
Обраще́ние и вво́дные слова́

1. 呼语

呼语是说话人用来称呼对方的词语。通常用第一格名词表示，位于句首、句中或句末。呼语不充当句子成分，书写时要用逗号与句中其他成分隔开。例如：

① Ма́ма, куда́ ты положи́ла мои́ перча́тки?
妈妈，你把我的手套放哪儿了？

② Пе́тя, позвони́ мне ве́чером, ла́дно?
佩佳，晚上给我打电话，好吗？

③ Дороги́е друзья́! Спаси́бо за всё, что вы сде́лали для меня́.
亲爱的朋友们，感谢你们为我所做的一切！

④ Де́вочки, дава́йте соберёмся быстре́е.
姐妹们，快点集合！

2. 插入语

插入语是说话人用来表示对所陈述内容的各种主观态度的词语。插入语不是句子成分，书写时用逗号与其他成分隔开。例如：конечно, разумеется, несомненно, наверное, кажется, наоборот, говорят, значит, может быть, как правило, к счастью, к сожалению, к несчастью 等。例如：

① Выключатель в коридоре не работает. Наверное, Иван сломал его, когда утром включал свет.

走廊里的开关不好使了，可能是伊万早晨开灯时弄坏了。

② К счастью или к несчастью, в нашей жизни не бывает ничего, что не кончалось бы никогда. (А. Чехов)

幸运或者不幸的是：我们的生活中不存在永远都不会结束的事情。

③ Короче говоря, они спорили не на шутку.

简而言之，他们争论得很凶。

④ Кстати, оба они полюбили одну и ту же девушку.

顺便提一句，他们两个爱上了同一个女孩。

除插入语外，俄语中还常用插入句(вводные предложения)。插入句和插入语一样用来表示说话人对所说内容的各种主观态度，书写时用逗号、破折号或括号隔开，和句子成分没有语法联系。例如：

① Как мы уже сказали, Новый год — это самый весёлый праздник для детей.

我们已经说过，新年对孩子来说是最快乐的节日。

② Если я не ошибаюсь, раньше здесь был кинотеатр «Мир».

如果我没记错的话，这里从前是和平影剧院。

③ Однажды, не помню почему, папа вышел из себя.

有一次，不记得因为什么，父亲大发脾气。

Ⅱ. 无连接词复合句
Бессоюзные сложные предложения

无连接词复合句中各分句之间的联系不是通过连接词或联系用语，而主要是通过语调来体现，书写时则用标点符号来表示。

无连接词复合句各分句之间意义上的关系大致分以下几种：

1. 意义关系相当于并列复合句

1) 列举关系。分句的数量不限，表示动作同时或先后发生，分句之间用逗号或分号，相当于带连接词и的并列复合句。例如：

① Открылась дверь, вошёл дядя Ваня.

门开了，万尼亚叔叔走了进来。

② Наступила весна, становилось всё теплее.

春天来了，天气变得越来越暖和了。

③ Слову — вера, хлебу — мера, деньгам — счёт.

说话要守信，吃饭要适量，花钱要算账。

2) 对别关系。通常由两个分句组成，表示两种现象对立或对比，分句间用破折号或逗号，相当于带连接词а或но的并列复合句。例如：

① Одни́ чита́ют, други́е пи́шут.
　　一些人在读书，另一些人在写东西。

② Ему́ бы́ло ве́село — ей о́чень гру́стно.
　　他心情很愉快，而她情绪很忧郁。

这种表示对别关系的无连接词复合句常用于谚语。例如：

① Труд челове́ка ко́рмит — лень по́ртит.
　　劳动养人，懒惰毁人。

② Семь раз отме́рь — оди́н раз отре́жь.
　　量七次，裁一次（三思而后行）。

2. 意义关系相当于主从复合句

1) 条件或时间关系。由两个分句组成，前一分句通常表示条件，但条件常与时间意义交织在一起；分句之间常用破折号，但前一分句用命令式表示假定的非现实条件时，常用逗号；全句相当于е́сли (бы)或когда́连接的主从复合句。例如：

① Не уме́ешь отдыха́ть — не уме́ешь рабо́тать.
　　不会休息就不会工作。

② Лю́бишь ката́ться — люби́ и са́ночки вози́ть.
　　喜欢坐雪橇，也得甘心拉雪橇。

③ Во́лков боя́ться — в лес не ходи́ть.
　　怕狼就别进森林（不入虎穴，焉得虎子）。

④ Не брось он учи́ться, не свяжи́сь с плохо́й компа́нией, из него́, возмо́жно, получи́лся бы хоро́ший рабо́чий.
　　他要是不辍学，不和坏孩子们在一起，或许能成为一个好工人。

⑤ Получи́ мы креди́т двумя́ ме́сяцами ра́ньше, всё оста́лось бы по-пре́жнему.
　　我们要是早两个月得到贷款，那一切都还会像从前一样。

2) 因果关系。由两个分句组成，通常第一个分句表示结果，第二个分句表示原因，分句之间用冒号，相当于так как (потому что)连接的主从复合句。例如：

① У Ма́ши просту́да: вчера́ она́ была́ легко́ оде́та.
　　玛莎着凉了，因为昨天穿得太少了。

② Тру́дно бы́ло вы́полнить рабо́ту в срок: рабо́чих рук ма́ло.
　　很难如期完成工作，因为人手少。

如果前一分句表示原因，后一分句表示结果，则分句间常用破折号，相当于поэ́тому连接的句子。例如：

① Сту́лья стоя́ли далеко́ от ка́федры — мы передви́нули их.
　　椅子离讲台太远，所以我们把它们挪近了一些。

② Наде́жда Ива́новна пое́хала в командиро́вку — её ле́кцию перенесли́ на вто́рник.
　　娜杰日达·伊万诺夫娜出差了，因此她的课调换到星期二了。

3) 补充说明关系。由两个分句组成，后一分句对前一分句中的某一成分或者全句进行说明、揭示或补充，相当于带说明从属句的主从复合句。分句间通常用冒号或破折号。例如：

① Он почу́вствовал: кто́-то подошёл к нему́ сза́ди.

他感觉到有人走到了他身后。

② Оказа́лось: все уже́ зна́ют об э́том.

原来大家都已经知道这件事了。

③ У И́ры така́я привы́чка: вы́пить стака́н молока́ пе́ред сном.

伊拉有睡前喝一杯牛奶的习惯。

РЕЧЕВЫЕ ОБРАЗЦЫ

1. Ива́н Ива́нович, вы, [мо́жет быть / наве́рное / очеви́дно], уже́ забы́ли о своём обеща́нии: никако́й кни́ги мы пока́ ещё не получи́ли.

    (вероя́тно, должно́ быть, безусло́вно)

2. Ве́ра, [пра́вда / действи́тельно / ка́жется], была́ о́чень недово́льна свое́й рабо́той.

    (наве́рное, в са́мом де́ле, безусло́вно, коне́чно)

* * *

3. Се́ло со́лнце, ста́ло темне́ть.
4. Все счастли́вые се́мьи похо́жи друг на дру́га, ка́ждая несчастли́вая семья́ несча́стлива по-сво́ему. (Л. Толсто́й)
5. Бы́ли бы вы на моём ме́сте, вы бы поступи́ли то́чно так же.
6. Будь я писа́телем, я бы непреме́нно написа́л о студе́нческой жи́зни.
7. Ребя́та вы́шли из аудито́рии: ко́нчился докла́д.
8. Уви́дишь своего́ сосе́да — переда́й ему́ приве́т от мои́х роди́телей.
9. Живи́ про́сто — проживёшь сто лет.
10. За всё берёшься — ничего́ не сде́лаешь.

ДИАЛОГИ

1. —Учёные — лю́ди ску́чные, с ни́ми не́ о чем разгова́ривать.

    —Почему́ ты так ду́маешь?

    —Потому́ что их, кро́ме нау́ки, не интересу́ет ничего́. Рабо́та для них как

— любимое хобби. Они живут будто в другом мире.

— С этим я не соглашусь, большинство учёных — это разносторонние люди. Ты знаешь, кто такой Менделеев①?

— Конечно. Менделеев — это учёный-химик.

— Все знают его как учёного-химика. Однако он внёс большой вклад в самые различные области знания: физику, метрологию, экономику, геофизику.

— Вот видишь, круг его интересов — это различные области науки.

— Ты сейчас удивишься, но Менделеев был ещё и большим любителем шахмат. Он играл очень хорошо и очень редко проигрывал.

— Я думаю, это редкое исключение из правил.

— Таких исключений очень много. Например, А. П. Бородин② получил мировую известность именно как композитор, а не учёный-химик, посвятивший науке большую часть своей жизни.

— А я и не знал, что Бородин — это учёный. Я слышал его оперу «Князь Игорь».

— А Чехов?!

— Да, я знаю, что Чехов был врачом, но он создал пьесы, ставшие классикой русской драматургии, а его лучшие рассказы высоко оцениваются писателями и критиками.

— Ты, конечно, знаешь о Ландау③, учёном-физике, лауреате Нобелевской премии.

— Неужели и у него было хобби?

— Ландау был известен не только как учёный, но и как шутник. Его вклад в научный юмор довольно велик... Характерно, что шутки его не обязательно связаны с физикой и математикой.

— А что такое научный юмор?

— Это особый вид профессионального юмора, который основан на необычных аспектах научных теорий и научной деятельности. Есть даже специальные книги: «Физики шутят», «Математики шутят», «Учёные не прекращают шутить» и много других.

— Это любопытно. Обязательно почитаю.

2. — Мы очень часто говорим о жизни деятелей науки и искусства. А как этим людям удаётся прийти к таким неожиданным решениям, создать что-то новое, гениальное?

— Думаю, что успехи человека зависят от него самого.

— Да, если человек стремится создать что-то новое, нужна постоянная работа над собой, умение работать играет не последнюю роль. Но, я думаю, нужен ещё и талант, природные способности. От них тоже многое зависит.

— Способности надо развивать. Они проявляются в раннем возрасте. Моцарт, известный композитор, уже в три года поражал всех музыкальным талантом.

— История науки говорит, что выдающиеся открытия были сделаны в молодые годы.
— Например, И. Ньютон, учёный-физик, сделал своё открытие в 25 лет; в 30 лет получили известность ботаник Н. Вавилов, физик И. Курчатов, авиаконструктор А. Яковлев④.
— Мы говорим об особых людях. А давайте поговорим об обычных людях, о нас.
— А я думаю, что все люди талантливы.
— Да, но каждый по-своему.
— Если серьёзно заниматься каким-то делом, то обязательно появятся способности к этому и проявится талант.
— Говорят, что работа учёных — это один процент вдохновения и 99% труда. А творить может каждый. Главное — только захотеть и трудиться.

О чудесах техники

听录音请扫二维码

Техника всегда помогала людям в жизни, с развитием техники изменялся и сам человек. Особенно значительные изменения произошли в 20-ом веке. Очевидно, что развитие техники с каждым днём идёт быстрее. Это несёт человеку не только радости, но и создаёт множество проблем, нередко очень серьёзных. Ведущий специалист по высоким технологиям Билл Джой⑤ пишет: "Мы влетаем в новый век без плана, без контроля, без тормозов. Момент, когда мы не сможем контролировать ситуацию, быстро приближается." По мнению учёного, есть три направления, в которых человечество ожидают наиболее опасные катаклизмы. Это интеллектуальные роботы, генная инженерия и нанотехнология. Джой предсказывает появление абсолютно нового класса проблем, которые будут связаны с возможностью быстрого размножения ошибок именно в этих трёх областях. Это могут быть эволюционирующие роботы, за ближайшие тридцать лет они достигнут почти человеческого уровня интеллекта и будут бороться с человеком за ресурсы; либо новые болезни, созданные генной инженерией для выборочного поражения отдельных групп людей, либо самовоспроизводящиеся наномеханизмы, способные привести к массовым разрушениям.

Сегодня в науке пришло время задуматься, чем грозит людям современная наука.

Однако надо верить: разум человека победит! Пример контроля над ядерным и биологическим оружием показал верный путь самосохранения человечества.

Сегодня наука приносит огромную пользу человечеству. Создаются роботы, способные выполнять многие функции, свойственные человеку. Например, в США, в нью-йоркском госпитале робот — механический ассистент по имени Лил Джеф — заменяет медсестру. Он разносит и подаёт врачам инструменты. Специальные устройства позволяют Джефу двигаться в правильном направлении. Умеет он и разговаривать, хотя в его лексиконе всего несколько фраз — "Спасибо", "Возьмите, пожалуйста, инструменты". Если в его механизме возникает неполадка, он кричит: "Я застрял, вызовите оператора!"

Можно ли никогда не болеть? Это почти невозможно. Но вот болеть редко и легче переносить недуги помогает люстра Чижевского, которая используется для очищения воздуха. Ведь, как известно, в воздухе содержится много вредных для здоровья человека микроорганизмов, а люстра Чижевского уничтожает эти микроорганизмы. Поправить здоровье при помощи люстры может любой, купивший её в магазине. Способ применения люстры простой. Хорошо проветрив помещение, надо включить люстру на 10 — 15 минут и выйти в другую комнату. За это время воздух помещения очищается. Первое пребывание под люстрой рекомендуется ограничить 30 минутами. Затем увеличивая дозировку на полчаса в день, довести её до 3 — 4 часов в сутки.

Современная медицинская техника позволяет заменять полностью или частично больные органы человека.

Усилитель слуха для людей, страдающих глухотой, электронный водитель ритма сердца — вот некоторые примеры использования техники в медицине.

Во время проведения сложнейших операций, проводимых на сердце, лёгких или почках, неоценимую помощь медикам оказывают "Аппарат искусственного кровообращения", "Искусственное лёгкое", "Искусственное сердце", "Искусственная почка", принимающие на себя функции оперируемых органов, позволяют на время приостановить их работу.

Недавно учёные создали приборы, которые помогают людям, потерявшим зрение — полностью или частично. Чудо-очки разработаны на основе технологий, использовавшихся ранее только в военном деле. Подбирают такие очки строго индивидуально. Очки не только выполняют свои прямые функции, но и прикрывают дефекты глаз. Пользоваться очками совсем не трудно: надо надеть их и включить питание.

На первых порах учёные стараются помочь людям, у которых ещё сохранились кое-какие остатки зрения. Для таких людей созданы телеочки, где вместо линз установлены миниатюрные телеэкраны. Такой прибор особых чудес не создаёт и слепых людей не делает зрячими, но позволяет максимально использовать ещё оставшиеся у человека зрительные способности, облегчить ориентацию.

Последнее слово науки сегодня — попытка методами современной микротехнологии создать новые чувствительные центры на повреждённой сетчатке. "Наши больные, конечно, никогда не смогут любоваться картинами известных художников, — говорит профессор Рост Пропет. — Однако различать, где дверь, а где окно, дорожные знаки и вывески, они всё-таки будут..."

КОММЕНТАРИИ

① Д.И. Менделеев (1834~1907) 门捷列夫，俄国化学家、多种学科科学家。
② А.П. Бородин (1833~1887) 鲍罗廷，俄国作曲家、化学家。
③ Л.Д. Ландау (1908~1968) 朗道，俄罗斯物理学家。
④ И.Ньютон (Isaas Newton, 1643~1727) 牛顿，英国数学家、力学家、天文学家和物理学家。
　Н.И. Вавилов (1887~1943) 瓦维洛夫，俄罗斯植物学家。
　И.В. Курчатов (1902/03~1960) 库尔恰托夫，俄罗斯物理学家。
　А.С. Яковлев (1906~1989) 雅科夫列夫，俄罗斯飞机设计师。
⑤ Билл Джой 比尔·乔伊，美国计算机业巨头——太阳微系统公司首席科学家。

 НОВЫЕ СЛОВА И СЛОВОСОЧЕТАНИЯ

перчатка [复] -и, -ток 手套；надеть ~, снять ~

короче говоря （插）简而言之

выключатель, -я; -и （阳）开关

торжественный 隆重的，盛大的；庆祝的

осуждать （未）-аю, -аешь; кого-что 斥责, 谴责

осудить （完）-ужу, -удишь; ~(чей) плохой поступок

одобрять （未）-яю, -яешь; кого-что 赞许, 称赞；赞同, 赞成

одобрить （完）-рю, -ришь; ~ хороший поступок, ~ чьё мнение

огорчаться （未）-аюсь, -аешься 伤心起来, 感到不痛快

огорчиться （完）-чусь, -чишься; Не огорчайся, всё уладится.

отмерять （未）-яю, -ешь; что 量出

отмерить （完）-рю, -ришь; ~ пять метров ткани

кредит, -а; -ы 信贷；信用；долгосрочный ~

передвигать （未）-аю, -аешь; кого-что 挪动，移动；拨动；调动

передвинуть （完）-ну, -нешь; ~ стол, ~ войска

сзади 从后面，从背后；在背后

коробочка, -и; -и, -чек 小箱, 小盒

вероятно 大概, 大约

недовольный 不满意的；表示不满的

случайность, -и （阴）意想

231

УРОК 12

不到的情况，偶然事件

пробира́ться（未）-а́юсь, -а́ешься（勉强）挤过去，钻过去；溜进去

пробра́ться（完）-беру́сь, -берёшься; -а́лся, -ала́сь, -а́лось; ~ сквозь толпу́, ~ че́рез окно́

постуча́ться, -чу́сь, -чи́шься（完）〈口〉敲几下（门或窗）；~ в дверь, ~ к сосе́ду

прислу́шиваться（未）-аюсь, -аешься; к кому́-чему́ 留心听，细听；听取，倾听

прислу́шаться（完）-аюсь, -аешься; ~ к разгово́ру; ~ к мне́нию чита́телей

ра́зве [语气] 难道，莫非（用于疑问句中表示怀疑、惊异、反诘）；Ра́зве вы не зна́ете?

разносторо́нний 多方面的，有各种各样兴趣的，多才多艺的

вноси́ть（未）-ошу́, -о́сишь; что во что 提供，提出；带来

внести́（完）-су́, -сёшь; внёс, -есла́; ~ вклад в нау́ку

метроло́гия, -ии 计量学
геофи́зика, -и 地球物理（学）
исключе́ние, -ия; -ия 例外 без ~я; Ни для кого́ не мо́жет быть исключе́ний. И ты не исключе́ние.

посвяща́ть（未）-а́ю, -а́ешь; что кому́-чему́ 献给，贡献；把……用在……上

посвяти́ть（完）-ящу́, -яти́шь; ~ себя́ нау́ке; ~ це́лый день осмо́тру музе́я

драмату́ргия, -ии 戏剧创作艺术；剧作学；戏剧作品

профессиона́льный 专职的；职业（上）的

осно́вывать（未）-аю, -аешь; на чём 以……为根据；建筑在……上面

основа́ть（完）-ну́ю, -нуёшь; ни на чём не ~анное предположе́ние

бота́ник, -а; -и 植物学家
авиаконстру́ктор, -а; -ов 飞机设计师；航空设计师

стреми́ться（未）-млю́сь, -ми́шься; к кому́-чему́ 或接不定式 渴求，力求（取得、做到）；~ к зна́ниям, ~ попра́вить оши́бку

развива́ть（未）-а́ю, -а́ешь; что（使）发展；使发达（起来）；展开

разви́ть（完）-зовью́, -зовьёшь; ~ па́мять, ~ (в ком) интере́с к му́зыке, ~ де́ятельность

проявля́ться（未）-я́юсь, -я́ешься 表现出，显出来，透露出来

прояви́ться（完）-я́вится; У него́ прояви́лся большо́й интере́с к жи́вописи.

вдохнове́ние, -ия 灵感；鼓舞，激励；兴奋

значи́тельный 相当大的，客观的；意义重大的，重要的；в ~ой сте́пени; игра́ть ~ую роль

техноло́гия, -ии 技术，科技；工艺学；制造法，操作法；информацио́нная ~, о́блачная ~ хране́ния да́нных; ~ обрабо́тки дета́лей

влета́ть（未）-а́ю, -а́ешь 飞入

влете́ть（完）-ечу́, -ети́шь; Пти́ца влете́ла в окно́. Самолёт влете́л в облака́.

то́рмоз, -а; -ы 制动，刹车；От ре́зкого то́рмоза пассажи́ры чуть не упа́ли.

контроли́ровать（未）-рую, -руешь; кого́-что 检查，监督；控制

проконтроли́ровать（完）-рую, -руешь; ~ рабо́ту; ~ положе́ние

катакли́зм, -а; -ы 〈文〉（自然界、人类社会的）大变动；大动乱；大灾难

ге́нная инжене́рия 基因工程（学）

предска́зывать（未）-аю, -аешь; что 预言；预见，（气象）预报；预示

предсказа́ть（完）-ажу́, -а́жешь; ~ кому́ бу́дущее; ~ пого́ду

размноже́ние, -ия 繁殖，生殖

эволюциони́ровать（未，完）-рует, -руют〈文〉进化，演变；发展，进展 Нау́ка и те́хника бы́стро эволюциони́руют.

ресу́рсы, -ов 资源；资金；материа́льные ~, людски́е ~

вы́борочный 选样的，抽样的；有重点的

пораже́ние, -ия; -ия 疾患，损害

самовоспроизводи́ться（未）（第一、第二人称不用）-о́дится 自行再生产

наномехани́зм, -а; -ы 纳米机械

грози́ть（未）-ожу́, -ози́шь; кому́ чем 或接不定式 以……相威胁 пригрози́ть（完）; -ожу́, -ози́шь; ~ войно́й, ~ порва́ть связь

биологи́ческий 生物的

самосохране́ние, -ия 自我保全，自保

реа́льность, -и（阴）客观实际；现实

по и́мени 叫……名字

разноси́ть（未）-ошу́, -о́сишь; что 分别送到 разнести́（完）-су́, -сёшь

устро́йство, -а 装置，设备；机构，器件；грузово́е ~, реша́ющее ~

лексико́н, -а 词汇（量）

непола́дка, -и; -и, -док 故障；毛病；缺点

застрева́ть（未）-а́ю, -а́ешь 卡住；陷在

застря́ть（完）-я́ну, -я́нешь; ~ в грязи́; ~ в го́рле; Пу́ля застря́ла в мы́шцах.

опера́тор, -а; -ы 操作员

катастрофи́ческий 惨重的；极危险的；毁灭性的

неду́г, -а; -и 病，疾病，疾痛

лю́стра, -ы; -ы 枝形吊灯

уничтожа́ть（未）-а́ю, -а́ешь; кого́-что 歼灭，毁灭；消灭，使破灭 уничто́жить（完）-жу, -жишь; ~ враго́в, ~ наде́жду

микроорганизм, -а; -ы 微生物

поправля́ть（未）-я́ю, -я́ешь; что 恢复；改善 попра́вить（完）-влю, -вишь; ~ своё здоро́вье

пребыва́ние, -ия〈文〉处于（某种）状态；逗留；居住

рекомендова́ться（未）-ду́ется 推荐，建议采用；Тако́й спо́соб не рекоменду́ется.

увели́чивать（未）-аю, -аешь; что 增加，扩大，放大；提高，加强 увели́чить（完）-чу, -чишь; ~ число́ рабо́чих, ~ ско́рость

дозиро́вка, -и; -и, -вок 按服量分份；分成若干份

части́чно 部分地；局部地

усили́тель, -я（阳）增强器；放大器

страда́ть（未）-а́ю, -а́ешь; чем 患病；有……毛病；感到痛苦，受折磨 пострада́ть（完）~ бессо́нницей, ~ те́лом и душо́й

глухота́, -ы́ 聋

ритм, -а 节奏，节拍；韵律

лёгкие, -их 肺

по́чка, -и; -и, -чек 肾，肾脏

неоцени́мый 不可估量的，非常宝贵的

ме́дик, -а; -и 医生；（口）医学院学生

аппара́т, -а; -ы 器械；仪器；机（器）；装置

иску́сственный（只用全）人工的，人造的

кровообраще́ние, -ия 血液循环

приостана́вливать（未）-аю, -аешь; кого́-что 使暂时中止 приостанови́ть（完）-овлю́, -о́вишь; ~ наступле́ние, ~ о́тпуск

чу́до-очки́ 神奇的眼镜

индивидуа́льно 个性化地；个别地

прикрыва́ть（未）-а́ю, -а́ешь; кого́-что 盖上，挡住；掩盖，掩饰；半掩 прикры́ть（完）-ро́ю, -ро́ешь; ~ дверь, ~ го́лову от со́лнца платко́м

дефе́кт, -а; -ы 缺陷，瑕疵

пита́ние, -ия 电源；食

233

УРОК 12

物, 伙食 авари́йное ~, обще́ственное ~

сохраня́ться (未) -я́юсь, -я́ешься 保存下来；保留下来，保持下来

сохрани́ться (完) -ню́сь, -ни́шься; Ста́рые фотогра́фии сохрани́лись.

оста́ток, -тка; -тки 剩余

зре́ние, -ия 视觉；视力

телеочки́ 遥控眼镜

ли́нза, -ы; -ы 透镜；（眼睛的）晶状体

устана́вливать (未) -аю, -аешь; что 设置，安设；安装；建立（某种关系）

установи́ть (完) -овлю́, -о́вишь; ~ прибо́ры,

~ дипломати́ческие отноше́ния

миниатю́рный 小巧玲珑的，小巧精致的

телеэкра́н, -а; -ы 电视屏幕；荧光屏

зря́чий 有视力的，能看见的

облегча́ть (未) -а́ю, -а́ешь; что 减轻负担，减少困难，使容易；缓解，改善；简化

облегчи́ть (完) -чу́, -чи́шь; ~ труд, ~ боль

ориента́ция, -ии 定向，定位

микротехноло́гия, -ии 微型工艺

чувстви́тельный （有）感觉的；敏感的；灵敏的

Глаза́ чувстви́тельны к све́ту.

различа́ть (未) -а́ю, -а́ешь; кого́-что 识别，辨别出；看得出来，听得出来，感觉得出来

различи́ть (完) -чу́, -чи́шь; не ~ хоро́шего от плохо́го, ~ вдали́ маши́ну

поврежда́ть (未) -а́ю, -а́ешь; (用作无) что 弄坏，毁坏；弄伤

повреди́ть (完) -ежу́, -еди́шь; ~ но́гу; Кора́бль врага́ был повреждён.

сетча́тка, -и; -и, -ток 视网膜

вы́веска, -и; -и, -сок 招牌，牌子

ВНЕАУДИТОРНЫЕ УПРАЖНЕНИЯ
课下自主练习

1. 读句子并指出呼语。注意标点符号的用法。(Прочита́йте предложе́ния и укажи́те обраще́ния. Обрати́те внима́ние на употребле́ние зна́ков препина́ния.)

1) Това́рищи, помоги́те мне, пожа́луйста!
2) Первоку́рсники! Собра́ние состои́тся в три часа́ дня.
3) Де́вушка, вы не зна́ете, где здесь библиоте́ка?
4) Провожа́ющие, прошу́ вы́йти из ваго́на!
5) Я жду тебя́, И́горь, уже́ це́лый час.
6) Проща́й, люби́мый го́род, ухо́дим за́втра в мо́ре.
7) Дороги́е го́сти, прошу́ к столу́!
8) До́ктор, помоги́те, пожа́луйста, у меня́ го́рло о́чень боли́т.
9) Ма́ма, разбуди́ меня́ за́втра к пяти́ утра́: мне е́хать на вокза́л встреча́ть Оле́га из Пеки́на.
10) Ле́на, приходи́ ко мне в го́сти. Мы купи́ли диск с но́выми популя́рными пе́снями.

2. 读句子，指出插入语或插入句并解释其意义。(Прочитайте предложения, укажите вводные слова или предложения и объясните их значение.)

1) Наверное, они придут позже, ведь идёт сильный дождь.
2) К счастью, все ребята хорошо сдали экзамены.
3) Она, по-моему, не слышала и не видела ничего вокруг.
4) К несчастью, подул ветер, и все мы очень замёрзли.
5) Всё это, очевидно, исчезло без следа.
6) Дождь, должно быть, скоро пройдёт.
7) Ты, видно, хорошо разбираешься в этой проблеме.
8) Это известие, конечно, его огорчит.
9) Вадим, как я уже говорил раньше, увлекался шахматами.
10) Думаю, не следует повторять эту тему.
11) Изучи, по крайней мере, один иностранный язык.
12) Брат приехал не в воскресенье, как обещал, а в понедельник вечером.

 3. 续写句子。(Закончите предложения.)

1) Говорят, ...
2) Как понял Иван Петрович, ...
3) Нам кажется, ...
4) Если я не ошибаюсь, ...
5) По-моему, ...
6) Насколько я помню, ...
7) Очевидно, ...
8) Может быть, ...

 4. 比较下列成对句子，找出插入语并加上标点。(Сравните данные пары предложений. Найдите вводные слова и расставьте необходимые знаки препинания.)

1) К счастью Анна не растерялась перед публикой. — Поезд мчит меня к счастью.
2) Ваше предположение оказалось ошибочным. — С друзьями оказывается всё благополучно мы волновались зря.
3) Степан видно сам боится своей жены. — Отсюда ничего не видно.
4) Мой ответ казалось удивил отца. — Счастье казалось несбыточным.
5) Письмо должно быть доставлено адресату в указанный день. — Вы моряк и должно быть храбрый человек.
6) Можно сказать вам несколько слов наедине? — Сегодня отец невесёлый, даже можно сказать угрюмый.

7) Мы открове́нно говоря́, ра́ды, что перее́хали в друго́й го́род. — Открове́нно говоря́ с тобо́й о происше́дшем, я пережи́л всё как бы за́ново.

8) Вы реши́ли зада́чу ве́рно. — Ветера́ны ве́рно ча́сто вспомина́ют то далёкое вре́мя.

9) Мне сты́дно сказа́ть вам пра́вду. — Он о́чень устава́л от э́той сты́дно сказа́ть де́тской рабо́ты.

10) Это мне́ние бесспо́рно о́чень интере́сное. — Его́ мне́ние бесспо́рно.

5. 选择适当的词语填空。(Вста́вьте подходя́щий вариа́нт.)

1) Дождь переста́л че́рез не́сколько мину́т. Мы вы́шли из апте́ки и _____ да́льше.
   A. сошли́   B. пошли́   C. зашли́   D. подошли́

2) Ве́чером ма́ма о́чень устаёт: мно́го сил _____ на дома́шнее хозя́йство.
   A. ухо́дит   B. перехо́дит   C. прохо́дит   D. выхо́дит

3) А́нна вре́мя от вре́мени _____ к окну́ и смотре́ла, пришла́ ли до́чка.
   A. уходи́ла   B. ушла́   C. подходи́ла   D. подошла́

4) За час наш сосе́д _____ 60 киломе́тров, но до мо́ста не дое́хал.
   A. прое́хал   B. зае́хал   C. пое́хал   D. перее́хал

5) Мир доста́точно вели́к, _____ удовлетвори́ть нужды́ любо́го челове́ка.
   A. что́бы   B. что   C. так как   D. так что

6) Сто́ит ему́ сказа́ть кому́-нибудь свою́ мечту́, _____ у него́ всё изменя́ется в ху́дшую сто́рону.
   A. что́бы   B. что   C. как   D. как бу́дто

7) Не прохо́дит и дня, _____ она́ споко́йно сиде́ла до́ма и рабо́тала.
   A. что   B. что́бы   C. как вдруг   D. как бу́дто

8) Не успе́л я откры́ть уче́бник, _____ мой сосе́д уже́ на́чал чита́ть текст.
   A. что́бы   B. что   C. как   D. как бу́дто

9) Она́ сли́шком умна́ и краси́ва, _____ вы́йти за́муж за тако́го дру́га.
   A. что́бы   B. что   C. бу́дто   D. когда́

10) Вошли́ в кабине́т _____: высо́кий вое́нный и одна́ краси́вая де́вушка.
    A. о́ба   B. дво́е   C. два   D. две

6. 读下列无连接词复合句并解释标点符号的使用规则。(Прочита́йте сле́дующие сло́жные бессою́зные предложе́ния и объясни́те расстано́вку зна́ков препина́ния.)

1) Я был озло́блен, он угрю́м.

2) Впереди́ жизнь, позади́ плен и ги́бель.

3) Сам завари́л ка́шу — сам и расхлёбывай.

4) Же́нщина пла́кала навзры́д: среди́ поги́бших был и её муж.

5) Не игра́й с огнём — мо́жешь обже́чься.

6) Уме́л взять — уме́й и отда́ть.

7) Собра́вшиеся почти́ не говори́ли ме́жду собо́й: все бы́ли сли́шком взволно́ваны.

8) Дед смотре́л на э́то равноду́шно, мать с нескрыва́емой неприя́знью.

9) Го́ря боя́ться — сча́стья не вида́ть.

10) За ма́лым пого́нишься — большо́е потеря́ешь.

7. 将带连接词的复合句变成无连接词复合句，并加上合适的标点符号。(Переде́лайте сою́зные сло́жные предложе́ния в бессою́зные и расста́вьте подходя́щие зна́ки препина́ния.)

1) Люби́те кни́гу, потому́ что она́ обогати́т вас зна́ниями.

2) Если жела́ешь познако́миться с челове́ком, то расспроси́ снача́ла о его́ друзья́х.

3) Если би́ться в одино́чку, то жи́зни не переверну́ть.

4) Если оди́н помо́жет — вы вдво́е сильне́е, а е́сли дво́е помо́гут — в сто раз сильне́е.

5) Де́рево си́льно корня́ми, а челове́к — друзья́ми.

6) Мне так бы́ло ве́село на сеноко́се, что не хоте́лось да́же е́хать домо́й.

7) Де́вушки увлекли́сь собира́нием грибо́в, так что не заме́тили нача́вшегося дождя́.

8) Мая́к не горе́л, потому́ что зимо́й он был не ну́жен.

9) Ми́те нра́вится бе́ленькая руба́шка, а мне нра́вится пёстренькая.

10) Солда́ты люби́ли ма́ршала（元帅）, так как он разделя́л с ни́ми тя́жесть войны́.

8. 将无连接词复合句变成带连接词的复合句。(Переде́лайте бессою́зные сло́жные предложе́ния в соотве́тствующие сою́зные.)

1) Сдади́те рабо́ту в срок — о́тпуск вам бу́дет обеспе́чен.

2) Вдруг показа́лось ему́: кто́-то вошёл в дом.

3) У нас при́нцип тако́й: сде́лал своё зада́ние — помоги́ това́рищу.

4) По всему́ чу́вствуется: ско́ро теплу́ коне́ц, начну́тся дожди́.

5) То́лько тепе́рь уви́дел он: во́зле две́ри стоя́л часово́й.

6) Вода́ спадёт — сра́зу начина́йте земляны́е рабо́ты.

7) Андре́й просну́лся по́здно: со́лнце уже́ высоко́ подняло́сь над горизо́нтом.

8) Она́ спит кре́пко — разбуди́ть невозмо́жно.

9) Наста́нет у́тро — дви́немся в путь.

10) В спра́вочной мне сказа́ли: сего́дня самолёта на Ташке́нт не бу́дет, придётся подожда́ть до за́втра.

9. 选择适当的词语填空。(Вста́вьте подходя́щий вариа́нт.)

1) Мать си́льно беспоко́илась за больну́ю до́чку. Ка́ждый день по́сле сме́ны она́ _____ в больни́цу.

   A. идёт   B. хо́дит   C. шла   D. ходи́ла

237

2) Та́ня прекра́сно _____ маши́ну, хотя́ получи́ла права́ неда́вно.
   A. во́дит   B. ведёт   C. води́ла   D. вела́

3) Ка́ждый день у́тром ло́дка _____ ученико́в на друго́й бе́рег, а ве́чером — обра́тно.
   A. во́дит   B. ведёт   C. везёт   D. во́зит

4) Ни́на научи́лась _____ на велосипе́де ещё в де́тстве.
   A. е́здить   B. е́хать   C. води́ть   D. вести́

5) По утра́м па́па встава́л ра́но, за́втракал и _____ в институ́т.
   A. шёл   B. ходи́л   C. пошёл   D. побыва́л

6) Мы с Ма́ксом познако́мились в самолёте, когда́ _____ из Москвы́ в Пи́тер.
   A. лета́ем   B. лета́ли   C. лете́ли   D. лети́м

7) Хиру́рги наде́ются, что больно́й сно́ва смо́жет _____ по́сле опера́ции.
   A. е́хать   B. е́здить   C. идти́   D. ходи́ть

8) Ребя́та, туда́ не _____, там опа́сно!
   A. пла́вайте   B. плыви́те   C. пла́ваете   D. плывёте

9) Ле́том мы ча́сто _____ на ре́чку купа́ться.
   A. бе́гали   B. прибежа́ли   C. побежа́ли   D. пробега́ли

10) Сего́дня тури́сты _____ из Росси́и уже́ совсе́м не то, что 20 лет наза́д.
    A. несу́т   B. веду́т   C. во́дят   D. во́зят

 10. 注意下列词语的支配关系并造句。(Обрати́те внима́ние на управле́ние сле́дующих слов и соста́вьте предложе́ния.)

круг интере́сов, основа́ть на чём, зави́сеть от кого́-чего́, игра́ть (каку́ю) роль, развива́ть спосо́бности, подража́ть кому́ в чём, отдава́ть кого́-что кому́-чему́

 11. 利用对话中的信息回答问题。(Отве́тьте на вопро́сы, испо́льзуя информа́цию из диало́гов.)

1) Что за лю́ди, учёные?
2) Согла́сны ли вы с тем, что учёные живу́т в своём осо́бенном ми́ре?
3) Расскажи́те о кру́ге интере́сов Д.И. Менделе́ева.
4) Зна́ете ли вы, кто тако́й А.П. Бороди́н?
5) Назови́те, пожа́луйста, не ме́ньше трёх пьес А.П. Че́хова.
6) Что вы зна́ете о Л.Д. Ланда́у?
7) Что тако́е нау́чный ю́мор?
8) Что ну́жно для того́, что́бы твори́ть, создава́ть но́вое?
9) Почему́ говоря́т, все лю́ди тала́нтливы? Согла́сны ли вы с э́той то́чкой зре́ния?
10) Кому́ принадлежа́т слова́: "Ге́ний — э́то оди́н проце́нт вдохнове́ния и 99 проце́нтов труда́?" Назови́те каки́е-нибудь изобрете́ния э́того учёного.

12. 读句子并判断黑体动词的意义。(Прочитайте предложения. Определите значения выделенных глаголов.)

1) Подождите меня, через пятнадцать минут кончается моя смена, меня должны **сменить**.
2) Он почувствовал себя плохо, и я его тут же **заменил**.
3) После долгих споров Толя **изменил** свою точку зрения: понял, что был не прав.
4) Иван Андреевич **поменял** квартиру и живёт теперь далеко от нас.
5) В беседе, которая проходила в дружественной обстановке, представители обеих стран **обменялись** мнениями по вопросам экономики.
6) Максим **разменял** десять юаней на мелочь.
7) Из-за плохой погоды **отменили** соревнования по баскетболу.
8) В этой больнице **применяют** новые методы лечения сердца.
9) Писатели **обмениваются** новой информацией между собой.
10) Лекцию по литературе в связи с болезнью профессора **заменили** лекцией по истории.

13. 选择动词填空。(Вставьте подходящие по смыслу глаголы в нужной форме.)

заменить — заменять, изменить — изменять, обменяться — обмениваться, отменить — отменять, переменить, разменять — разменивать, сменить — сменять, применить — применять

1) В прошлом году на заводе _____ директора.
2) Вчера по телевидению _____ показ кинофильма из-за трансляции (转播) международного футбольного матча.
3) Кто может _____ пятьдесят юаней?
4) Трудно поверить, что в пятьдесят лет человек может _____ профессию.
5) Антон уже _____ три пары лыж и ни одна пара ему не понравилась.
6) В банке можно _____ крупные деньги на мелкие.
7) Профессор Степанов поехал в командировку, и его лекции пришлось _____.
8) Больного учителя _____ практикантом.
9) Вчера мы с Лёной были в театре на балете «Спящая красавица». Места наши были в разных рядах, мы попросили молодого человека, который сидел рядом со мной, _____ местами.
10) Отец очень много знал, и можно сказать, _____ мне энциклопедию.
11) Врач посоветовал отцу _____ образ жизни: больше двигаться, чаще бывать на воздухе.
12) На современном автомобильном заводе _____ передовую технику в производстве.

14. 选择适当的词语填空。(Вставьте подходящий вариант.)

1) Борис Иванович помогал Лизе, заботился о ней, вполне и во всём _____ ей отца.
   A. переменил   B. заменил   C. разменял   D. сменил

УРОК 12

2) Дети сидели под деревом и говорили, что сделают, чтобы _____ мир.

    A. изменить   B. сменить   C. отменить   D. обменяться

3) Им было достаточно _____ взглядами, чтобы понять друг друга.

    A. применить   B. сменить   C. обменяться   D. изменить

4) Больше 80 процентов японцев хотят вновь перенести или вовсе _____ летние Олимпийские игры в Токио, отложенные на лето 2021 года из-за пандемии ковид-19.

    A. отменить   B. заменить   C. сменить   D. применить

5) Девушка хотела быстро _____ грязную рубашку.

    A. переменить   B. отменить   C. заменить   D. разменять

6) Родители хотят отделиться от сына и _____ свою двухкомнатную квартиру на две однокомнатные.

    A. отменить   B. заменить   C. разменять   D. переменить

7) Женщина повторила свой вопрос: «Кто может _____ деньги?».

    A. сменить   B. переменить   C. заменить   D. разменять

8) Я готов _____ на практике эти замечательные теории.

    A. обменяться   B. применить   C. разменять   D. отменить

9) _____ много профессий, отец стал известным предпринимателем нашего города.

    A. Разменяв   B. Обменявшись   C. Применив   D. Переменив

10) Круглосуточно дежурили _____ друг друга медицинские сёстры.

    A. сменявшие   B. применявшие   C. отменявшие   D. заменявшие

 15. 将下列句子译成俄语。(Переведите на русский язык.)

1) 技术在许多方面给人以帮助。20世纪技术领域发生了许多重大变化。这些变化不仅带给人们欢乐，也产生了许多问题。因此，高级技术首席专家比尔·乔伊指出：人类必须认真思考，现代科学给人类带来了哪些威胁。

2) 智能机器人、基因工程、纳米技术这些概念离我们并不遥远，正在逐渐渗透到我们的生活中。比如，大型超市中销售的保暖内衣就是利用纳米技术生产的。

3) 科幻电影中我们经常能看到具备人类智能水平的机器人同人类争夺资源，为消灭人类而发动战争。不过，电影的结局都是人类取得最后胜利。应该相信，人的智慧和理智能够战胜一切。

4) 不久前，一所国内知名工业大学研制成功了一款身形很像人的机器人。其专门装置能使机器人沿着正确方向运动，做一些不复杂的家务事。最有意思的是，机器人能和人进行简单的对话交流。

5) 现代医学技术在为人类治疗疾病、解除痛苦方面提供了极大可能性。例如，做复杂的心脏、肾脏手术时，人工血液循环机、人工心脏、人工肾脏这些装置对外科医生来说是必不可少的，它们可以暂时替代实施手术的器官，执行其功能。

6) 不难想象，失明给人带来的痛苦多么巨大。目前科学家利用军工技术研制出了神奇眼镜和遥控眼镜，可以在一定程度上降低判断方位的难度。这种眼镜使用方便，戴上以后打开电源就可以。

16. 按课文内容回答问题。(Отве́тьте на вопро́сы по те́ксту.)

1) Что несёт челове́ку разви́тие те́хники?
2) Каки́е, по мне́нию Би́лла Джо́я, катакли́змы ожида́ют челове́чество?
3) Когда́ эволюциони́рующие ро́боты смо́гут дости́чь почти́ челове́ческого у́ровня интелле́кта и что тогда́ мо́жет произойти́?
4) Что смо́жет привести́ к ма́ссовым разруше́ниям?
5) Како́е вре́мя пришло́ в нау́ке сего́дня?
6) Что мо́жет служи́ть приме́ром того́, что ра́зум челове́ка победи́т?
7) Каки́е ро́боты создаю́тся сего́дня?
8) Что мо́жет де́лать ро́бот по и́мени Лил Джеф?
9) Почему́ лю́стра Чиже́вского помога́ет лечи́ть ра́зные заболева́ния?
10) Что ока́зывает ме́дикам неоцени́мую по́мощь во вре́мя проведе́ния сложне́йших опера́ций, проводи́мых на се́рдце, лёгких и́ли по́чках?
11) Каки́е прибо́ры созда́ли учёные, что́бы помо́чь лю́дям, потеря́вшим зре́ние?
12) На осно́ве каки́х техноло́гий бы́ли разрабо́таны чу́до-очки́?
13) Каки́е фу́нкции выполня́ют чу́до-очки́ и как на́до и́ми по́льзоваться?
14) Для кого́ изобретены́ телеочки́ и каки́ми сво́йствами они́ облада́ют?
15) Смо́гут ли потеря́вшие зре́ние лю́ди ви́деть так же, как мы?

17. 读短文并回答问题。(Прочита́йте текст и отве́тьте на вопро́сы.)

1) Каки́е угро́зы, по мне́нию Ри́са, испы́тывает челове́чество?
2) Что на́до сде́лать, что́бы предотврати́ть катастро́фу и́ли, по кра́йней ме́ре, сни́зить потенциа́льную угро́зу челове́честву?
3) Согла́сны ли вы с мне́нием профе́ссора Ма́ртина Ри́са, что разви́тие нау́ки угрожа́ет челове́ческой цивилиза́ции? Обоснуйте свою́ то́чку зре́ния.

Разви́тие нау́ки угрожа́ет челове́ческой цивилиза́ции

Челове́ческой цивилиза́ции сейча́с бо́льше угрожа́ют рукотво́рные катастро́фы, чем стихи́йные бе́дствия. Так счита́ет профе́ссор Кембри́джского университе́та Ма́ртин Рис. 60-ле́тний учёный заявля́ет, что нау́ка в настоя́щее вре́мя ступи́ла на мно́го бо́лее непредска́зуемую и потенциа́льно опа́сную по́чву, чем когда́-ли́бо ра́нее. По его́ мне́нию, за проше́дшие сто лет вероя́тность бе́дствия, угрожа́ющего всему́ населе́нию земно́го ша́ра, вы́росла с 20 до 50%.

Учёный приво́дит спи́сок основны́х угро́з для челове́чества — э́то, по его́ мне́нию, я́дерный террори́зм, смерте́льные ви́русы, ге́нная инжене́рия, спосо́бная меня́ть челове́ческую ли́чность. Все они́ мо́гут стать после́дствием как неви́нной оши́бки, так и злонаме́ренных де́йствий одного́ челове́ка. Наприме́р, к 2020 году́ биотерро́р и́ли ошибка в биологических исследованиях могут стать причиной смерти одного миллиона человек, считает Рис. В ряд опасных технологий учёный поставил также исследования ДНК, нанотехнологии и клонирование, а также эксперименты с ускорителями частиц.

"Растёт разрыв между дверями, которые открыты, и дверями, которые должны быть открыты, — говорит Рис. — Сотню лет назад ядерную угрозу даже не предсказывали, но сегодня она всё ещё существует." Предотвратить катастрофу или, по крайней мере, снизить потенциальную угрозу человечеству, по его мнению, способно более совершённое регулирование в области научных исследований. Также, считает Рис, помочь может лучшая организация действий по уменьшению количества лиц, чувствующих себя вне закона или каким-либо другим образом мотивированных наносить вред людям.»

 18. 找出正确的汉语译文并填上相应的题号。(**Найдите правильный перевод и поставьте соответствующий номер.**)

示例：***Образец:***

1. Язык мой — враг мой.　　一不做，二不休。（2）
2. Семь бед - один ответ.　　祸从口出。（1）

1) С волками жить — по волчьи выть.　　良言固好，缄默更佳。（　）
2) Что имеем - не храним, а потерявши – плачем.　　山中无老虎，猴子称大王。（　）
3) Слово не воробей: вылетит — не поймаешь.　　井干才知水贵。（　）
4) За двумя зайцами погонишься — ни одного не поймаешь.　　一言既出，驷马难追。（　）
5) Слово — серебро, молчание — золото.　　到什么山，唱什么歌；入乡随俗。（　）
6) Лес рубят — щепки летят.　　忙中出错。（　）
7) Пришла беда - отворяй ворота.　　有得必有失。（　）
8) Нет плохой работы — есть плохой работник.　　得寸进尺。（　）
9) Поспешишь — людей насмешишь.　　教学相长。（　）
10) Кошки из дому — мышки на стол.　　没有差工种，只有孬匠人。（　）
11) Волков бояться — в лес не ходить.　　一心不可二用。（　）
12) Каков хозяин — таковы и гости.　　一物降一物。（　）
13) Есть болезнь — есть и лекарство.　　位卑未敢忘忧国。（　）
14) Кончил дело — гуляй смело.　　祸不单行。（　）
15) Дай палец — и локоть откусит.　　物以类聚，人以群分。（　）
16) Где ни быть — Родине служить.　　不入虎穴，焉得虎子。（　）
17) Учи других — и сам поймёшь.　　人各有命；各安天命。（　）
18) Всякому своё счастье — в чужое счастье не заедешь.　　事毕一身轻。（　）
19) Деньги пропали — наживёшь, время пропало — не вернёшь.　　礼尚往来。（　）
20) Каков привет — таков ответ.　　千金散尽还复来，时光一去不复返。（　）

21) Ска́зано — сде́лано.   切勿随心所欲，但要尽你所能。（ ）
22) О пустяка́х спо́рить — де́ло упусти́ть.   小不忍则乱大谋。（ ）
23) Не живи́, как хо́чется — живи́, как мо́жется.   言必信，行必果。（ ）
24) Всего́ жела́ть — всё потеря́ть.   什么都想要，什么也得不到；贪多必失。（ ）
25) В долг дава́ть — дру́жбу теря́ть.   一朝被蛇咬，十年怕井绳。（ ）
26) Бу́дешь до́лго му́читься – что-нибудь полу́чится.   借钱与人会失去友谊。（ ）
27) Ме́ньше зна́ешь - кре́пче спишь.   好事多磨。（ ）
28) Обжёгшись на молоке́ - ду́ешь на во́ду.   知事少则烦恼少。（ ）
29) Где роди́лся — там и пригоди́лся.   天生我材必有用。（ ）
30) Дела́ сильне́е слов.   夸夸其谈；雷声大，雨点小。（ ）
31) Кто мно́го говори́т, тот ма́ло де́лает.   事实胜于雄辩。（ ）
32) Лёгок на поми́не.   浑水摸鱼。（ ）
33) Ложь ло́жью погоня́ет.   熟能生巧。（ ）
34) Лови́ть ры́бу в му́тной воде́.   一个谎言十个圆。（ ）
35) На́вык ма́стера ста́вит.   说到曹操，曹操就到。（ ）
36) Вся́кой ве́щи своё вре́мя.   有了警惕，获救一半；凡事预则立。（ ）
37) За добро́ добро́м пла́тят.   事后诸葛亮。（ ）
38) Не бо́йся нача́ла, а бо́йся конца́.   不怕开头，就怕有始无终。（ ）
39) Бе́ды научат челове́ка му́дрости.   大树被砍倒，人人拿去当柴烧；墙倒众人推。（ ）
40) За́дним умо́м кре́пок.   吃谁的面包，就唱谁的歌。（ ）
41) Па́вшее де́рево ру́бят на дрова́.   逆境使人聪明。（ ）
42) Кто предупреждён, тот наполови́ну спасён.   物各有时。（ ）
43) Чей хлеб ем, того́ и пе́сенку пою́.   以德报德。（ ）
44) Чем бо́льше почёт, тем бо́льше хлопо́т.   荣誉越高，担当越大；人怕出名猪怕壮。（ ）
45) Со стороны́ видне́е.   善有善报。（ ）
46) Пя́тое колесо́ в теле́ге.   旁观者清。（ ）
47) До́брое де́ло без награ́ды не остаётся.   积习难改。（ ）
48) Привы́чку не переде́лаешь.   画蛇添足。（ ）
49) Из двух зол выбира́й ме́ньшее.   幸运如太阳，时隐时现。（ ）
50) Пе́ред зако́ном все равны́.   有多大功劳就有多大荣誉；论功行赏。（ ）
51) По заслу́гам и честь.   法律面前人人平等；王子犯法，与民同罪。（ ）
52) Сча́стье — что со́лнышко: улыбнётся и скро́ется.   两害相权取其轻。（ ）
53) Ма́ленький ручеёк до́льше течёт.   人人都有自己的忧愁；家家有本难念的经。（ ）
54) Го́ре на двои́х — полго́ря.   分担苦难，痛苦减半。（ ）
55) По́сле сме́ха быва́ют слёзы.   欢笑之后是眼泪；乐极生悲。（ ）
56) У вся́кого своя́ забо́та.   细水长流。（ ）
57) Предупрежде́ние лу́чше лече́ния.   预防胜于治疗；有病早治，无病早防。（ ）
58) Челове́к предполага́ет, а Бог располага́ет.   谋事在人，成事在天。（ ）
59) Для ссо́ры нужны́ дво́е.   知足是最大的财富；知足者常乐。（ ）

60) Когда́ де́ньги говоря́т, тогда́ пра́вда молчи́т.　邪不压正。（　）
61) Дово́льство — лу́чшее бога́тство.　要有两个人才吵得起来；一个巴掌拍不响。（　）
62) Ложь не одоле́ет пра́вду.　金钱开口，真理沉默。（　）
63) Всё одно́ — что де́рево, что бревно́.　树木和原木，都一样；半斤八两。（　）
64) Лу́чше суп сего́дня, чем ка́ша за́втра.　宁要今天一碗汤，不要明天一锅粥。（　）
65) Всему́ есть своя́ ме́ра.　生活有理想，轻松又愉快。（　）
66) Больша́я ры́ба ма́ленькую целико́м глота́ет.　新官上任三把火。（　）
67) Смерть да жена́ — Бо́гом сужде́на.　生死婚姻天注定。（　）
68) Яйцо́ у́чит ку́рицу.　身体健康胜于金银满筐。（　）
69) Но́вая метла́ хорошо́ мете́т.　鸡蛋教训母鸡；关公面前耍大刀。（　）
70) Здоро́вье доро́же вся́кого бога́тства.　大鱼吃小鱼；弱肉强食。（　）
71) С наде́ждой легко́ живётся.　凡事都有个分寸。（　）
72) Что у тре́звого на уме́, то у пья́ного на языке́.　酒后吐真言。（　）
73) Коро́ткий счёт — дли́нная дру́жба　在劫难逃。（　）
74) Борьба́ не на жизнь, а на смерть.　账目虽短，友谊天长；亲兄弟，明算账。（　）
75) Всем хва́тит ме́ста под со́лнцем.　太阳下大家都有容身之地；天无绝人之路。（　）
76) Чему́ быть, того́ не минова́ть.　殊死搏斗。（　）
77) Как не́бо и земля́.　人怕出名；官大脾气长。（　）
78) Други́х не суди́, на себя́ погляди́.　天壤之别。（　）
79) Гуля́ть смо́лоду — помира́ть под ста́рость с го́лоду.　年轻游手好闲，老来忍饥受寒；少壮不努力，老大徒伤悲。（　）
80) Кому́ не повезёт, тот и на ро́вном ме́сте упадёт.　人一倒霉，平地也会栽跟头；人一倒霉，喝凉水都塞牙。（　）
81) Уме́й пошути́ть, уме́й и переста́ть.　管好自己，勿论他人短长。（　）
82) Соба́ка на се́не: и сама́ не ест, и други́м не даёт.　趴在草垛上的狗：自己不吃，还不让别人动；占着茅坑不拉屎。（　）
83) Сла́ва меня́ет люде́й.　开玩笑要适可而止。（　）

Повторение 3

> С Новым годом!
>
> Новый год встречает вся страна; каждая семья, взрослые и дети. К Новому году готовятся заранее. В предпраздничные дни на городских площадках, в парках, на улицах, в витринах магазинов устанавливают ёлки — символ новогоднего праздника. Украшение ёлки — большое удовольствие для взрослых и детей, потому во многих домах ёлку украшает вся семья. На ней разноцветные шары, яркие игрушки, сладкие конфеты, под ёлкой подарки, которые принёс Дед Мороз.
>
> Поздним вечером 31 декабря люди собираются за столом, провожают старый год и встречают Новый год. И вот наступил Новый год. Все поздравляют друг друга с праздником, желают счастья, здоровья, успехов, дарят подарки родным, близким, друзьям.
>
> (100 слов)

 1. 听写。(Диктант)

 2. 选择最佳答案。(Выберите наилучший вариант.)

а) 语法(Грамматика)

1. Вася, когда _____ из дома, не забудь выключить телевизор.
     а. уходишь   б. будешь уходить   в. уйдешь   г. уходят

2. —Вы не скажете, сколько времени ехать до аэропорта?
   —Не знаю, я ни разу туда не _____.
     а. ездил   б. ехал   в. поехал   г. доехал

3. В 7 часов утра университетский автобус _____ преподавателей на работу.
     а. несет   б. носит   в. везет   г. возит

4. Вы нам подробно описали дорогу, и мы _____ до вашего дома без труда.
     а. пришли   б. дошли   в. зашли   г. перешли

5. Каждую неделю мы _____ на реку, плаваем и катаемся на лодке.
     а. сходим   б. ходим   в. пойдем   г. придем

6. Как жаль, что мы не успели _____ все, что хотели.
     а. осматривать   б. смотреть   в. осмотреть   г. сматривать

7. Приходите завтра пораньше, не _____, мы не можем вас ждать.
   а. опаздываете   б. опоздает   в. опаздывайте   г. опоздай
8. —Кто унес мой чемодан ?
   —Не знаю, я не _____.
   а. унес   б. уношу   в. уносил   г. унесу
9. Не _____ позвонить Пете, вы же договорились созвониться сегодня вечером.
   а. забывайте   б. забудьте   в. забудете   г. забываете
10. Когда я вернулся, сын все еще _____ задачи по математике.
    а. решал   б. решил   в. разрешал   г. разрешил
11. Ребята, давайте _____, кто больше всех поймает рыбы.
    а. смотрим   б. посмотреть   в. смотреть   г. посмотрим
12. Саша, я тебя подожду, пока ты не _____ свою работу.
    а. кончаешь   б. кончишь   в. кончал   г. кончил
13. Никогда не _____ того, чего ты не можешь выполнить.
    а. пообещай   б. пообещайте   в. обещайте   г. обещай
14. Женщина, до больницы еще далеко, давайте я вам _____ нести ребенка.
    а. помогать   б. помочь   в. помогаю   г. помогу
15. _____ специалистом в своем деле, вы можете хорошо служить народу.
    а. Быть   б. Будучи   в. Будь   г. Будете
16. Все посетители восхищаются картиной, _____ художнику мировую славу.
    а. принесенному   б. принесшему   в. принесенной   г. принесшей
17. У меня на окне стоят полевые цветы, _____ детьми.
    а. собиравшие   б. собирая   в. собранные   г. собрав
18. _____ я на твоем месте, я бы поступил иначе.
    а. Был   б. Был бы   в. Будь   г. Будьте
19. Саша _____ больше заниматься спортом, ведь у него слабое здоровье.
    а. надо   б. необходим   в. нужен   г. должен
20. Я _____ пойти к Сергею, но вдруг вспомнил, что сейчас он в отпуске.
    а. хотел бы   б. хотела   в. хочу   г. хотел было
21. _____ скорее вернуться домой, Нина торопится закончить работу.
    а. Желая   б. Желавшая   в. Желающая   г. Желает
22. Уже совсем _____, когда туристы спустились с горы.
    а. темнеет   б. будет темно   в. стемнело   г. темно
23. _____ основе изучения иностранных языков лежит лексика.
    а. На   б. При   в. В   г. К
24. Аомынь возвратился _____ суверенитет Китая 20 декабря 1999 года.
    а. в   б. на   в. под   г. за
25. Нам сообщили о том, что отряд геологов уйдет в лес _____.
    а. три дня   б. в три дня   в. за три дня   г. на три дня

26. Мы пришли в аудиторию _____ : сегодня у нас встреча с ректором.
    а. первых   б. первым   в. первый   г. первыми
27. Вера ждет ребенка. И однокомнатная квартира будет _____ для троих.
    а. маленькая   б. мала   в. малая   г. маленькой
28. То, что вы принесли, нам как раз очень _____ .
    а. нужны   б. нужна   в. нужно   г. нужен
29. В первой группе нашего курса _____ больше, чем во второй.
    а. студенты   б. студентов   в. студентам   г. студентами
30. Я горжусь тем, что мой брат говорит по-русски свободнее _____ .
    а. все   б. всех   в. всего   г. всем
31. Люди путешествуют, потому что хотят как можно _____ узнать мир.
    а. много   б. большее   в. больше   г. более
32. Писатель, которого пригласили на вечер, рассказал много _____ .
    а. интересное б. интересного в. интереснее г. интересно
33. При отсутствии большого внимания и заботы многие виды животных и растений _____ исчезнут с лица земли.
    а. часто   б. всегда   в. навсегда   г. все время
34. Маша сама потушила пожар. За это надо поблагодарить её _____ .
    а. самой   б. самую   в. самоё   г. самая
35. Целый день Инна сидела _____ в кабинете и работала над _____ проектом.
    а. в неё, каким-то   б. у себя, каким-нибудь
    в. в неё, каким-нибудь   г. у себя, каким-то
36. На столе лежали книги, тетради и карандаши, _____ было куплено вчера.
    а. весь   б. вся   в. всё   г. все
37. В Московской области уже насчитывается сто четыре _____ .
    а. высшего учебного заведения б. высшие учебные заведения
    в. высших учебных заведения   г. высших учебных заведений
38. Моя родина находится _____ от нашего университета.
    а. 75 километров   б. на 75 километров
    в. в 75 километрах   г. в 75 километров
39. Каждый день банки имеют дело с миллионами _____ .
    а. людьми   б. человека   в. людей   г. человек
40. Мы давно решили поехать на экскурсию _____ из красивых озер.
    а. на одно   б. на одном   в. в одно   г. в одном
41. Вчера ректор с двумя тысячами _____ встретил Новый год.
    а. студент   б. студенты   в. студентам   г. студентов
42. В России очень много праздников, обо всех сразу не _____ .
    а. расскажи   б. расскажет   в. расскажешь г. рассказал

43. На конференции речь шла о проблеме, _____ физиками.
    а. изучая   б. изучающей   в. изучаемой   г. изучавшей
44. Я думаю, что ваше предложение будет _____ на собрании.
    а. принимать   б. принявшим   в. принимающим   г. принято
45. До обеда доктор Иванов осмотрел _____ больных.
    а. двадцать три   б. двадцати трех
    в. двадцати трем   г. двадцати тремя
46. _____ я ни делал, маме все не нравилось.
    а. Что   б. Чтобы   в. Когда   г. Чем
47. Мы хорошо знаем, _____ зависят большие успехи в работе.
    а. что   б. почему   в. от чего   г. чем
48. Нет сомнения, _____ в формировании характера детей большая заслуга принадлежит семье.
    а. чтобы   б. как   в. когда   г. что
49. На улице пока еще не такая погода, _____ можно было ходить без пальто.
    а. что   б. будто   в. как   г. чтобы
50. _____ дети смотрели телевизор, я успел все привести в порядок.
    а. Как только б. Прежде чем   в. Пока   г. После того как
51. _____ вы позвонили, мы с удовольствием встретили бы вас на вокзале.
    а. Если   б. Если бы   в. Когда   г. Хорошо бы
52. Каждый, _____ дороги и близки интересы Родины, должен защищать ее.
    а. который   б. кто   в. кому   г. которые
53. Директор решил принять необходимые меры, _____ ошибка не стала фактом.
    а. если   б. пока   в. так как   г. раз
54. Андрей слишком любит свою работу, _____ бросить ее.
    а. что   б. чтобы   в. как   г. почему
55. Борис прочитал столько, _____ рекомендовал научный руководитель.
    а. что   б. как   в. сколько   г. настолько
56. _____ начать писать дипломную работу, надо собрать нужные материалы.
    а. Пока   б. Когда   в. С тех пор   г. До того как
57. Стоит маме двинуться с места, _____ ребенок просыпается.
    а. как   б. когда   в. чтобы   г. если
58. Не проходит недели, _____ кто-нибудь из учеников не зашел ко мне домой.
    а. когда   б. если   в. как   г. чтобы
59. Не прошло и года, _____ Дима уже вернулся на родину работать.
    а. прежде чем б. как только   в. как   г. пока
60. Ребята достаточно способны, _____ выполнить эту работу в срок.
    а. которые   б. что   в. так что   г. чтобы

61. Петя был слишком добр, _____ не помочь несчастному соседу.
    а. что б. так что в. чтобы г. если

62. Не успел я оглянуться, _____ моя молодость уже прошла.
    а. когда б. пока в. что г. как

63. _____ мы на десять минут раньше, мы бы застали Сашу дома.
    а. Приди б. Пришли в. Придем г. Придите

64. _____ я все это, я бы не пошел с ним вместе.
    а. Знай б. Знайте в. Знаю г. Знал

65. Стоит пойти _____, как у бабушки нога начинает болеть.
    а. дождь б. дождя в. дождю г. дождем

66. Станцию «Маяковская» _____ самой красивой станцией московского метро.
    а. считает б. считаются в. считают г. считаем

67. Сегодня в большом актовом зале _____ много народу.
    а. собралось б. собиралось в. собрали г. собирали

68. Сегодня директора не будет на переговорах: _____ нездоровится.
    а. он б. его в. ему г. у него

69. Брат хорошо знает, что здоровье не _____, и часто занимается спортом.
    а. покупают б. покупаешь в. купишь г. куплено

70. _____ сложна задача, не надо бояться, нам помогут.
    а. Как б. Как бы в. Как ни г. Какая ни

б) 词汇 (Лексика)
词义辨析：

71. Ребята, раз вы дали слово, надо его _____.
    а. удержать б. выдержать в. сдержать г. поддержать

72. Если у тебя нет уважительной причины, нельзя _____ занятия.
    а. опускать б. запускать в. выпускать г. пропускать

73. У ребенка очень высокая температура, и мама _____ врача на дом.
    а. назвала б. призвала в. прозвала г. вызвала

74. Не прошло и десяти минут, как нам _____ все заказанные блюда.
    а. подали б. передали в. задали г. выдали

75. Никто не имеет право _____ газон в огород.
    а. превратить б. сделать в. изменить г. переделать

词汇搭配：

76. Большинство читателей считают, что эта книга достойна _____.
    а. высокой оценки б. высокой оценкой
    в. высокой оценке г. высокую оценку

ПОВТОРЕНИЕ 3

77. Олег ошибся _____, с которым много лет проработал вместе.
    а. в человеке   б. на человеке   в. о человеке   г. в человека
78. Автор посвятил свое новое произведение _____.
    а. своей матери   б. свою мать
    в. к своей матери   г. со своей матерью
79. Не настаивай _____, когда знаешь, что ты не прав.
    а. за свое   б. о своем   в. свое   г. на своем
80. Зимой температура на севере иногда достигает _____ градусов мороза.
    а. пятьдесят   б. пятидесяти   в. пятьюдесятью   г. к пятидесяти
81. Я обязан _____ друзьям, помогшим мне в трудную минуту.
    а. своим успехам   б. своими успехами
    в. в своих успехах   г. своих успехов
82. Не читайте при слабом свете. Это вредит _____.
    а. ваше зрение   б. вашему зрению
    в. для вашего зрения   г. с вашим зрением
83. Родителям суждено взять _____ ответственность за детей.
    а. у себя   б. на себя   в. к себе   г. на себе
84. Болезнь оторвала Ирину Петровну _____ на целый месяц.
    а. от работы   б. к работе   в. с работой   г. с работы
85. Государство должно отвечать _____ матери и ребенка.
    а. о здоровье   б. за здоровье   в. здоровье   г. на здоровье
86. Изучение иностранного языка требует _____ большого труда.
    а. от человека   б. с человека   в. у человека   г. в человеке
87. Нина Петровна пожаловалась _____ на постоянную головную боль.
    а. к врачу   б. врачом   б. врачу   г. на врача
88. Учитель часто говорит: «Ребята, будьте осторожны _____».
    а. огонь   б. с огнем   в. в огне   г. на огонь
89. Расскажите, пожалуйста, как это делать, я буду _____ очень благодарен.
    а. вас   б. за вас   в. вам   г. с вами
90. Никто не знает, _____ мама рассердилась на Колю.
    а. на что   б. о чем   в. за что   г. к чему

в) 国情 (Страноведение)

91. Вторым президентом Российской Федерации стал _____.
    а. Б. Ельцин   б. В. Путин   в. М. Горбачев   г. Д. Медведев
92. Во время Великой Отечественной войны Ладожское озеро называли _____.
    а. «Дорогой жизни»   б. «Дорогой к победе»
    в. «Дорогой на фронт»   г. «Дорогой к свободе»

93. _____ является самой длинной рекой в России.

    а. Лена   в. Енисей   б. Обь   г. Волга

94. «Славным морем» в России называют _____ .

    а. Каспийское море   б. Озеро Байкал

    в. Балтийское море   г. Ладожское озеро

95. Выдающийся русский писатель _____ написал произведение «Хождение по мукам».

    а. М. Горький   б. А. Толстой   в. Л. Толстой   г. А. Чехов

г) 言语礼节 (Речевой этикет)

96. При первом визите в поликлинику врач спрашивает больного: _____

    а. «Зачем вы пришли?»   б. «Чем вы больны?»

    в. «На что вы жалуетесь?»   г. «Как вы себя чувствуете?»

97. —Что говорят при неожиданной встрече со знакомым, выражая удивление?

    — _____ ?

    а. Как дела   б. Что случилось

    в. Какими судьбами   г. А это кто

98. —Что говорят русские о неудачном начале какой-нибудь работы?

    — _____ .

    а. Лучше поздно, чем никогда   б. Первый блин комом

    в. Что посеешь, то и пожнешь   г. Дело мастера боится

99. —Оля это знает?

    — _____ ! Она сама это мне рассказала.

    а. Нет еще   б. Еще бы   в. Ну что ж   г. Неправда

100. Уходя от больных, русские обычно говорят: _____

    а. «Что вам еще надо?»   б. «Мы еще придем».

    в. «Поправляйтесь».   г. «Вам будет скучно?»

3. 阅读理解。(Прочитайте тексты и выберите подходящие ответы.)

Текст 1

Россия — громадная по территории страна, которая лежит в северо-восточной части Европы и на севере Азии. Это особое географическое положение России привело к фундаментальным философским спорам, является ли Россия Европой или Азией.

Ее территория простирается примерно на 8000 километров с запада на восток. Только 25% территории лежит в Европе, остальная часть России находится в Азии.

Климатические различия между разными зонами значительны. Есть земли, лежащие к северу от Полярного круга, центральная часть лежит в умеренном поясе (около 70%) и небольшая часть — в субтропиках.

Уральские горы, которые отделяют Европу от Азии, расположены на востоке европейской части страны. Эти горы не очень высоки, но живописны, они покрыты рослыми деревьями, такими, как ели и сосны. Уральские горы богаты природными ресурсами. В этих горах таится много сокровищ.

По мере продвижения на север и восток климат становится более суровым. Огромная территория Сибири покрыта тайгой. Можно лететь на самолете над обширными территориями и не увидеть ни деревню, ни дом. На многие километры простирается только тайга, полная животных, птиц и ягод в летнее время.

Но нельзя думать, что Сибирь — это только леса и реки. В Сибири много больших городов, в которых есть прекрасные университеты — центры науки и культуры. Вблизи города Новосибирска находится целый научный город — филиал Российской Академии наук, в котором проводятся важные научные исследования. Университеты Томска, Иркутска славились еще до 1917 года. А балет в Театре оперы и балета Новосибирска не уступает лучшим театрам мира.

101. В европейской части лежит меньшая территория России, а большая часть _____.

    а. на северо-востоке   б. в Азии

    в. на юго-востоке   г. на севере от Полярного круга

102. Как всем известно, Сибирь — это _____.

    а. леса и реки

    б. центр науки и культуры

    в. это не только леса и реки, но и центры науки и культуры

    г. только тайга, полная животных, птиц и ягод круглый год

103. Университеты Томска и Иркутска _____.

    а. не известны за рубежом

    б. славились еще до 1917 года

    в. были образованы после революции

    г. проводят важные научные конференции

Текст 2

На окраине города стоял небольшой двухэтажный дом. В этом доме на втором этаже жили две сестры, а на первом — старый бедный художник. Сестры были очень бедны, но жили дружно и очень любили друг друга. Художник часто приходил к сестрам в гости и разговаривал с ними.

Однажды осенью младшая сестра тяжело заболела. У нее появился сильный кашель, поднялась температура, ей было трудно дышать. На последние деньги старшая сестра пригласила доктора. Врач пришел, послушал, осмотрел больную и сказал:

—Ей надо лежать, принимать лекарство, не выходить на улицу, потому что у нее больные легкие.

Старшая сестра очень жалела свою младшую сестру. Она подавала больной лекарство, была очень внимательна к ней, делала все для того, чтобы девочка поправилась. Но больной становилось все хуже и хуже. Она уже не вставала, лежала на кровати с открытыми глазами и почему-то все время смотрела в окно.

Напротив стоял соседний дом. Из окна была видна его желтая стена без окон. Около этой стены росло единственное дерево. Была уже глубокая осень, и желтые листья падали на землю, на дереве их становилось все меньше и меньше. Больная девочка смотрела, как падают листья, и каждый день считала: 10 ..., 7 ..., 5. Она решила, что умрет, когда упадет последний лист.

Старшая сестра рассказала об этом их соседу-художнику. Он очень хотел помочь больной девочке.

И вот на дереве осталось только три листа. Потом остался один. Девочка грустно смотрела в окно и ждала, когда упадет этот последний лист. Но он не падал. Прошло два дня. Днем и ночью шел дождь, дул сильный ветер. Но лист все еще был на дереве. Потом прошла неделя, другая ... Уже выпал снег, а лист оставался на дереве.

Девочка постепенно выздоравливала. Когда опасность прошла, сестра рассказала ей, что это их друг — замечательный художник — ночью нарисовал лист на стене другого дома. А девочка думала, что это настоящий лист на дереве.

Так доброе сердце и большое искусство художника спасли жизнь больной девочке.

104. Однажды доктор был в небольшом двухэтажном доме, потому что _____.

  а. старому бедному художнику было плохо

  б. у старшей сестры поднялась температура

  в. у младшей сестры были больные легкие

  г. он пришел к сестрам в гости и разговаривал с ними

105. Из окна больная девочка смотрела, _____.

  а. как сосед-художник рисует дерево

  б. как быстро растут высокие деревья

  в. как приближается ранняя осень

  г. как листья падают на землю

106. Девочка поправилась благодаря тому, что _____.

  а. врач выписал ей хорошее лекарство

  б. художник часто приходил ее навещать

  в. погода с каждым днем становилась теплее

  г. рисунок соседа принес ей надежду

Текст 3

Лев Ландау был выдающимся физиком и удивительным человеком. В 1962 году ему была присуждена Нобелевская премия.

Ландау родился в 1908 году в семье инженера. Он был способным ребёнком. В 13 лет он уже окончил среднюю школу. Через год после университета он поступил в университет. В университете он учился сразу на двух факультетах: физико-математическом и химическом.

Во время учёбы он серьёзно занимался наукой. За год до окончания университета он опубликовал первую научную работу. Когда ему исполнилось 19 лет, он окончил университет и получил диплом. Через два года после окончания университета его послали продолжать образование за границу. Ландау побывал в Швейцарии, Англии, Дании. В этот период Ландау разработал теорию электронного диамагнетизма(抗磁性), сразу получившую научное признание.

Л. Ландау обладал способностью увлекать всех своими идеями. Вокруг молодого учёного образовался коллектив единомышленников — будущая «школа Л. Ландау».

Он читал лекции студентам. О строгости Л. Ландау ходили легенды. Он был очень требователен к студентам. Когда он принимал экзамены, он не спрашивал студентов по билетам, а сам придумывал интересные задачи, чтобы проверить их знания и сообразительность.

Ценность человека определялась для Ландау делом, которое этот человек сделал. Если ему говорили о неизвестном человеке, он сразу спрашивал: «А что он сделал?» Уже сделал! Он не очень верил в обещания. «Вы мало работаете», — это был самый тяжёлый упрёк ученикам, на который был способен Дау, так называли его друзья и коллеги в других странах.

Ландау никогда не ссорился со своими научными противниками, он всегда шутил. Это было опаснее, чем резкие слова. Резкие слова тяжелы, как камни, а шутки летают и иногда залетают очень далеко.

У Ландау была своя формула счастья. Он считал, что для счастья нужны: работа, любовь, общение с людьми.

107. Окончив университет, Л. Ландау _____.

    а. уехал за границу

    б. продолжил образование за границей

    в. начал работать

    г. стал серьёзно заниматься наукой

108. Ландау разработал теорию электронного диамагнетизма, _____.

    а. которая получила научное признание

    б. которая долгое время оставалась непонятой

в. которую по-настоящему оценили только сейчас

г. которую опубликовали в научном журнале

109. Когда студенты сдавали Ландау экзамен, _____.

а. они отвечали на сложные вопросы

б. они отвечали по билетам

в. они решали интересные задачи

г. они решали задачи по желанию

110. Вокруг Ландау образовался коллектив единомышленников, потому что _____.

а. он был строгим

б. он мог привлекать своими идеями

в. он всегда шутил

г. он сделал много для других

 4. 作文。(Тема для сочинения)

Новый год с Дедод-Морозом

План:

1. Наступил Новый год;

2. На новогодний вечер пришел Дед-Мороз;

3. Ваши впечатления о Новогоднем вечере.

生词表

А

абсолю́тно	(2)
агрономи́ческий	(6)
Адо́льф	(6)
А́зия	(3)
актёр	(4)
а́ктовый	(10)
акционе́рное объедине́ние	(9)
аппара́т	(12)
архео́лог	(3)
аттеста́т	(7)
афи́ша	(4)
А́фрика	(3)

Б

бага́ж	(5)
ба́за да́нных	(5)
балери́на	(3)
баси́ть	(9)
бе́дность	(3)
бе́дный	(3)
беззащи́тный	(8)
безмо́лвно	(5)
безнадёжно	(5)
безопа́сность	(5)
безусло́вно	(2)
Бе́лая ста́я	(6)
Бенжаме́н Сонста́н	(6)
бе́режный	(3)
бере́чь	(2)
бес	(4)
беспоща́дный	(5)
беспреде́льный	(6)
бесспо́рно	(4)
бесспо́рный	(5)
бесцеремо́нный	(5)
бижуте́рия	(8)
би́знес	(3)
билья́рд	(9)
биологи́ческий	(12)
бить	(5)
благода́рность	(11)
благодаря́	(11)
благотвори́тельный	(8)
бледне́ть	(4)
блестя́ще	(3)
блока́да	(6)
блонди́нка	(6)
бог	(3)
бога́тство	(1)
бое́ц	(6)
божество́	(10)
Больша́я кни́га	(8)
большинство́	(2)
борт	(10)
бота́ник	(12)
бра́ться	(1)
бревно́	(4)
бриллиа́нт	(8)
брита́нский	(6)
бритьё	(10)
броса́ться в глаза́	(11)
Бу́керовская пре́мия	(8)
бу́сы	(8)
буха́нка	(3)
бу́хта	(6)
быт	(4)

В

в старину́	(3)
ввести́	(2)
ввиду́	(5)
вводи́ть	(2)
вдохнове́ние	(12)
вду́мчивый	(10)
ве́жливость	(8)
веле́ть	(8)
Вели́кий У́стюг	(9)
вели́чие	(7)
вероя́тно	(12)
ве́рующий	(10)
верхове́нство	(7)
Верхо́вный Сове́т	(7)
вес	(3)
весе́лье	(10)
ве́сточка	(9)
ве́сть	(6)
ве́чно	(6)
взгля́дывать	(9)
взгляну́ть	(9)
взла́мывать	(8)
взлома́ть	(8)
взя́тка	(7)
взя́ться	(1)
византи́йский	(7)
Византи́я	(7)
вко́панный	(4)
владе́лец	(7)
владе́ние	(1)
владе́ющий	(1)
влета́ть	(12)
влюби́ться	(3)
влюблённый	(10)
влюбля́ться	(3)
внести́	(12)
вноси́ть	(12)
во́дочка	(9)
воздава́ться	(10)
возда́ться	(10)
вознагражде́ние	(10)
возража́ть	(5)
возрази́ть	(5)
волне́ние	(7)
волнова́ться	(2)
вообража́ть	(5)
вообрази́ть	(5)
воплоти́ть	(9)
воплоща́ть	(9)
воро́та	(10)
воротни́к	(9)
воскли́кнуть	(8)
восклица́ть	(8)
воспи́танный	(11)
воспита́ть	(4)
воспи́тывать	(4)
восприя́тие	(6)
восстана́вливать	(11)
восстанови́ть	(11)
восто́рженный	(4)
во́сьмеро	(10)
вре́дно	(6)
вса́дник	(7)
всё равно́	(7)
всеми́рный	(5)
всео́бщий	(7)
вспомина́ться	(5)
вспо́мниться	(5)
вспы́льчивый	(10)
вспы́хивать	(9)
вспы́хнуть	(9)
встрево́жить	(5)
вступа́ть в си́лу	(9)
ву́зовский	(7)
выбира́ться	(8)

вы́борочный	(12)	гирля́нда	(11)	де́сятеро	(10)	еди́нственный	(6)
вы́браться	(8)	глота́ть	(5)	деся́ток	(8)	еди́нство	(7)
вы́веска	(12)	глотну́ть	(5)	дефе́кт	(12)	есте́ственный	(3)
вы́зубрить	(10)	глухота́	(12)	де́ятель	(8)		
вызыва́юще	(9)	гляде́ть	(5)	ди́ва	(8)	**Ж**	
вы́йти за́муж	(3)	гляну́ть	(5)	дипломати́ческий	(10)	жела́тельный	(11)
выключа́тель	(12)	годи́ться	(10)	дли́ться	(2)	же́нственность	(11)
вы́лазка	(8)	годова́лый	(6)	дно	(8)	жест	(11)
вылета́ть	(6)	голливу́дский	(8)	доба́вить	(8)	Живи́ и дай жить	
вы́лететь	(6)	голо́дный	(8)	добавля́ть	(8)	други́м.	(8)
вы́мыть	(5)	гонко́нгский	(11)	доброво́льный	(4)	живо́т	(8)
выпека́ть	(3)	горди́ться	(11)	доброжела́тельный	(8)	жи́дкий	(3)
выпека́ться	(3)	го́рдость	(7)	добро́тный	(5)	жи́зненный	(4)
вы́печка	(3)	горизонта́льный	(7)	добыва́ть	(3)		
вы́печь	(3)	го́спиталь	(6)	добы́ть	(3)	**З**	
вы́печься	(3)	госуда́рство	(7)	доеда́ть	(3)	забира́ть	(3)
вы́пуск	(4)	гра́бить	(8)	дое́сть	(3)	заблаговре́менно	(10)
выпуска́ть	(5)	градострои́тельство	(11)	дозиро́вка	(12)	забра́ть	(3)
вы́пустить	(5)	гражда́нский	(2)	доказа́тельный	(5)	завезённый	(3)
выража́ться	(6)	грамм	(3)	доказа́ть	(6)	за́висть	(2)
вы́разиться	(6)	гра́мотный	(4)	дока́зывать	(6)	заволнова́ться	(2)
вы́ручка	(9)	грандио́зный	(4)	долг	(2)	загова́ривать	(4)
вы́спаться	(8)	граф	(3)	домофо́н	(9)	заговори́ть	(4)
вы́строенный	(4)	грацио́зность	(11)	достава́ться	(8)	задержа́ть	(7)
вы́сший свет	(1)	грози́ть	(12)	доста́ться	(8)	заде́рживать	(7)
высыпа́ться	(8)	губе́рния	(6)	достига́ть	(2)	заду́маться	(2)
выта́скивать	(9)	гуманита́рный	(8)	дости́гнуть	(2)	заду́мываться	(2)
вы́тащить	(9)			дости́чь	(2)	зае́зженный	(11)
		Д		досто́инство	(1)	заи́мствование	(1)
Г		далёкий	(4)	досу́г	(10)	заи́мствованный	(3)
ге́нная инжене́рия	(12)	дар	(1)	досу́говый	(9)	заклина́ние	(10)
геологи́ческий	(3)	дво́е	(10)	драмату́ргия	(12)	закорени́ться	(10)
геофи́зика	(12)	двугла́вый	(7)	дре́вность	(5)	замеча́ние	(11)
герб	(7)	деви́з	(8)	дружи́ть	(2)	замолка́ть	(4)
Герма́ния	(1)	де́вятеро	(10)	душе́вный	(5)	замо́лкнуть	(4)
герма́нский	(1)	демокра́тия	(2)	дыха́ние	(4)	за́нятый	(4)
герои́ня	(1)	депута́т	(7)			запева́ть	(9)
гимн	(7)	дереве́нский	(4)	**Е**		запе́ть	(9)
гимна́зия	(6)	держа́ться	(3)	едини́ца	(2)	запища́ть	(9)

запланировать	(6)	значительный	(12)	исследоваться	(6)	комфортабельный	(9)
запоминаться	(11)	значиться	(4)	истинный	(2)	консерватория	(8)
запомниться	(11)	Золотой петушок	(6)	итог	(2)	контролировать	(12)
запретить	(3)	зрение	(12)			конференц-зал	(4)
запретить	(5)	зрительный	(4)	**К**		копьё	(7)
запрещать	(3)	зрячий	(12)	как можно	(10)	корка	(3)
запрещать	(5)	зубрить	(10)	как правило	(10)	коробка	(9)
запускать	(9)			Каменный гость	(6)	коробочка	(12)
запустить	(9)	**И**		камера	(10)	король	(3)
зародиться	(10)	ибо	(5)	каминный	(9)	короче говоря	(12)
зарождаться	(10)	избегать	(5)	Канада	(1)	космический	(3)
засидеться	(2)	избежать	(5)	кандидат	(10)	коснуться	(11)
засиживаться	(2)	избирать	(6)	капустные щи	(3)	котлета	(3)
заслуга	(4)	избрать	(6)	каратист	(9)	коттедж	(9)
засовывать	(10)	изгнать	(3)	картофель	(3)	крайний	(11)
заставать	(6)	изгонять	(3)	касаться	(11)	краснеть	(4)
застать	(6)	издавать	(5)	катаклизм	(12)	красоваться	(7)
застревать	(12)	издалека	(2)	катастрофический	(12)	кредит	(12)
застрять	(12)	издать	(5)	качественно	(11)	кредо	(8)
засунуть	(10)	изображаться	(7)	качество	(8)	крестьянская изба	(1)
затормозить	(10)	изображение	(10)	квалифицированный	(11)	кризис	(7)
затрагивать	(6)	изобразить	(10)	кирпич	(8)	кристалл	(8)
затронуть	(6)	изобразиться	(7)	кислый	(3)	критик	(4)
затруднение	(5)	Израиль	(1)	клад	(4)	кровообращение	(12)
захлопнуть	(10)	израильский	(8)	кланяться	(9)	крутой	(11)
захлопывать	(10)	израильтянин	(11)	классик	(4)	крыльцо	(4)
захотеть	(5)	изумруд	(8)	классно	(4)	кукла Барби	(9)
зачётка	(10)	иначе говоря	(11)	классный	(4)	курение	(6)
зачитаться	(11)	индивидуально	(12)	клетка	(11)		
зачитываться	(11)	Индия	(3)	книгочей	(5)	**Л**	
звучать	(1)	иней	(9)	ковчег	(5)	латынь	(6)
землетрясение	(8)	инициативный	(10)	козлёнок	(10)	лауреат	(8)
Земной шар	(9)	интеллектуальный	(5)	количество	(1)	лёгкие	(12)
зерно	(3)	информировать	(2)	колыбель	(3)	лексикология	(1)
злить	(8)	исключение	(11)	колыбель	(5)	лексикон	(12)
злиться	(8)	исключение	(12)	кольцо	(8)	лестничный	(11)
змей	(7)	исключительный	(3)	комплимент	(11)	лечиться	(3)
знамя	(7)	искусственный	(12)	компонент	(3)	ливень	(5)
значительно	(10)	испугаться	(4)	компот	(3)	лингвист	(1)

лингви́стика	(1)	мона́рхия	(7)	наря́д	(8)	непригля́дный	(11)
ли́нза	(12)	морози́льный	(10)	наря́дный	(4)	неприли́чный	(11)
лири́ческий	(5)	морфоло́гия	(1)	насели́ть	(7)	неприя́зненный	(11)
лис	(4)	мо́щный	(1)	населя́ть	(7)	нереа́льный	(9)
литерату́рный	(4)	мощь	(7)	наско́лько	(11)	несбы́точный	(9)
лови́ть	(4)	му́дрость	(1)	на́чисто	(4)	несмотря́	(7)
лука́вый	(4)	мука́	(3)	начистоту́	(4)	несомне́нно	(6)
льди́нка	(9)	мы́сленно	(7)	нащу́пать	(9)	несправедли́вый	(6)
людско́й	(11)	мыть	(5)	нащу́пывать	(9)	несча́стный	(2)
лю́стра	(12)			небри́тый	(10)	нетле́нный	(6)
				невероя́тный	(5)	неторопли́во	(9)
		Н		неви́нный	(11)	неформа́льный	(2)
М				невозмо́жно	(1)	неэти́чно	(4)
макия́ж	(11)	набира́ть	(4)	невозмути́мый	(8)	ни́щий	(10)
мале́йший	(11)	набра́ть	(4)	невыноси́мо	(5)	Но́белевская пре́мия	(1)
малогабари́тный	(2)	навстре́чу	(10)	невыполни́мый	(9)	нове́лла	(8)
мане́ры	(11)	на́вык	(10)	негодя́й	(11)	нови́нка	(5)
матро́с	(10)	на́глухо	(4)	недово́льный	(12)	новорождённый	(3)
меда́ль	(7)	награ́да	(7)	недопи́тый	(9)	но́готь	(10)
ме́дик	(12)	награди́ть	(1)	недоста́точно	(11)	носи́тель	(1)
мероприя́тие	(10)	награжда́ть	(1)	неду́г	(12)	нра́вственно	(11)
мёртвый	(4)	награждённый	(4)	не́жно	(5)	нра́вственность	(4)
метроло́гия	(12)	нагру́зка	(7)	не́жность	(5)		
мех	(9)	надави́ть	(9)	незави́симо от кого́/чего́	(10)	**О**	
меха́ник	(6)	нада́вливать	(9)	нездоро́виться	(1)		
ми́гом	(9)	надоеда́ть	(9)	неи́скренний	(9)	обгоре́лый	(8)
мизансце́на	(4)	надое́сть	(9)	не́кий	(10)	обеспе́чивать	(10)
микрооргани́зм	(12)	на́дпись	(9)	некроло́г	(8)	обеспе́чить	(10)
микротехноло́гия	(12)	на́йденный	(4)	немалова́жный	(3)	обесце́ниваться	(11)
миллиа́рд	(9)	наизу́сть	(6)	немы́слимый	(3)	обесце́ниться	(11)
миллио́н	(9)	нака́занный	(3)	необыкнове́нный	(4)	обеща́ть	(8)
ми́лостыня	(3)	намно́го	(5)	неотъе́млемый	(7)	обзыва́ть	(10)
мимолётный	(11)	наномехани́зм	(12)	неоцени́мый	(12)	оби́лие	(10)
минера́лка	(9)	нанотехноло́гия	(11)	неплохо́й	(6)	облегча́ть	(12)
миниатю́рный	(12)	напеча́тать	(6)	непобеди́мый	(11)	облегчи́ть	(12)
ми́нимум	(1)	напои́ть	(1)	неповтори́мость	(11)	о́блик	(6)
мину́ть	(8)	наполови́ну	(11)	непола́дка	(12)	обма́тывать	(10)
мол	(9)	напомина́ть	(4)	неполноце́нность	(10)	обмота́ть	(10)
молодожёны	(11)	напо́мнить	(4)	непривы́чный	(2)	обнару́живать	(8)
моме́нт	(4)	напряжённый	(10)			обнару́жить	(8)
		народноарти́стский	(9)				

обогати́ть	(3)	ознакомля́ться	(11)	отказа́ть	(11)	па́фосный	(2)
обогаща́ть	(3)	оказа́ние	(2)	отка́зывать	(11)	педаго́г	(4)
обозва́ть	(10)	олицетвори́ть	(7)	отключа́ть	(11)	пе́карь	(3)
обозли́ть	(8)	олицетворя́ть	(7)	отключённый	(4)	пенсионе́р	(2)
обозли́ться	(8)	ООН	(1)	отключи́ть	(11)	пепели́ще	(8)
обознача́ться	(3)	опаса́ться	(10)	отко́с	(11)	первопричи́на	(8)
обозна́читься	(3)	опа́сность	(7)	открове́нность	(2)	перебива́ть	(2)
обойти́	(6)	опера́тор	(12)	откры́тый	(4)	переби́ть	(2)
обострённый	(6)	описа́ние	(5)	откуси́ть	(3)	перевезти́	(6)
образо́ванность	(2)	опла́та	(2)	отку́сывать	(3)	переве́рнутый	(3)
обрести́	(1)	оплати́ть	(6)	отличи́тельный	(7)	перевози́ть	(6)
обрета́ть	(1)	опла́чивать	(6)	отма́хиваться	(8)	передава́ться	(3)
обсужда́ться	(2)	опло́т	(7)	отмахну́ться	(8)	переда́ться	(3)
обува́ть	(1)	определённый	(3)	отмени́ть	(5)	передвига́ть	(12)
обува́ться	(1)	организа́ция	(4)	отменя́ть	(5)	передви́нуть	(12)
обу́ть	(1)	о́рден	(7)	отме́рить	(12)	пережива́ть	(1)
обу́ться	(1)	орёл	(7)	отмеря́ть	(12)	пережи́ть	(1)
обходи́тельный	(11)	оригина́льность	(11)	отме́тить	(8)	переименова́ть	(4)
обходи́ть	(6)	ориента́ция	(12)	отмеча́ть	(8)	переимено́вывать	(4)
объяви́ть	(6)	освети́ть	(6)	отозва́ться	(8)	переме́на	(10)
объявля́ть	(6)	освети́ться	(6)	оторо́ченный	(9)	перемеща́ть	(6)
обя́занность	(2)	освеща́ть	(6)	отпуска́ть	(11)	перемести́ть	(6)
обя́занный	(5)	освеща́ться	(6)	отпусти́ть	(11)	перепеча́тать	(6)
ове́ивать	(7)	освободи́ть	(5)	отре́зать	(3)	перепеча́тывать	(6)
ове́ять	(7)	освобожда́ть	(5)	отрица́тельный	(11)	перепи́сываться	(3)
огорча́ться	(12)	освобождённый	(3)	отставно́й	(6)	перепу́тать	(11)
огорчи́ться	(12)	осёл	(4)	отступа́ть	(11)	перепу́тывать	(11)
огра́бить	(8)	оско́лок	(8)	отступи́ть	(11)	перестава́ть	(12)
ограни́чивать	(5)	основа́ть	(12)	охарактеризова́ть	(8)	переста́ть	(12)
ограни́чить	(5)	основополо́жник	(4)	охвати́ть	(9)	перехвати́ть	(9)
одино́чка	(7)	осно́вывать	(12)	охва́тывать	(9)	перехва́тывать	(9)
одновре́менно	(5)	осо́бый	(2)	охладева́ть	(6)	пери́од	(1)
однозна́чно	(11)	оста́ток	(12)	охладе́ть	(6)	перча́тка	(12)
однообра́зный	(11)	осуди́ть	(12)	охра́на	(2)	песнь	(7)
одобре́ние	(11)	осужда́ть	(12)	очеви́дно	(11)	петушо́к	(6)
одо́брить	(11)	отвлека́ться	(2)			печа́ль	(5)
одобря́ть	(11)	отвле́чься	(2)	**П**		печа́тать	(6)
ожида́ться	(6)	о́тзыв	(4)	паде́ние	(7)	печа́ть	(7)
ознако́миться	(11)	отзыва́ться	(8)	па́мятный	(8)	пик	(2)
				па́фос	(2)		

Пи́ковая да́ма	(3)	подъе́зд	(8)	посвяща́ть	(12)	превы́ше всего́	(2)
писа́тельница	(5)	пози́ция	(8)	посе́ять	(6)	пре́данность	(2)
пита́ние	(12)	познава́ться	(2)	поско́льку	(2)	предви́деть	(1)
пла́вно	(9)	пойма́ть	(4)	послевое́нный	(6)	преде́льно	(11)
плани́ровать	(6)	пои́ть	(1)	после́довать	(2)	предполага́ть	(9)
по и́мени	(12)	поклони́ться	(9)	послу́шаться	(1)	предположи́ть	(9)
по слу́чаю чего́	(10)	покрасне́ть	(4)	послы́шаться	(10)	предсказа́ть	(12)
побледне́ть	(4)	покрови́тель	(10)	поста́вленный	(4)	предска́зывать	(12)
побужде́ние	(5)	покрыва́ться	(9)	постанови́ть	(7)	представле́ние	(3)
поведе́нием	(2)	покры́ться	(9)	постано́вка	(4)	предупреди́ть	(4)
пове́рие	(10)	поле́зть	(9)	постановля́ть	(7)	предупрежда́ть	(4)
поверну́ться	(9)	поли́тика	(2)	постмодерни́стский	(5)	прее́мственность	(7)
повида́ться	(6)	по́лностью	(7)	пострада́ть	(12)	пре́жде всего́	(3)
по́вод	(11)	положи́тельный	(10)	постуча́ть	(10)	преодолева́ть	(11)
повора́чиваться	(9)	полоса́	(7)	постуча́ться	(12)	преодоле́ть	(11)
поворо́т	(4)	полотни́ще	(7)	постыди́ться	(9)	пре́сса	(4)
повреди́ть	(12)	полстрани́цы	(10)	пото́п	(5)	престу́пник	(3)
поврежда́ть	(12)	по́льза	(5)	потре́бность	(11)	приба́вить	(3)
повреме́нный	(2)	По́льша	(1)	потрясе́ние	(4)	прибавля́ть	(3)
повсю́ду	(11)	полюби́ться	(3)	потяну́ться	(10)	прибега́ть	(10)
повылеза́ть	(10)	поля́рник	(3)	похвала́	(11)	прибежа́ть	(10)
повы́шенный	(2)	помаха́ть	(10)	похолода́ние	(6)	пригоди́ться	(5)
поглоти́ть	(10)	помести́ться	(9)	почерстве́ть	(3)	приготовле́ние	(3)
поглоща́ть	(10)	помеща́ться	(9)	почётный	(3)	пригрози́ть	(12)
подбира́ть	(10)	помо́щник	(4)	почита́ть	(3)	придава́ть	(5)
подвести́	(2)	понадо́биться	(2)	по́чка	(12)	прида́ть	(5)
по́двиг	(8)	поно́шенный	(9)	пошевели́ться	(11)	приду́мать	(5)
подви́гнуть	(11)	пообеща́ть	(8)	поэ́зия	(6)	приду́мывать	(5)
подводи́ть	(2)	попи́ть	(9)	Поэ́ма без геро́я	(6)	прижа́ть	(8)
подгото́вка	(4)	попо́лниться	(1)	прави́тельственный	(7)	прижима́ть	(8)
поддержа́ние	(2)	пополня́ться	(1)	прави́тельство	(7)	приз	(4)
подде́ржка	(11)	попра́вить	(12)	правосла́вие	(7)	призёр	(3)
поднести́	(11)	поправля́ть	(12)	пребыва́ние	(12)	признава́ть	(2)
подноси́ть	(11)	популя́рность	(1)	превзойти́	(1)	призна́ние	(10)
подо́бный	(4)	поража́ть	(7)	превознести́	(11)	призна́ть	(2)
подобра́ть	(10)	пораже́ние	(12)	превозноси́ть	(11)	приказа́ть	(6)
подро́бный	(8)	порази́ть	(7)	превосходи́ть	(1)	прика́зывать	(6)
подружи́ться	(6)	поря́док	(2)	преврати́ться	(11)	прикрыва́ть	(12)
подря́д	(10)	посвяти́ть	(12)	превраща́ться	(11)	прикры́ть	(12)

прикупа́ть	(9)	проду́мывать	(2)	разви́ть	(12)	реа́льность	(12)
прикупи́ть	(9)	продю́серский	(4)	развлека́ть	(4)	ревнова́ть	(8)
примени́ть	(1)	проза́ик	(5)	развлече́ние	(8)	регуля́рно	(1)
применя́ть	(1)	прозра́чный	(8)	развле́чь	(4)	ре́зать	(3)
приме́рно	(6)	происхожде́ние	(10)	разводи́ть	(9)	рекомендова́ться	(12)
приме́рный	(10)	проконтроли́ровать	(12)	разгляде́ть	(7)	реконстру́кция	(4)
примири́ться	(5)	промолча́ть	(11)	разгля́дывать	(7)	реко́рд	(10)
примиря́ться	(5)	проникнове́ние	(5)	раздава́ться	(10)	ремо́нт	(9)
примити́вный	(3)	просиде́ть	(2)	разда́ться	(10)	ре́плика	(11)
принце́сса	(9)	проси́живать	(2)	раздоса́довать	(2)	ресу́рсы	(12)
приобрести́	(2)	просла́вить	(7)	раздража́ть	(4)	ржано́й	(3)
приобрета́ть	(2)	прославля́ть	(7)	раздражи́ть	(4)	рискну́ть	(2)
приостана́вливать	(12)	про́сто-на́просто	(11)	различа́ть	(12)	рискова́ть	(2)
приостанови́ть	(12)	противополо́жный	(11)	различи́ть	(12)	ритм	(12)
приревнова́ть	(8)	профессиона́льный	(12)	размноже́ние	(12)	ро́бость	(5)
присла́ть	(5)	проце́сс	(1)	разнести́	(12)	родни́к	(1)
прислу́шаться	(11)	проче́сть	(7)	разноси́ть	(12)	родово́й	(8)
прислу́шиваться	(11)	про́чий	(8)	разносторо́нний	(12)	ро́ликовый	(9)
пристра́стие	(3)	прояви́ться	(12)	разраба́тывать	(6)	рома́нский	(1)
присуди́ть	(8)	проявля́ться	(12)	разрабо́тать	(6)	рубе́ж	(3)
присужда́ть	(8)	публи́чный	(11)	разреша́ться	(2)	руга́тельство	(10)
присужда́ться	(1)	пуга́ться	(4)	разреши́ться	(2)	руководи́ть	(5)
присыла́ть	(5)	пунктуа́ция	(1)	разуме́ться	(12)	Русь	(3)
прихо́жая	(8)	пытли́вый	(10)	рак	(4)	рю́мочка	(9)
причём	(2)	пята́	(5)	ра́неный	(6)	ряд	(3)
причеса́ть	(1)	пя́теро	(10)	раскупа́ться	(5)	са́йка	(3)
причеса́ться	(1)	пя́тка	(10)	расписа́ться	(10)	са́ло	(5)
причёсывать	(1)			распи́сываться	(10)	сало́н	(8)
причёсываться	(1)	**Р**		распознава́ться	(7)	самовоспроизводи́ться	(12)
пробаси́ть	(9)			распозна́ться	(7)		
пробира́ться	(12)	ра́венство	(7)	расположе́ние	(11)	самозва́нец	(9)
пробра́ться	(12)	равновели́кий	(7)	распродава́ть	(6)	самооце́нка	(11)
прове́рка	(2)	ра́вный	(6)	распрода́ть	(6)	самосохране́ние	(12)
прогова́ривать	(8)	раду́шно	(7)	расстава́ться	(1)	самостоя́тельный	(4)
проговори́ть	(8)	ра́зве	(12)	расста́ться	(1)	Са́нта Кла́ус	(9)
прогресси́вный	(1)	разверну́ть	(10)	растере́ть	(3)	сбо́рник	(6)
проде́лать	(9)	развёртывать	(10)	расте́риваться	(2)	сбра́сывать	(9)
проде́лывать	(9)	развести́	(9)	растеря́ться	(2)	сбро́сить	(9)
продли́ться	(2)	развива́ть	(12)	растира́ть	(3)	сверка́ть	(9)
проду́мать	(2)	разви́тие	(1)	реа́кция	(4)	сверкну́ть	(9)
		разви́тый	(1)				

свети́ться	(9)	слу́шаться	(1)	сплоти́ться	(11)	сыро́й	(3)
свиде́тельство	(7)	слы́шаться	(10)	спор	(4)	сы́тный	(3)
свиде́тельствовать	(11)	слы́шно	(8)	справедли́вый	(7)	сюрпри́з	(9)
свотово́й год	(9)	смести́	(3)	спра́виться	(2)		
связа́ться	(2)	смета́ть	(3)	справля́ться	(2)	**Т**	
свя́зываться	(2)	сме́шивать	(3)	средневеко́вой	(3)		
сгора́ть	(4)	смотре́ться	(4)	сре́дства ма́ссовой		та́йный	(1)
сгоре́ть	(4)	смотря́	(5)	информа́ции	(11)	тайфу́н	(8)
секре́т	(3)	смути́ться	(11)	срыва́ть	(4)	та́хта	(11)
се́меро	(10)	смуща́ться	(11)	стаби́льный	(10)	твори́ть	(11)
семина́р	(1)	смыва́ть	(10)	стано́к	(9)	тво́рчество	(1)
серебри́стый	(8)	смыть	(10)	старина́	(6)	театрализо́ванный	(10)
серьга́	(8)	СНГ	(1)	ста́рость	(8)	теку́щие собы́тия	(10)
серьёзный	(2)	сно́ва	(7)	старшекла́ссник	(4)	телеочки́	(12)
сеть	(5)	собра́т	(9)	ста́я	(6)	телеэкра́н	(12)
се́ять	(6)	сова́ть	(9)	стекля́нный	(11)	те́ма	(2)
сза́ди	(12)	совреме́нник	(4)	стемне́ть	(7)	темне́ть	(7)
си́мвол	(7)	создава́ться	(6)	стили́стика	(1)	тень	(6)
симво́лика	(7)	созда́ться	(6)	страда́ть	(12)	теплота́	(2)
символи́чный	(7)	сообража́ть	(9)	стра́ны бли́жнего		те́хника	(7)
сини́ца	(9)	сообрази́ть	(9)	зарубе́жья	(9)	техноло́гия	(12)
си́нтаксис	(1)	соотве́тственно	(10)	стреми́ться	(12)	ти́тул	(3)
систематизи́рованный		соотéчественник	(9)	студéнчество	(10)	томи́ть	(5)
	(10)	сопережива́ть	(4)	стуча́ть	(10)	то́нко	(11)
сквозь	(11)	сопровожде́ние	(9)	стыди́ться	(9)	топи́ть	(5)
скепти́ческий	(4)	сорва́ть	(4)	судострои́тельство	(11)	топ-моде́ль	(9)
скла́дываться	(2)	соста́в	(9)	суеве́рие	(10)	то́поль	(8)
скрыва́ть	(5)	сострига́ние		су́нуть	(9)	торже́ственный	(12)
скры́тый	(8)	сотвори́ть	(11)	супру́га	(2)	то́рмоз	(12)
скрыть	(5)	со́товый телефо́н	(2)	сфе́ра	(2)	тормози́ть	(10)
скупо́й	(11)	сотру́дничать	(10)	сфе́ра бытово́го		траге́дия	(4)
слабоне́рвный	(5)	сохрани́ться	(12)	обслу́живания	(11)	тра́та	(1)
сла́ва	(7)	сохраня́ться	(12)	сформирова́ть	(2)	тра́урный	(8)
следи́ть	(5)	со́чно	(9)	схвати́ть	(9)	трево́жить	(5)
сле́довать	(2)	сочу́вствие	(2)	схва́тывать	(9)	тре́звый	(11)
сле́сарь	(2)	спам	(10)	сце́на	(4)	трёхцве́тный	(7)
сло́вно	(4)	спаса́ть	(5)	счастли́вый	(6)	тро́е	(10)
словообразова́ние	(1)	спасти́	(5)	счита́ться	(11)	тропи́нка	(1)
сложи́ться	(2)	спи́сок	(3)	сшить	(5)	труди́ться	(7)
случа́йность	(12)	спла́чиваться	(11)	съезд	(7)	тру́дность	(7)
						трясти́	(6)

трястись	(8)	украшать	(7)	форточка	(10)	чтение	(5)
тряхнуть	(6)	укрепить	(11)	фундамент	(8)	чувствительный	(12)
тряхнуться	(8)	укреплять	(11)			чувство	(2)
тяга	(2)	уничтожать	(12)			чудесно	(11)
тянуться	(10)	уничтожить	(12)	**Х**		чудесный	(1)
		упаковка	(9)	халява	(10)	чудо	(3)
У		упоминать	(8)	характеризовать	(8)	чудо-очки	(12)
убедить	(4)	упомянуть	(8)	характерный	(2)		
убеждать	(4)	упрямый	(4)	хлебобулочный	(3)	**Ш**	
убеждение	(3)	уран	(11)	хозяюшка	(9)	шагать	(9)
убитый	(4)	уродливый	(5)	хранитель	(8)	шагнуть	(9)
увеличивать	(12)	урождённая	(8)	худой	(3)	шевелиться	(11)
увеличиваться	(9)	урчать	(8)			шестеро	(10)
увеличить	(12)	усадьба	(8)	**Ц**		шестидесятник	(2)
увеличиться	(9)	усаживаться	(8)	царевна	(7)	шить	(5)
уверенность	(11)	усердно	(10)	Царское Село	(6)	шокировать	(2)
уверить	(5)	усесться	(8)	царскосельский	(6)	шоковый	(10)
уверять	(5)	усилитель	(12)	царствование	(7)	шорох	(11)
уговариваться	(8)	усомниться	(11)	целиком	(5)	шорт-лист	(8)
уговориться	(8)	устанавливать	(12)	ценить	(2)	шпилька	(11)
угрожать	(5)	установить	(12)	ценить	(8)	штудия	(6)
ударить	(9)	устройство	(12)	цениться	(3)	щека	(8)
ударять	(9)	утвердить	(9)	церемонно	(9)		
уделиться	(10)	утверждать	(9)	цитата	(2)	**Э**	
уделяться	(10)	утешать	(6)			эволюционировать	(12)
удержаться	(11)	утешить	(6)	**Ч**		экспансия	(1)
удерживаться	(11)			частично	(12)	эксперимент	(11)
удивить	(2)	**Ф**		человечность	(8)	элегантный	(8)
удивлять	(2)	факт	(5)	человечный	(5)	эмблема	(7)
удовлетворить	(11)	фасад	(10)	чепуха	(7)	эмоциональный	(2)
удовлетворять	(11)	фейерверк	(10)	черёд	(7)	эмоция	(4)
удостаивать	(8)	фестивальный	(4)	черстветь	(3)	эпоха	(1)
удостоить	(8)	философия	(1)	чествовать	(8)	этика	(2)
удосуживаться	(11)	финансовый	(7)	Чётки	(6)		
удосужиться	(11)	флот	(6)	чёткий	(7)	**Я**	
узаконивать	(10)	фонарик	(11)	чиновник	(7)	языковед	(1)
узаконить	(10)	фонограмма	(4)	член	(2)	языкознание	(1)
указать	(5)	форма	(10)	чрезвычайно	(3)	якать	(5)
указывать	(5)	формальный	(11)	чрезвычайный	(5)		
украсить	(7)	формировать	(2)				

"十二五"普通高等教育本科国家级规划教材

俄语

黑龙江大学俄语学院 编
邓军 赵为 总主编

配有课件材料

扫码下载

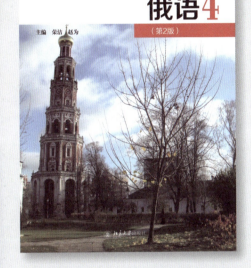

第4册课件,可通过填写下方的"教师联系表",加盖所在系(院)公章,以拍照、扫描件的方式,发送至指定邮箱,获取下载链接。

教师联系表

教材名称	《俄语4》(第2版)						
姓名:		职务:		职称:		邮编:	
通信地址:							
手机:		Email:		QQ:		微博:	
任职学校:					/系　(章)		
学校地址:							
教学科目与年级:					班级人数:		

发送至:pup_russian@163.com

纸质邮寄: 北京市海淀区成府路205号 北京大学出版社 外语编辑部

邮编: 100871

咨询电话: 010-62759634